新编高职高专旅游管理类专业规划教材

谢彦君　总主编

LÜXINGSHE JINGYING YU GUANLI

旅行社经营与管理

（第2版）

刘晓杰　常永翔　主　编

北京·旅游教育出版社

责任编辑：陈　志

图书在版编目(CIP)数据

旅行社经营与管理/刘晓杰,常永翔主编．—北京：旅游教育出版社,2013.1(2024.6重印)

新编高职高专旅游管理类专业规划教材

ISBN 978-7-5637-2488-8

Ⅰ.①旅…　Ⅱ.①刘…②常…　Ⅲ.①旅行社—企业经营管理—高等职业教育—教材　Ⅳ.①F590.63

中国版本图书馆CIP数据核字(2012)第216142号

新编高职高专旅游管理类专业规划教材

旅行社经营与管理
（第2版）

刘晓杰　常永翔　主编

出版单位	旅游教育出版社
地　　址	北京市朝阳区定福庄南里1号
邮　　编	100024
发行电话	(010)65778403 65728372 65767462(传真)
本社网址	www.tepcb.com
E-mail	tepfx@163.com
排版单位	北京旅教文化传播有限公司
印刷单位	唐山玺诚印务有限公司
经销单位	新华书店
开　　本	787毫米×960毫米　1/16
印　　张	17.625
字　　数	273千字
版　　次	2017年10月第2版
印　　次	2024年6月第6次印刷
定　　价	35.00元

（图书如有装订差错请与发行部联系）

新编高职高专旅游管理类专业规划教材编委会

主　任　谢彦君
委　员　（按音序排列）
　　　　　狄保荣　　韩玉灵　　计金标
　　　　　姜文宏　　罗兹柏　　王昆欣
　　　　　张广海　　张新南　　朱承强

总 序

　　经过将近三年的策划与组织,旅游教育出版社的"新编高职高专旅游管理类专业规划教材"终于要整体付梓印行了。本套丛书不管是在编写宗旨的确立还是在撰著者的遴选方面,都经历了一个较为严谨而细致的过程,这也为保证丛书的质量奠定了一个良好的基础。

　　中国的高等旅游教育和旅游产业发展,已经度过了三十多个春秋。从20世纪70年代末的筚路蓝缕到今天已蔚为大观的局面,这当中包含了几代学人和业者共同努力、共同创业的艰辛。在今天看来,尽管在这个知识和行业共同体中曾经并依然存在着观点、思想和认识上的碰撞和摩擦,但一路前行的步伐却始终没有停止过。这也是中国旅游教育界、旅游产业界呈现于世人的最令人鼓舞的风貌和景观。

　　在整个高等旅游教育体系中,职业教育的发展,只是在最近的十几年中才真正被政府纳入到大力发展的战略框架当中,并在今天形成了占据旅游高等教育半壁江山的势头。如果站在整个旅游高等教育的视野来审视旅游职业教育和普通教育在整个旅游高等教育中的局面,大家会有一个基本的共识:旅游高等职业教育在人才培养方面,无疑更加体现了专业细分、供需对接、学为所用的人才培养效率和效果,并不像旅游本科教育那样,每年的毕业生有70%以上流入其他行业或领域,从而造成社会教育资源的极大浪费。这个问题学界多有认识、阐述和呼吁,并一致认为,其根源在一定程度上是由本科专业目录管理过于僵化的行政机制所造成。值得欣慰的是,最新的本科专业目录调整方案中,已经增设了饭店管理专业,这一举措借鉴了旅游专业高等职业教育按照旅游大类进行专业细化的成功方面,昭示了旅游大类下设专业(二级学科)进一步有限度细化的趋势。

　　不过,尽管旅游专业的高等职业教育有其成功的地方,但也不是没有问题。在专业格局有了科学规划的前提下,人才培养的质量就取决于具体的人才培养方案了。在这当中,各个学校所拥有的教学资源、师资队伍、教材、教学方法等方面的准备,就成为关键的教育因素。如果仔细盘点目前我国旅游专业高等职业教育在这一方面的家底,其实还很不容乐观。在我看来,由于我们对职业教育在认识上还不够成熟,准备上还不够充分,操作上还有待完善,加之旅游职业教育向来多以接待服务为教育的主体内容,缺乏硬技术、高门槛,因此,中国的旅游职业教育,依然显得离岗位培训距离不远、差异不大。在知识体系和职业技能的衔接方面,始终没有找到最好的途径和策略。因此,旅游职业教育在培养人的职业深度发展空间方面,始终有浅薄无力的缺欠。这是一个需要警觉,同时也是一个需要时间才能加以解决的问题。

旅游教育出版社在策划本套丛书的初期,就曾意识到这个问题,并有努力解决这一问题的想法。在本套丛书的书目确定、作者遴选、写作宗旨的厘定等方面,都试图对上述问题作出回应。从各位作者所做的努力来看,本套丛书还是在一定程度上解决了这个问题。整套丛书中,不乏在这方面做得很好的,也有在其他方面展现了充分特色的著作。因此,希望本套丛书的面世能够给旅游职业教育提供一套比较适用的教材资源。

本套丛书的作者都来自职业教育工作的教学与科研第一线,他们在各自所长的学科领域也都多有建树。作为本丛书的主编,我十分感谢他们在编写过程中所作出的巨大努力以及展现出来的合作与奉献精神。

由于水平所限,加之本人对旅游职业教育的理解缺乏深度,因此,本套丛书还是会存在总体架构、基本思想和具体编写工作方面的诸多不足甚至错谬。希望广大读者和其他人士对本书的缺欠不吝赐教,以图再版时予以修正,避免贻误学生。

是为序。

谢彦君
2011 年 7 月 22 日于灵水湖畔

前言

我国正进入大众旅游时代,全面建成小康社会有利于大众旅游消费持续快速增长。"十三五"时期,旅游业正迎来新一轮发展黄金期,并呈现消费大众化、需求品质化、发展全域化、产业现代化、竞争国际化五大趋势。我国旅游业总体具备建设世界旅游强国的一定基础,目前中国旅游业在世界综合排名第17位,仍处于对资源依赖较高的粗放型旅游大国阶段。据联合国世界旅游组织测算,2016年中国旅游业对国民经济综合贡献达11%,与世界平均水平持平,人均每年出游近3.4次;继续保持世界第一大出境旅游客源国和第四大入境旅游接待国地位。初步形成观光旅游和休闲度假旅游并重、旅游传统业态和新业态齐升、基础设施建设和旅游公共服务共进的新格局,旅游业已成为国民经济战略性支柱产业。预计到2020年将建成比较集约型旅游大国,旅游企业将从依靠扩大资金投入向提高自主创新、增强品牌国际竞争力转变。

《旅行社经营与管理》由校企共同开发,以旅行社的工作流程为主线,主要介绍了旅行社概述、旅行社产品设计与开发、外联销售业务与实务、旅行社的计调管理、旅行社组团与接团业务流程、旅行社综合管理和旅行社电子商务等内容。在教材的编写上,《旅行社经营与管理》坚持工学结合、知行合一,结合职业与企业标准,以创新人才培养模式为目标,注重职业能力与职业素养的提升。在这次教材的修订工作中编者更新了大量旅游行业、企业前沿信息与丰富案例,均具有较强的针对性、实用性和时效性。本教材适用于高职旅游管理专业教学需要,也可作为旅游企业培训教材。

本教材由黑龙江旅游职业技术学院教授、高级导游刘晓杰和常永翔任主编,孙悦、赵甲申任副主编。袁琳、周航参与了编写工作。具体分工如下：刘晓杰撰写第一、七章；孙悦撰写第五、六章；赵甲申撰写第二、四章；袁琳撰写第三章；北京财贸职业学院周航撰写第八章。刘晓杰、孙悦设计编写大纲及目录。朱彩云审阅了全稿，并提出了宝贵意见，在此表示感谢！

在本书的编写过程中，我们参考和借鉴了相关旅游专家学者的著作和研究成果，在此对各位专家学者表示衷心的感谢。同时感谢旅游行业、企业专家对本书提出的宝贵建议，在此一并致谢！

由于时间仓促，水平有限，如有疏漏之处，恳请各位批评指正！

编者
2017 年 8 月

目 录

第一章　旅行社概述 ·· 1
　第一节　旅行社的产生与发展 ·· 2
　　一、旅行社的产生 ··· 2
　　二、我国旅行社的发展 ·· 7
　第二节　旅行社的性质与职能 ·· 10
　　一、我国旅行社的概念 ·· 10
　　二、旅行社的性质 ··· 10
　　三、旅行社的职能 ··· 11
　第三节　旅行社的类型与业务 ·· 14
　　一、旅行社的类型 ··· 14
　　二、旅行社的业务 ··· 17
　第四节　旅行社的设立及组织机构 ··· 18
　　一、旅行社的设立条件 ·· 18
　　二、旅行社组织机构设立原则 ·· 21
　　三、旅行社的基本部门 ·· 22
　　四、旅行社的组织机构 ·· 23
　第五节　旅行社经营管理概述 ·· 25
　　一、旅行社经营 ·· 25
　　二、旅行社管理 ·· 30
　　案例分析与思考 ·· 33
　　本章闯关测试 ··· 34

第二章　旅行社产品设计与开发 ··· 35
　第一节　旅行社产品的内涵与形态 ··· 37
　　一、旅行社产品的内涵 ·· 37

二、旅行社产品的构成要素 …………………………………… 39
　　三、旅行社产品的特点 ………………………………………… 39
　　四、旅行社产品的类型 ………………………………………… 43
  第二节　旅游线路设计 …………………………………………… 45
　　一、旅游线路特征 ……………………………………………… 46
　　二、旅游者对旅游线路的选择 ………………………………… 47
　　三、旅游线路设计的原则 ……………………………………… 49
　　四、我国旅行社产品的现状 …………………………………… 55
  第三节　我国旅游线路生产设计流程 …………………………… 57
　　一、旅行社进行旅游线路设计的着眼点 ……………………… 58
　　二、旅游线路设计流程 ………………………………………… 60
　　三、旅游线路设计实践 ………………………………………… 64
  第四节　旅行社产品品牌建设 …………………………………… 68
　　一、我国旅行社品牌建设的现状 ……………………………… 68
　　二、旅行社的品牌创立 ………………………………………… 70
　　三、旅行社品牌资产的培育 …………………………………… 70
　　案例分析与思考 ………………………………………………… 71
　　本章闯关测试 …………………………………………………… 72

第三章　外联销售业务与实务 …………………………………… 75
  第一节　外联部概述 ……………………………………………… 76
　　一、外联的含义 ………………………………………………… 76
　　二、外联的工作特点 …………………………………………… 77
  第二节　外联部销售业务 ………………………………………… 77
　　一、旅行社产品销售渠道的类型 ……………………………… 78
　　二、旅行社销售渠道的选择 …………………………………… 79
　　三、旅游中间商的管理 ………………………………………… 81
  第三节　外联部工作实务 ………………………………………… 84
　　一、旅行社产品价格的制定 …………………………………… 84
　　二、旅行社产品的报价 ………………………………………… 94
　　三、旅行社产品的促销方法 …………………………………… 96
  第四节　旅行社外联函电 ………………………………………… 103
　　一、电话与传真 ………………………………………………… 103
　　二、函电往来 …………………………………………………… 104

案例分析与思考 ································· 107
　　本章闯关测试 ································· 112

第四章　旅行社的计调管理 ································· 114
第一节　计调概述 ································· 115
　　一、旅行社计调定义及分类 ································· 116
　　二、计调的业务范围 ································· 117
　　三、计调的职业意识 ································· 118
　　四、计调人员的素质要求 ································· 120
第二节　计调的作用及其职能 ································· 121
　　一、计调在旅行社中的角色及所起作用 ································· 121
　　二、计调部 ································· 123
　　三、计调部的机构和设置 ································· 125
第三节　计调的工作原理和内容 ································· 126
　　一、计调的工作计划制订 ································· 127
　　二、计调的采购方法 ································· 131
第四节　计调的采购原则和原理 ································· 136
　　一、采购原则 ································· 136
　　二、采购原理 ································· 142
　　案例分析与思考 ································· 146
　　本章闯关测试 ································· 147

第五章　旅行社组团业务流程 ································· 149
第一节　组团业务概述 ································· 150
第二节　组团业务流程的规范操作 ································· 151
　　一、客户接待 ································· 151
　　二、与地接社确认合作 ································· 163
　　三、选派优秀的全陪、领队 ································· 168
　　四、出行前注意事项 ································· 172
　　五、组团业务的实时监控 ································· 175
第三节　组团业务的财务结算 ································· 177
　　一、归团报账 ································· 177
　　二、核算付款 ································· 177
第四节　后续事宜的处理 ································· 178

一、客户回访 ………………………………………………… 178
　　二、处理投诉与表扬 …………………………………………… 179
　　案例分析与思考 ………………………………………………… 181
　　本章闯关测试 …………………………………………………… 182

第六章　旅行社接团业务流程 …………………………………… 184
第一节　接团业务概述 …………………………………………… 185
第二节　接团业务流程的规范操作 ……………………………… 185
　　一、客户接待 …………………………………………………… 185
　　二、确认并制订接待计划 ……………………………………… 189
　　三、计划落实 …………………………………………………… 191
　　四、选派优秀地陪导游 ………………………………………… 192
　　五、团队与散客的接待操作 …………………………………… 196
　　六、出行前的注意事项 ………………………………………… 206
　　七、接团业务的实时监控 ……………………………………… 207
第三节　接团业务的财务结算 …………………………………… 208
　　一、归团报账 …………………………………………………… 208
　　二、核算付款 …………………………………………………… 208
第四节　后续事宜的处理 ………………………………………… 209
　　一、处理遗留问题 ……………………………………………… 209
　　二、总结工作 …………………………………………………… 209
　　三、归档 ………………………………………………………… 209
　　案例分析与思考 ………………………………………………… 209
　　本章闯关测试 …………………………………………………… 210

第七章　旅行社综合管理 …………………………………………… 212
第一节　旅行社人力资源管理 …………………………………… 213
　　一、旅行社员工的选聘 ………………………………………… 213
　　二、旅行社员工的培训 ………………………………………… 219
　　三、旅行社薪酬的构成 ………………………………………… 221
　　四、旅行社企业文化建设 ……………………………………… 223
第二节　旅行社质量管理 ………………………………………… 225
　　一、旅行社质量管理的概念 …………………………………… 226
　　二、旅行社质量管理的实施 …………………………………… 228

三、旅行社质量管理趋势 ………………………………………………… 231
　第三节　旅行社经营风险管理 ……………………………………………… 232
　　一、旅行社经营中面临的主要风险 ……………………………………… 232
　　二、旅行社风险管理的目标 ……………………………………………… 234
　　三、旅行社风险管理的程序 ……………………………………………… 235
　　四、旅行社风险管理的组织与控制 ……………………………………… 237
　　五、旅行社规避风险的主要措施 ………………………………………… 239
　案例分析与思考 ……………………………………………………………… 242
　本章闯关测试 ………………………………………………………………… 243

第八章　旅行社电子商务 …………………………………………………… 244
　第一节　电子商务与旅游业的发展 ………………………………………… 245
　　一、电子商务的内涵 ……………………………………………………… 246
　　二、电子商务与旅游业发展的适应性 …………………………………… 247
　　三、旅游业常用的电子商务利用模式 …………………………………… 249
　第二节　旅行社电子商务概述 ……………………………………………… 249
　　一、旅行社电子商务的内涵 ……………………………………………… 250
　　二、当前中国旅行社电子商务发展中的不足 …………………………… 253
　　三、中国发展旅行社电子商务应遵循的原则 …………………………… 255
　第三节　旅行社电子商务发展模式 ………………………………………… 257
　　一、基于第三代旅游交易平台的合作模式 ……………………………… 258
　　二、基于加盟旅行社电子商务平台的联合体模式 ……………………… 260
　　三、基于大型旅行社自建电子商务平台的发展模式 …………………… 262
　　四、基于目的地公共旅游信息网的发展模式 …………………………… 263
　案例分析与思考 ……………………………………………………………… 264
　本章闯关测试 ………………………………………………………………… 266

参考文献 …………………………………………………………………… 267

第一章 旅行社概述

引言

旅行社是经济活动和旅游活动发展到一定阶段的产物。作为旅游业的重要支柱之一,旅行社在我国旅游业的发展中占有极其重要的位置。

学习目标

通过本章的学习,要求学生了解中外旅行社产生的社会历史背景,熟悉旅行社的性质和职能、类型和业务,掌握旅行社的设立条件及机构设置,为全面掌握旅行社经营与管理活动规律打下基础。

案例导读

2017年首趟泰国包机旅游团抵武隆

2017年3月16日,首趟泰国包机游客抵达重庆江北国际机场,他们将前往武隆度过一个三日游的旅程。据悉,这是自2017年2月份武隆景区赴泰国参加第20届泰国出境旅游博览会后的首趟大规模包机。

据武隆喀斯特旅游公司入境部佘亚介绍,此次泰国包机旅游团由泰国速远集团主办,泰国组团社 NU TRAVEL INCENTIVE GROUP CO.,LTD.、武隆喀斯特旅游公司协办。此趟包机成行,标志着武隆景区在泰国旅游客源市场的开发取得重大突破,同时为今后双方更广泛地拓展旅游、文化等交流合作打下了坚实的基础。

泰国是近年来武隆景区境外客源拓展的主要方向之一。近几年多次远赴泰国进行了市场推介,一时间,到武隆感受"神奇山水"成为泰国旅游新潮。同时,为进一步扩大武隆景区在泰国的市场影响力,去年武隆景区还邀请泰国知名电视媒体、旅行商到景区踩线考察。特别是2016年8月,泰国皇室郡主莎瓦丽一行在考察武隆景区后,对武隆地貌风光赞不绝口,表示要让更多的泰国民众到武隆来看世界自然遗产地的无限魅力。

随着旅游营销的卓见成效,作为重庆旅游的标杆,中国旅游热门目的地武隆景区在泰国已经有超高的知名度。近年来武隆旅游的泰国游客也不断增长,自2016年泰国皇室郡主莎瓦丽、泰国资深媒体及旅游达人先后赴武隆旅游观光之后,武隆旅游掀起了泰国热潮,泰国游客人数同比上涨20%。此次包机旅游团就是2017年开年以来,所有来武外国包机游客中规模最大的旅游团。

(资料来源:腾讯大渝网)

第一节 旅行社的产生与发展

旅行社的产生是商品经济、科学技术及社会分工发展的结果,同时也是旅游活动长期发展的必然产物。

综观世界旅游业发展历史,不难发现,旅游业发展实际上是人类社会发展的一个侧面,它是社会生产发展到一定水平的产物,是在旅游活动日益商品化的基础上产生的。可以说,旅行社是人类活动发展到一定阶段的必然结果。旅行社的产生,与当时商品经济、科学技术和社会分工的发展有着直接、密切的关系。换言之,旅行社是世界产业革命的产物。

一、旅行社的产生

(一)托马斯·库克旅行社

旅行社最早出现在19世纪中叶的西欧和北美地区。当时工业革命已经在这些地区获得了重大进展,经济结构和社会结构发生了巨大变化,这一切加速了城市化的进程,改变了一部分人的生活方式。由此旅游逐渐成为一部分人经常性的活动,从而为旅游业的发展提供了大量的客源。另外,工业革命促进了科学技术的进步,蒸汽机车和轮船的相继出现,提高了运输能力,使大规模的人员流动成为可能。在这种背景下,1845年英国的托马斯·库克在英国莱斯特成立世界上第一家旅行社。托马斯·库克也成为世界上第一位专职的旅行代理商。

补充资料1—1

托马斯·库克

托马斯·库克于1808年11月22日出生在英国英格兰,自幼家境贫寒,10岁

便辍学从业,先后做过帮工、诵经人和木匠等。库克笃信宗教,热衷于禁欲。1841年,他创造性地包租了一列火车,载运540人从莱斯特到拉丝伯勒参加禁酒大会,全程11英里,每人收费1先令。此后,他又多次组织类似的铁路旅行,并逐步认识到其中潜伏着巨大的商业机会。1845年,库克在莱斯特正式成立了托马斯·库克旅行社,开始专门从事旅行代理业务,从而成为世界上第一位专职的旅行代理商。

此后,托马斯·库克的业务经营范围和影响不断扩大。1845年,为组织到利物浦的观光旅游,库克整理出版了《利物浦之行指南》的手册,并就此设立了专门的旅游向导。1855年,库克以包价的形式组织了赴法国的旅行;1865年,库克与儿子联合在原有公司的基础上创办了托马斯·库克父子公司,并将营业地点迁往伦敦。他们以后又相继在美洲、非洲和亚洲设立分公司,并于1872年成功地组织了9人环球旅游,从而使托马斯·库克父子公司成为世界上名声显赫的旅行社。托马斯·库克也成为旅行社的代名词而在欧美地区尽人皆知。

美国的黄石公园对公众开放后不久,托马斯·库克旅行社便在那里经营旅游业务。随着业务的不断增加和经验的逐步积累,托马斯·库克旅行社将其经营业务范围扩大到印度和亚洲其他地区。1874年,托马斯·库克旅行社首次发行旅行支票,用于旅馆、餐馆、商店和旅游景点,并可在银行兑换。

1931年,托马斯·库克旅行社与在欧洲大陆上经营卧车旅行业务的怀根-里特公司合并。合并后,该公司在世界各地设立越来越多的分公司,为入境旅游者提供旅行支票兑换服务、安排观光游览活动及组织所在地居民外出旅游。如今,托马斯·库克旅行社已经建立起遍布世界各地的分支机构网络,经营各种旅游业务和提供与旅游相关的服务。托马斯·库克旅行社被公认为是世界上最大的单纯经营旅游及其相关业务的公司。

托马斯·库克对于旅游业的贡献,不仅在于他开创了近代旅游业,而且还表现在他面向大众,薄利多销,推动了旅游的社会化,促进了旅游业的迅速发展。另外,他的旅游企业管理理念对后世也有深远影响,如他认为旅行事业的经营者应尽可能使客人方便舒适,尽可能地为客人省钱;组织旅游者去旅游不仅是去带旅游者游山玩水,更是去探求新知识、新事物。他肯定旅游具有教育作用,并提出了"省钱旅游(Saving Money for Travel)"的口号,对提高人们的旅游意识做出了贡献。

在托马斯·库克之后,旅行社适应人们不断增长的旅游需求在世界各地迅速发展起来。旅行社的发展和普及,为人们的旅行提供了更多的方便,这又进一步促进了旅游业的发展。由于受到两次世界大战及世界性经济危机的影响,全球旅行社业的发展经历了几起几落的变化。第二次世界大战之后,相对稳定的世界局势和快速增长的世界经济使旅游业迅速崛起,旅行社得到空前的大发展。据不完全统计,目前,全世界旅行社总数约 70 000 家,它们为世界各地不同国家和地区的人们外出旅行提供着相关服务,一个遍布全球的庞大的国际性旅游服务销售网络已基本形成。国际旅游几乎每十年就增长 1 倍,远远高于同期世界经济的增长速度。

☞ 补充资料 1—2

托马斯·库克 150 年的发展历史

1841 年　第 1 次组织旅游,从莱斯特到拉丝伯勒。
1845 年　组织到利物浦旅游,并将线路延伸到北威尔士。
1846 年　首次组织到苏格兰旅游。
1851 年　库克带领 165 000 人参加博览会。
1855 年　第 1 次组织欧洲大陆旅游。
1863 年　开始组织到瑞士旅游。
1865 年　托马斯·库克公司开设伦敦办事处。
1866 年　第 1 次组织到北美旅游。
1869 年　第 1 次组织到基督教圣地和埃及旅游。
1872 年　托马斯·库克公司首创环球旅游。
1874 年　以流通券形式推出旅游支票,开始出版托马斯·库克时刻表。
1884 年　托马斯·库克运送戈登将军退役远征。
1887 年　托马斯·库克安排第一次印度穆斯林朝圣旅游,并运送土邦主(maharajahs)参加维多利亚女王的金婚纪念日。
1892 年　托马斯·库克去世。
1898 年　托马斯·库克的儿子约翰·梅森·库克为德国皇室安排到耶路撒冷旅游。
1902 年　印制第一本冬季旅游小册子,组织第一次汽车旅游。
1919 年　托马斯·库克公司为乘飞机旅游做广告。
1927 年　第一次包机旅游,从纽约到芝加哥观看引人注目的拳王杰克·邓普西与吉恩·滕尼的拳击比赛(Dempsey-Tunney fight)。

1939年　第一次组织到法国南部的包价旅游。

1940年　托马斯·库克公司参与儿童疏散和处理敌国邮件。

1959年　英国旅游作家第一次会议在伯克利街(Berkeley Street)托马斯·库克公司办公室召开。

1966年　安装第一个实时自动假日预订系统。

1972年　托马斯·库克公司成为米兰银行集团(Midland Bank Group)的一部分。

1974年　托马斯·库克公司推出24小时换汇服务。

1977年　亚历山大公主(Princess Alexandra)为托马斯·库克公司位于彼得伯勒(Peterborough)的新总部开业剪彩。

1980年　推出自动旅游信息银行。

1981年　托马斯·库克公司于欧洲各银行达成协议推出欧洲旅行支票。

1983年　托马斯·库克公司加入万事达卡旅行支票项目。

1985年　推出ECU旅行支票。

1988年　托马斯·库克假日公司退出短线旅游市场。

1989年　公司投资3 600万英镑,用于一项为期3年的计划,将所有托马斯·库克公司零售代理店都改为旅游超市。

1990年　安装电脑预订系统的后台自动化系统,开始发展全球办公网络。

1991年　托马斯·库克公司150年庆,为了庆祝这个日子,公司组织了一次包括参观7大奇迹在内的环球旅游。

1992年　托马斯·库克公司被米兰银行卖给西德意志银行(WestLB)和LTU集团。

1994年　托马斯·库克公司引入巴克利银行旅行支票部的交换支付业务,使托马斯·库克公司成为世界上万事达卡和维萨卡旅行支票的最大供应商。

1994年　托马斯·库克公司将公司旅游管理业务和在美国的分支机构卖给美国运通公司。

(资料来源:A.V.Seaton,M.M.Bennett.旅游产品营销——概念、问题与案例.张俐俐等译.北京:高等教育出版社,2004.)

(二) 美国运通旅行社

美国运通旅行社是美国最大的旅行社。1850年,美国运通公司成立于纽约州包法罗市。该公司最早经营货物、贵重物品和现金的快递业务。这种业务在当时已有很大的吸引力,受到广大公众的热烈欢迎。随着美国人不断地涌向西部地区,人们对快递服务的需求与日俱增。美国运通公司逐渐向俄亥俄州、伊利诺伊州和艾奥瓦州扩展。

1864年,美国邮政部首次推出汇票邮递业务,到1880年,每年有一亿多美元以汇票的形式流动。这一措施对美国运通公司的经营利润造成了严重的损害,因为在此之前,现金主要以快递方式在美国各地流动。面对这一形势,美国运通公司于1882年推出自己公司的汇票。这一行动立即获得成功。美国邮政部的汇票只能在各地的邮局里买到,而运通公司的汇票则可以在杂货店、火车站和运通公司设在各地的分支机构买到。

1890年,美国运通公司总裁法尔戈前往欧洲旅行,随身携带着信用证,以便到国外的银行兑换现金。尽管法尔戈有着良好的信誉,但是他仍然难以兑到现金。回到美国后,他立即着手制订一项计划,旨在设计出一种既能够转换成现金又不怕丢失的凭证。1891年,美国运通公司推出第一张旅行支票。美国运通公司以其良好的信誉为其所发行的旅行支票做担保,并且保证持有这种支票的人不会蒙受任何损失。假如支票被盗,而且支票上的签名被人仿冒,美国运通公司保证赎回并承担损失。公司不靠发行旅行支票的手续费营利,而是靠每年数十亿美元的浮存进行投资。

1891年,美国运通公司建立了欧洲部,并于1895年在巴黎建立了第一家分公司。随后又在伦敦、利物浦、南汉普顿、汉堡、不来梅等城市建立了分公司。美国运通公司的办事处和分公司很快遍布了整个欧洲。

随着美国运通公司在欧洲各地分支机构网的建立和发展,旅游者对其提供的服务需求也日益增长。旅游者需要美国运通公司为他们兑换旅行支票,还要求向他们提供列车和旅游大客车的时刻表及相关饭店、游览活动等方面的信息。起初,美国运通公司不愿意提供这些服务,认为公司不应介入旅游业务。然而在旅游市场巨大发展潜力的诱惑下,美国运通公司终于改变了态度,于1915年设立了旅行部。1916年,该旅行部组织了许多旅游团,其中包括前往远东地区和阿拉斯加地区的旅游客轮,以及前往尼亚加拉大瀑布和加拿大的包价旅游团。1922年,美国运通公司开始经营通过巴拿马运河的环球客轮旅游业务。在20世纪30年代的10年间,美国运通公司开始实施大规模的国内旅游业务计划。公司创办了著名的乘火车前往美国西部地区旅游的"旗帜旅行团"项目,该项目包含交通、住宿、游览观光和餐饮等内容。

自第二次世界大战结束以来,美国运通公司经历了巨大发展,现已成为世界上最大的旅行和金融集团。另外,美国运通公司发行的信用卡是国际上主要使用的信用卡之一。

目前,美国运通已经成为全球最大的旅游集团,在全球130个国家共设有1 700个办事处,世界500强企业中70%都与其建立起商务旅行的业务关系。美国运通十分看好中国商务旅游市场。2005年,美国运通与中国国旅的合资企业国旅运通航空服务公司在上海正式成立,这标志着美国运通开始进军上海市场。

二、我国旅行社的发展

我国旅行社业的发展历程基本上可以划分为五个阶段:萌芽阶段、外事接待阶段、产业化发展的奠基阶段、快速增长阶段、对外开放阶段。

(一)萌芽阶段(1923—1948年)

在此之前,中国旅行社业还处于空白,其时旅游业务皆由外国在中国的金融机构包揽,如英国人经营的"通济隆公司"、美国的"通运银行"等皆设有旅行部。1923年8月,主持上海商业储蓄银行的陈光甫先生在该行设立一个"旅行部"。"旅行部"早期以客运业务为主,后发展到代售火车票、游轮客票,办理出国手续、国内外观光、海陆货运报关等。在1927年6月1日,"旅行部"从银行中分离,正式命名为中国旅行社,成为中国人自己创办的第一家旅行社。由于缺乏经验,该旅行社经常亏损,但陈光甫先生认为"为国家挽回了不少的利权,不然又多送外国人许多钱了",坚持将旅行社办下去。在抗日战争期间,这个旅行社迁到重庆。由于旧中国饱受战争困扰,旅游业很难发展起来,虽然已经出现了旅行社,但仅限于萌芽状态。

☞ 补充资料1—3

陈光甫与他的经营理念

人争近利,我图远功;人嫌细微,我宁烦琐。——陈光甫

去一家洋行买船票,只因受到外籍职员未必故意的冷落,便萌生念头,要让自己的同胞享受跟洋人同等的旅行服务。几年后,真就有一家新机构在他手里开业,

而且一直经营了26年——这并非虚构的故事。那家成立于1923年8月的上海银行旅行部，很快发展，享誉全国。其创办者，就是银行家陈光甫。

陈光甫，生于江苏镇江一商人家庭。12岁到汉口一洋行学徒。23岁被岳父推荐去美国，从补习功课开始，相继就读于两所学院，其间，曾在美国的银行实习，并与孔祥熙结交。回国后，曾任江苏都督府财政司副司长。他向江苏都督提出建议把裕苏官银局改组为江苏银行，遂被任命为该行副监督，继而出任总经理，在经营上推行一系列改革，才华初显。不久时局变化，他因拒绝给新任都督张勋提供存户名单，被免职。1915年6月，陈光甫和庄得之合伙创办上海商业储蓄银行，并任总经理。因开办时实收资本不到10万元，故被时人称为"小小银行"。

（资料来源：张骏.旅行社经营管理.北京：旅游教育出版社，2010.）

（二）外事接待阶段（1949—1978年）

中华人民共和国成立后，为了满足海外华侨回国探亲访友和外国友人了解中国历史文化的要求，1949年10月17日，以接待海外华侨为主旨的厦门华侨服务社成立，这是新中国创办的第一家旅行社。此后又在泉州、深圳、汕头、拱北、广州等地成立了华侨服务社，开始形成我国旅行社的框架体系。1957年4月24日，中国华侨旅行服务总社正式成立，统一领导和协调华侨及港澳同胞的探亲旅游接待服务。与此同时，为做好外国友人的访华接待工作，周恩来总理于1953年6月20日批准了《关于筹组国际旅行社的报告》；1954年4月15日，分别在北京、上海、西安、桂林等14个城市成立了中国国际旅行社。为了加强对全国旅游工作的统一领导，1964年，中共中央决定成立中国旅行游览事业管理局，与中国国际旅行社总社合署办公。1966年，"文化大革命"开始，旅游接待被批判是"为资产阶级服务"，局社合一的中国旅行游览事业管理局只剩下12人的业务班子，接待业务基本停顿。1968年，全国仅接待外宾303人。20世纪70年代初期，毛泽东主席要求做好国际交流工作，国际旅游接待有所恢复。1976年，全国接待外国游客不到5万人次。粉碎"四人帮"后，港澳同胞和外国人入境数量明显增加，到1978年，入境总人数达180.92万人次，其中外国人22.96万人次，过夜旅游者71.6万人次，旅游外汇收入2.63亿美元，名列世界第41位。这就是中国旅游业走上产业化发展道路前的基础数字。

（三）产业化发展的奠基阶段（1979—1990年）

1978年底召开的党的十一届三中全会，实现了党的指导思想上的拨乱反正，开创了中国改革开放的新局面。改革开放的总设计师邓小平同志说，"民航、旅游这两个行业很值得搞"，"一个旅行者花费一千美元，一年接待一千万旅行者，就可以赚一百亿美元，就算接待一半，也可以赚五十亿美元。要力争本世纪末达到这个创汇目标"。在邓小平同志的积极倡导下,发展旅游业得到了党中央、国务院的高度重视。1985年12月20日,国务院常务会议决定,把旅游业发展列入国家的"七五"计划,并增加投资,"'七五'计划期间,所需投资约130亿元。除了地方和中央有关部门分别投资安排的以外,直接由国家旅游局安排的为25亿元,平均每年5亿元";1986年4月12日,六届人大四次会议审议批准了国家的"七五"计划,旅游业被列在第37章,这是旅游业第一次在国家计划中出现,是我国旅游业发展史上的一个里程碑。"七五"计划末期的1990年底,我国旅游涉外饭店发展到1 987座,拥有客房29.38万间(其中利用外资建设的饭店370座,拥有客房14.25万间),形成了全国旅游住宿接待网络;各类旅行社发展到1 603家,形成了全国旅游招徕和接待网络。至此,我国旅游业走上产业化发展的道路,也为旅行社业的发展奠定了坚实的基础。这一年,来华旅游入境人数达到2 746.2万人次,是1978年的5.9倍,其中外国旅游者人数达到174.73万人次,是1978年的7.6倍;全国旅游外汇收入达到22.18亿美元,是1978年的8.4倍;国内旅游业也有了一定规模,当年国内旅游人数达2.8亿人次,国内旅游收入达170亿元人民币。

(四)快速增长阶段(1991—2000年)

1989年因为政治风波,西方国家对我国进行封锁,致使一些旅行社倒闭,旅游业出现了自1978年以来的第一次负增长。这也让旅游业界认识到旅游业的脆弱性,直到1991年旅游业开始复苏,随着客源规模的扩大,旅行社也呈稳步增长的态势。我国政府在此期间开始允许中国公民出国探亲和旅游,出境旅游市场开始形成。1996年10月,国务院颁布了《旅行社管理条例》,并于2001年12月进行了修订,对旅行社原有的分类方法、注册资本金额等方面进行了重大调整。从1991年到2002年的这12年中,我国旅游业的发展速度一直高居世界之首,旅游业成为国民经济新的增长点,旅行社也因此得到空前发展,截止到2001年底,全国共有旅行社10 716家,比1991年增加了9 155家,扩大了近7倍,年均增长21.24%。

(五)对外开放阶段(2001年至今)

从2001年开始,旅行社总体上仍保持高速增长态势,虽然其间经历了2003年"非典"事件和2008年前后的金融危机,政府也不断对包括旅行社在内的旅游业进行调整,如2009年颁布新的《旅行社条例》,但此阶段最大的变化还是我国旅行社业开始加快对外开放的步伐。2001年11月,我国正式加入世贸组织,达成了包括旅游业在内的"入世"承诺。在旅行社方面,我国承诺先允许年全球旅游收入超过4 000万美元的境外旅行社在我国申办由中方控股的合资旅行社,然后在之后的三年内允许设立外资控股的合资旅行社,六年内允许设立外商独资的旅行社,并取消设置地域的限制。我国旅行社业对外开放将继续走向深化,这对我国的旅行社企业既是一种挑战,也是一种机遇。

第二节 旅行社的性质与职能

一、我国旅行社的概念

在我国 2009 年 5 月 1 日实施的《旅行社条例》中规定:"本条例所称旅行社,是指从事招徕、组织、接待旅游者等活动,为旅游者提供相关旅游服务,开展国内旅游业务、入境旅游业务或者出境旅游业务的企业法人。"所称招徕、组织、接待旅游者提供的相关旅游服务,主要包括:

①安排交通服务;
②安排住宿服务;
③安排餐饮服务;
④安排观光游览、休闲度假等服务;
⑤导游、领队服务;
⑥旅游咨询、旅游活动设计服务。

旅行社还可以接受委托,提供下列旅游服务:

①接受旅游者的委托,代订交通客票、代订住宿和代办出境、入境、签证手续等;
②接受机关、事业单位和社会团体的委托,为其差旅、考察、会议、展览等公务活动,代办交通、住宿、餐饮、会务等事务;
③接受企业委托,为其各类商务活动、奖励旅游等,代办交通、住宿、餐饮、会务、观光游览、休闲度假等事务;
④其他旅游服务。

出境、签证手续等服务,应当由具备出境旅游业务经营权的旅行社代办。

二、旅行社的性质

从《旅行社条例》的定义,我们可以得知,旅行社一方面具有营利的性质,另一方面提供旅游服务。在概念的基础上,我们进一步探讨旅行社的基本特性。

(一)服务性

从行业性质来讲,旅行社属于服务业,其主要业务是为旅游者提供服务,包括食、住、行、游、购、娱六个方面,全方位地为旅游者服务。旅行社可以为旅游者提供单项服务,也可以将各项服务组合成包价旅游产品提供给旅游者。提供优质高效的服务是旅行社竞争的有效手段,好的服务能通过口碑宣传(word of mouth)提升企业的知名度，能帮助企业增加回头客，带来更多新顾客，减少投诉行为。好的服务同时可提升员工的职业道德、工作满意度和忠诚度，有利于培养更好的企业人际关系。

（二）营利性

这一点是所有企业的共性，也是旅行社的根本性质。旅行社的最终目的是运用和调配一定的资源在最小的成本投入下，追求最大的产出经济效益。旅行社是一个独立自主、自负盈亏的企业，与追求社会效益最大化的社会组织不同。

（三）中介性

旅行社是连接旅游产品要素供应商与旅游者，使旅游交易活动顺利实现的中介性的企业。旅行社既要收集各种旅游要素的信息，组合成旅游产品并直接向旅游者推介，同时还要向旅游相关部门和行业及时反馈旅游市场信息。旅行社本身并没有更多的生产资料，要完成其生产经营过程，主要依托各类旅游目的地的吸引物和各个旅游企业及相关服务企业提供的各种接待服务设施。由于旅行社在了解需求以及指导供给方面的重要作用，决定了旅行社是旅游业的前锋。

此外，由于旅行社隶属于旅游业，是以提供劳务产品为主的服务企业，所以旅游行业具有劳动密集型、敏感性、波动性、关联性等特征。

三、旅行社的职能

（一）生产和组合职能

旅游产品的生产不同于一般商品，它通常是一种联合了多个供应商在内的组合产品，包括住宿部门、景区景点部门、交通部门、目的地组织机构等。旅行社大多以低于散客市场的价格从饭店、旅游交通及其他有关部门批量购买旅游者所需的各种服务项目，然后进行组装加工，再出售给希望购买旅游产品的企业、单位及旅游者，如下图1-1所示。

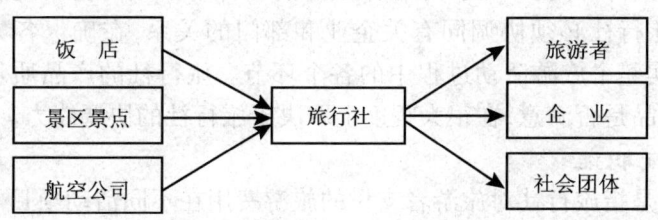

图1-1 旅行社的生产组合职能

这种特殊的生产方式具有以下特征：①因为组合性强，所以对产品的管理会比较分散，控制难度加大；②相互合作是非常重要的，一个组织或企业的缺点会影响到其他组成部分的声誉，如饭店较差的饭菜或航班晚点会使旅行社受到批评；

③完全采取消费者导向是非常困难的,旅游者无法事前试用旅游产品,旅游产品也不能像一般的物质产品一样方便地进行修改和完善,如旅行社很难通过改造飞机的设置让对飞行有恐惧感的旅游者克服恐惧,旅游资源一旦形成,也很难根据消费者的需要进行调整。

(二)销售职能

旅行社不仅是其自身产品的主要销售渠道,而且是许多其他旅游企业及相关企业的重要销售渠道,如图1-2所示。

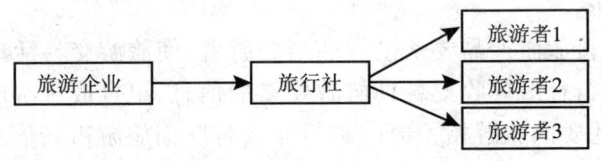

图1-2 旅行社的销售职能

旅行社在满足旅游者需求,拓宽各种旅游产品销售渠道和增加旅行社及其他旅游企业、单位的产品销售量方面发挥着重要作用:它一方面能够满足旅游者的需求,另一方面能够使旅游产品更顺利地进入消费领域。

旅行社在旅游产品的销售渠道方面占据显著地位,这与其对旅游者决策的影响有关,也与旅游企业在发展直接销售渠道时在成本、控制和服务水平等多方面力不从心有关。另外,旅行社帮助旅游产品从生产者转移到消费者,克服了时间、地点和所有权等将产品与消费者分离的主要障碍。

(三)协调职能

旅游活动不仅涉及交通、住宿、饮食、游览、娱乐、购物等旅游服务供给部门和单位,而且还涉及公安、海关、卫生检疫等部门,并且一条旅游线路还涉及多个城市或地区的旅游接待部门。因此,为确保旅游活动各个方面的密切配合和各个环节的有效衔接,旅行社必须协调同有关企业和部门的关系,在确保各方利益的前提下,衔接和落实整个旅游活动过程中的各个环节。旅行社的产品质量和旅游者对旅行社及其产品是否满意,在很大程度上取决于旅行社的协调能力。

(四)分配职能

分配职能是指旅行社对旅游者支付的旅游费用在不同活动项目之间和相关旅游服务供给者之间进行合理的分配。前者的合理分配是为了维护旅游者的合法权益,将旅游者支付的费用在按照所签旅游合同规定的旅游项目之间进行分配;后者是为了保证旅游服务供给者应获得的经济利益,按照与不同旅游服务供给者所签订的协议和实际提供的服务数量、质量在旅游活动结束后进行分配。如图1-3所示。

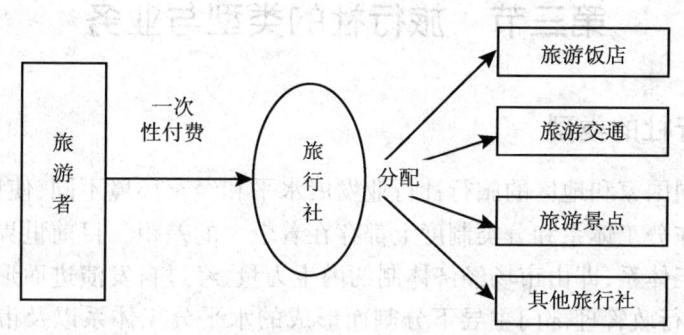

图1-3 旅行社的分配职能

旅行社的分配职能是由旅行社作为包价旅游产品组合（生产）者决定的，一方面它要对购买其产品的旅游者负责；另一方面又要对为其产品生产提供原料（服务）的旅游服务供给者承担义务，因而需要合理分配所收取的旅游费用。

（五）提供信息的职能

旅行社提供信息的职能主要体现在两个方面：一方面，旅行社作为旅游产品最重要的销售渠道，始终处于旅游市场的最前沿，熟知旅游者的需求变化与市场动态。所以，旅行社可以及时地向各相关部门反馈市场信息；另一方面，旅行社可以将各相关协作部门的最新信息及时、准确、全面地反映到旅游消费中去，以促进旅游产品的销售与购买。如图1-4所示。

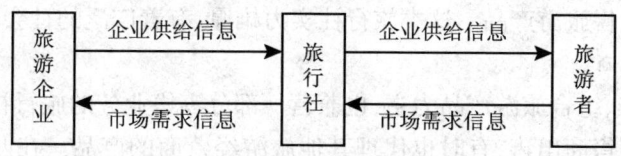

图1-4 旅行社的信息职能

建立有效的信息沟通系统，对旅游业的运行效率有非常大的帮助。以信息为基础、由计算机驱动的信息技术正在全面深入地发展。旅行社、航空公司、饭店都在大量运用信息技术，如计算机预订系统、目的地营销系统和视传系统等。但另外一方面，像电视会议、家庭购物以及虚拟现实等技术对旅行社形成一定的冲击，因为它们削弱了旅行社中介的作用，人们可以在家中或其他公共场所与旅游产品提供者沟通。然而，因为旅行社具有高接触特性（high-touch），人的服务始终不能被信息技术所代替。

第三节 旅行社的类型与业务

一、旅行社的类型

由于不同国家和地区的旅行社行业发展水平和经营环境不同,使世界各国、各地区旅行社在分工体系和分类制度上都存在着较大的差距。目前世界范围内主要存在三种分工体系,即由市场经济体制的内生力量,经过自发演进而形成的垂直分工体系,政府行政管理部门主导下分割而形成的水平分工体系以及市场因素和政府主导共同作用而形成的混合分工体系。不同国家和地区旅行社分工体系方面的差异,决定了旅行社分类制度方面的区别。

(一)以欧美为代表的垂直分工的旅行社

垂直分工的旅行社是指那些在时间上先后承接,并具有互补关系的旅行社结构。这种类型的旅行社主要流行于以美国为代表的欧美地区旅游发达国家。垂直分工的旅行社主要分为旅游批发商、旅游经营商和旅游代理商(旅游零售商)。

1. 旅游批发商

是一种从事旅游产品的生产、组织、宣传和推销旅行团业务的旅行社组织。它们与旅游目的地、航空公司等交通部门及饭店、餐厅等旅游服务部门签订合同,并根据旅游者的实际需求,设计、组合出若干不同日程、项目和包价等级的包价旅游线路或包价度假集合产品,并将其刊印在宣传册上,然后交给旅游零售商去推销。它们一般不直接向公众出售旅游产品。这类旅行社实力雄厚,有着广泛的社会联系。

2. 旅游经营商

是指以编排、组合旅游产品为主,也兼营一部分零售业务的旅行社。它们的旅游产品大部分由零售商出售,有时也代理其他旅游经营商的产品。在西方国家从事旅游业的人士中,旅游批发商与旅游经营商常作为同义词混用。若严格区分,二者是有一定区别的。二者虽然都进行旅游产品的生产,但是重要区别在于是否直接经营零售业务。旅游经营商有自己的零售网,直接向公众出售部分自己的旅游产品;而旅游批发商则没有自己的零售网点,不直接向公众出售产品。旅游经营商通过设计、组合新包价旅游产品并提供自己的服务,旅游批发商一般不从事实地接待业务。

3. 旅游代理商(旅游零售商)

指直接向个人或社会团体宣传和推销旅游产品、具体招徕旅游者,有的也负责当地接待的旅行社。旅游零售商是联系旅游经营商和旅游批发商与旅游者之间的桥梁和纽带。数量众多的旅游零售商直接面对旅游者销售旅游产品,也可代旅游者直接向旅游服务供应部门预订零散服务项目,还可代理旅游批发商或旅游经营商的包价旅游产品。值得一提的是,旅游代理商的收入全部来自销售佣金。

在西方国家,旅游零售商,特别是旅游代理商分布极为广泛,他们直接面对广大旅游者,对旅游者的旅游决策影响巨大。据美国《旅行周刊》1992年调查,旅游代理商对旅游者目的地选择的影响很大。1991年,全美旅游代理商总销售额达859亿美元。调查结果显示,45%的旅游者旅行前没有明确的旅行目的地,36%的人只是大概了解自己想去的地方,但仍然需要指导,19%的人则完全依靠旅游代理商推荐目的地,甚至40%的商务旅游者也需要旅游销售大军。且旅游代理商将不断扩大对旅游者的影响,甚至左右世界旅游市场份额的划分。

补充资料1—4

旅游零售商的销售佣金

旅游零售商销售佣金的标准不尽相同,但一般来说,销售轮船舱位的佣金为7%~7.5%,航空服务为5%~9%,包价旅游为10%。若零售商销售额可观,可另设2.5%的奖励佣金。此外,旅游零售商还可以获得其他形式的奖励。事实上,产品畅通程度和销售佣金的高低已经成为旅游零售商选择合作伙伴的重要标准。

(二)以日本为代表的混合分工的旅行社

以日本为代表的旅行社一般采用混合分工体系。日本的旅行业过去一直采取一般旅行业、国内旅行业和旅行业代理店的混合分工体系。1996年4月1日开始实施的新的《旅行业法》以旅行业是否从事包价旅游业务为主要标准对日本旅行业的分类进行了调整。根据新的《旅行业法》,日本的旅行社划分为三类:

1. 一般旅行社

可从事国际旅游、国内旅游和出国旅行三种业务,主要是开展对外旅行业务。

2. 国内旅行社

可从事国内旅行(包括部分接待外国人的日本国内旅行)业务。

3. 旅行社代理店

依照注册登记所批准的业务范围,可作为一般旅行社的代理店,从事与其相同的业务;也可作为国内旅行社的代理店,从事与其相同的业务。

日本关于一类、二类旅行社的划分属于典型的水平分工体系,而一类、二类与三类旅行社之间又是垂直分工体系。

(三)我国旅行社是按照业务范围进行划分

目前,我国的旅行社按照不同的业务范围进行划分可分为经营国内旅游业务和入境旅游业务的旅行社;经营出境旅游业务的旅行社;外商投资经营的旅行社三种形式。

1. 经营国内旅游业务和入境旅游业务的旅行社

国内旅游业务,是指旅行社招徕、组织和接待中国内地居民在境内旅游的业务。入境旅游业务,是指旅行社招徕、组织、接待外国旅游者来我国旅游,香港特别行政区、澳门特别行政区旅游者来内地旅游,台湾地区居民来大陆旅游,以及招徕、组织、接待在中国内地的外国人,在内地的香港特别行政区、澳门特别行政区居民和在大陆的台湾地区居民在境内旅游的业务。经营国内旅游业务和入境旅游业务的旅行社,应当向所在地省、自治区、直辖市旅游行政管理部门或者其委托的社区的市级旅游行政管理部门提出申请。

2. 经营出境旅游业务的旅行社

出境旅游业务,是指旅行社招徕、组织、接待中国内地居民出国旅游,赴香港特别行政区、澳门特别行政区和台湾地区旅游,以及招徕、组织、接待在中国内地的外国人,在内地的香港特别行政区、澳门特别行政区居民和在大陆的台湾地区居民出境旅游的业务。旅行社取得经营许可满两年,且未因侵害旅游者合法权益受到行政机关罚款以上处罚的,可以申请经营出境旅游业务。申请经营出境旅游业务的,应当向国务院旅游行政主管部门或者其委托的省、自治区、直辖市旅游行政管理部门提出申请,受理申请的旅游行政管理部门应当自受理申请之日起20个工作日内作出许可或者不予许可的决定。予以许可的,向申请人换发旅行社业务经营许可证,旅行社应当持换发的旅行社业务经营许可证到工商行政管理部门办理变更登记;不予许可的,书面通知申请人并说明理由。

3. 外商投资经营的旅行社

根据2009年5月1日实施的新《旅行社条例》,我国的外商投资旅行社,包括中外合资经营旅行社、中外合作经营旅行社和外资旅行社。设立外商投资旅行社,由投资者向国务院旅游行政主管部门提出申请,并提交符合本条例第六条规定条件的相关证明文件。国务院旅游行政主管部门应当自受理申请之日起30个工作日内审查完毕。同意设立的,出具外商投资旅行社业务许可审定意见书;不同意设立的,书面通知申请人并说明理由。申请人持外商投资旅行社业务许可审定意见书、章程,合资、合作双方签订的合同向国务院商务主管部门提出设立外商投资企业的申请。国务院商务主管部门应当依照有关法律、法规的规定,作出批准或者不予批准的决定。予以批准的,颁发外商投资企业批准证书,并通知申请人向国务院旅游行政主管部门领取旅行社业务经营许可证,申请人持旅行社业务经营许可证和外商投资企业批准证书向工商行政管理部门办理设立登记;不予批准的,书面通知申请人并说明理由。

外商投资旅行社不得经营中国内地居民出国旅游业务以及赴香港特别行政区、澳门特别行政区和台湾地区旅游的业务,但是国务院决定或者我国签署的自由贸易协定和内地与香港、澳门关于建立更紧密经贸关系的安排另有规定的除外。

在旅行社经营过程中，更为常见的则是按业务特点进行划分：

◆组团社，是指招徕旅游者、组织旅游团（者）去异地参观游览等并可提供全程导游服务的旅行社。

◆地接社，指负责组织、安排旅游团（者）在当地参加游览等活动，并可提供地方导游服务的旅行社。

组团社很难亲自深入到某一城市或地区为旅游者安排一切旅游事宜，而必须委托当地一家旅行社，即由地接社来协助完成对旅游者的接待。这是两者存在与合作的客观基础。在经济利益方面，组团社"先收后付"，地接社则大部分采用"先垫后收"的结算形式。

二、旅行社的业务

旅行社的服务对象是旅行者，这一特点决定了旅行社的业务必然围绕旅行者的旅行活动而展开。因此，我们在讨论旅行社业务活动时首先应该与旅行者的需求和消费过程紧密联系在一起。其次，旅行社作为旅游服务的媒介，还需要组合各种旅游资源，形成旅游产品。通过分析旅行者的需求和消费过程及旅行社组合资源的过程，我们可以与之相对应地概括出旅行社的基本业务。见图1-5。

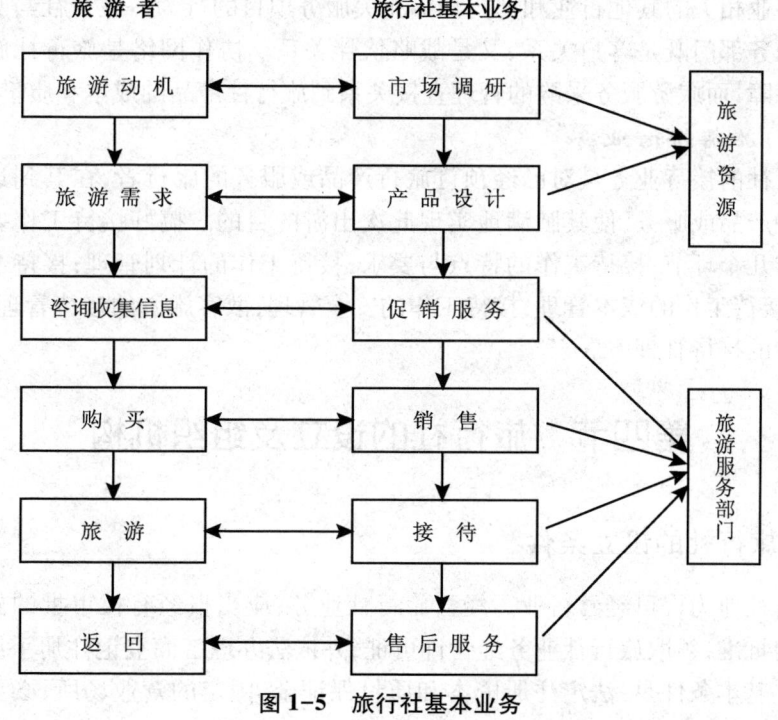

图1-5 旅行社基本业务

由图 1-5 我们可以看出,旅行社作为为人们的旅游活动提供服务的专门机构,其基本业务主要有以下几项:

(一)产品开发业务

旅行社产品设计与开发是基础性业务。在市场竞争中旅行社能否站稳脚跟,很大程度上取决于旅行社产品的竞争力。旅行社要针对旅行者旅行动机形成和旅行者需求因素,整合旅游资源,开发设计出自己的旅游产品。

(二)产品营销业务

产品营销业务是指旅行社采取各种促销策略,有效地分配旅游产品给其目标市场的活动。营销业务是旅行社的关键性业务,没有产品购买者,旅行社的后续业务便无法开展。特别是目前旅游市场竞争日趋激烈的条件下,旅行社不仅需要有竞争力的产品,同时需要有效的促销手段。这一业务是针对旅游者的需求,适时开展各种形式的旅游促销活动,激发购买欲望,最终售出产品。在涉及众多方面的跨地区和跨国度的旅游活动中,其间可能会有旅游中间商介入。同时旅行社与各旅游服务部门密切合作,在销售旅行社自己产品的同时,为各旅游服务部门提供各种销售机会。

(三)旅游服务的采购业务

旅游服务的采购是指旅行社为组合旅游产品而以一定的价格向其他旅游企业及与旅游业相关的其他行业和部门购买相关服务项目的行为。旅行社与其他旅游企业及服务部门既是客户关系,又是战略伙伴关系。协作网络是旅行社旅游服务采购的保障,而旅游服务采购的管理直接关系到旅行社产品的成本和质量。

(四)旅游接待业务

旅行社的接待业务是对已经预订旅行产品或服务的旅行者,在其到达本地后提供这些产品或服务,使其圆满地实现此次出游的目的。搞好接待工作要了解并抓住这样几个环节:接待工作的特点与要求;接待工作的计划管理;接待工作的质量管理;接待工作的成本管理;接待工作的安全管理;散客旅游的接待管理;大型和特种旅游的接待管理。

第四节 旅行社的设立及组织机构

一、旅行社的设立条件

旅行社业为许可经营行业。经营旅行社业务,应当报经有权审批的旅游行政管理部门批准,领取旅行社业务经营许可证,并依法办理工商登记注册手续。旅行社的设立基本条件是:法定注册资本和质量保证金、固定的营业场所、必要的营业设施和经培训并持有省、自治区、直辖市以上人民政府旅游行政管理部门颁发的资格证书的经营人员。

(一) 固定的营业场所

旅行社必须拥有与其旅游业务规模相适应的固定营业场所,即在较长的一段时间里能为旅行社所拥有或使用,而不是短期内频繁变动的营业场所。旅行社营业场所既可以是旅行社自己拥有的固定资产,也可以是旅行社从其他单位租用的营业用房。如果租用的须提供租期超过一年的证明。要注意营业场所地点的选择。例如,上海浦东地区的张扬路只有100多米长,却分布着22家旅行社,成为特色鲜明的"旅游超市",造成店多成市的优势。

①固定的营业场所为申请者拥有产权的营业用房,或者申请者租用的、租期不少于1年的营业用房;

②营业用房应当满足申请者业务经营的需要。

小思考 1—1

旅行社集中选址好不好?

目前,我国的一些城市里建设旅行社一条街或旅游超市,将许多旅行社集中在一起。这种做法是否有利于旅行社的发展?

答:有利于。因为:①能够对旅游者形成强烈的吸引力,有利于旅行社获得较多的客源;②方便旅游者进行比较和选择,有利于保护旅游者的合法权益;③众多的旅行社聚集在一起,将会造成优胜劣汰的局面,有利于促进旅行社注重服务质量的提高。

案例分析 1—1

康辉旅行社的选址

中国康辉天津旅行社的张孝坤总经理租赁了位于天津市中心区西康路上的云翔大厦7层,作为该旅行社经营出境旅游和国内团队旅游的门市部。在一般人看来,张总的决策似乎有悖于旅行社门市部选择原则,难以收到良好的效果。但是,经过几年的努力,该旅行社成为天津组织出境游人数最多的旅行社之一,获得了成功。

分析与提示

选择旅行社地址应该综合考虑各种因素,其中最重要的因素是目标市场。目前,绝大多数参加出境游的旅游者是通过各种媒体上的有关广告获得出境旅游产品信息的,而广告上均有经营此类产品的旅行社的联系电话。在通信条件发达的现代社会,人们多利用电话进一步咨询。在这一点上,他们不同于国内散客旅游者。因此,张总将出境游和国内团队旅游门市设在较高的楼层并不会影响其经营效果。

(二) 必要的营业设施

国内旅行社必须拥有传真机、直线电话机、电子计算机等办公设备。拥有这三种办公设备是旅行社开展旅游业务经营活动所必需的基本条件,没有这些现代化的办公设备,旅行社难以在竞争日益激烈的市场条件下生存下去。

国际旅行社的经营范围一般比较广泛,其业务量也远远超过国内旅行社。因此,国际旅行社在营业设施方面,除了像国内旅行社一样必须拥有传真机、直线电话机、电子计算机等办公设备之外,还必须拥有能够保证其顺利、有效地开展旅游业务所必需的汽车。

(三) 有符合国家规定的经营人员

根据《旅行社管理条例》的规定,旅行社的高级管理人员和重要部门的中层管理人员,必须经过培训考核,并持证上岗。具体而言,设立国际旅行社,必须至少拥有一名持有国家旅游局颁发的旅行社经理任职资格证书的总经理或副总经理、三名持有国家旅游局颁发的旅行社经理任职资格证书的部门经理或业务主管人员和取得会计师以上职称的专职财会人员;设立国内旅行社,必须至少拥有一名持有国家旅游局颁发的旅行社经理任职资格证书的总经理或副总经理、一名持有国家旅游局颁发的旅行社经理任职资格证书的部门经理或业务主管人员和取得助理会计师以上职称的专职财会人员。

(四) 有法定注册资本和质量保证金

1. 注册资本

注册资本是指旅行社向政府企业登记主管部门登记注册时所填报的财产总额,包括流动资产和固定资产,是旅行社承担债务的一般担保财产。2009年5月1日实施的《旅行社条例》中规定,经营国内旅游业务和入境旅游业务的旅行社需有不少于30万元的注册资本。

2. 质量保证金

2009年5月1日实施的《旅行社条例》中规定,旅行社应当自取得旅行社业务经营许可证之日起3个工作日内,在国务院旅游行政主管部门指定的银行开设专门的质量保证金账户,存入质量保证金,或者向作出许可的旅游行政管理部门提交依法取得的担保额度不低于相应质量保证金数额的银行担保。经营国内旅游业务和入境旅游业务的旅行社,应当存入质量保证金20万元;经营出境旅游业务的旅行社,应当增存质量保证金 120 万元。质量保证金的利息属于旅行社所有。

旅行社每设立一个经营国内旅游业务和入境旅游业务的分社,应当向其质量保证金账户增存 5 万元;每设立一个经营出境旅游业务的分社,应当向其质量保证金账户增存 30 万元。有下列情形之一的,旅游行政管理部门可以使用旅行社的质量保证金:旅行社违反旅游合同约定,侵害旅游者合法权益,经旅游行政管理部门查证属实的;旅行社因解散、破产或者其他原因造成旅游者预交旅游费用损失的。

案例分析 1—2

需补交多少质量保证金?

某旅行社一直经营国内旅游业务和入境旅游业务。由于业务发展的需要,该旅行社的总经理决定申请经营出境旅游业务。为此,这家旅行社向旅游行政管理部门提出了申请。经研究,旅游行政管理部门批准了申请,并要求该旅行社补交质量保证金。该旅行社应补交多少质量保证金?

分析与提示

该旅行社原经营国内旅游业务和入境旅游业务,已经缴纳了质量保证金 20 万元。现增加出境旅游业务,扣除原先缴纳的 20 万元,须再增存 120 万元。这样,该旅行社经营出境、入境和国内旅游业务共须交质量保证金 140 万元。

申请设立旅行社,应按照我国关于旅行社设立的法律规定,准备出资证明、缴纳质量保证金承诺书、经理和业务主管人员的资格证书、营业场所和经营设施等有关证明文件,报送接受申请的旅游行政管理部门审查。

补充资料 1—5

国外旅行社设立的条件

多数国家规定必须具备两个条件,即申办者的从业经验和法定的注册资本。如新加坡规定,旅行社的申办者必须具备三年以上的旅行社管理经验、10 万新加坡元以上的注册资本(与人民币的兑换比率为 1∶5 左右)。

二、旅行社组织机构设立原则

旅行社为开展正常的经营活动,需要建立一个合理的组织机构体系。设计组织机构体系时,应围绕以下几个基本原则进行。

（一）客观性原则

客观性原则是指要从旅行社自身的客观条件和工作目标出发进行组织机构设计。客观性原则要求在进行组织机构设计时，要以客观需要为依据，避免主观臆断；要"因事设岗，因岗定责，因责定人"，不能"因人设岗"。

（二）专业化原则

专业化原则是指将旅行社的总体目标按照组织职能、产品特性或地域范围等为主要标准分解为若干子目标，依据子目标设置部门，每个部门都承担一定的专门的任务。依据专业化原则进行组织机构设计、设置工作部门时，要以能否最大限度地完成组织目标，能否合理利用人、财、物资源，能否最快传递信息，能否使各部门做到既分工又协作为衡量标准。

（三）管理跨度原则

管理跨度是指一个管理者所拥有的直接下属的数量。跨度小意味着直接下属的人数少，也意味着管理工作负荷量较小；跨度大，则相反。在组织设计时要确定合适的管理跨度，使管理工作既利于进行，又利于专业化分工优势的发挥。根据管理学专家研究，决定有效管理跨度的条件是：职务的性质和内容，管理者的能力，工作人员的素质，职能结构的健全程度等。一般来说，高层组织的有效管理跨度为4~9人，基层组织的管理跨度为8~12人。

（四）责、权、利相统一原则

组织机构一经建立，就应明确各岗位职务的责、权、利，使组织内部的每位管理者都拥有与自身职务相对等的权利和责任，做到责、权、利三位一体的统一，避免"有权无责""有责无利""有责无权"等不合理现象的发生。

三、旅行社的基本部门

旅行社基本部门可以分为两类，即围绕旅行社业务设置的业务部门和维持企业正常运营的职能部门。

（一）业务部门

1. 外联部

外联部主要负责对外联络工作，包括旅游产品的设计、促销和销售等职能。外联部的主要任务是将获得的各种旅游信息资料有机地组合成旅行产品，并将旅游产品销售给旅游中间商或旅游消费者。

2. 计调部

计调部主要负责旅游接待计划的落实，保证旅游活动的正常进行。即负责与相关的旅游服务供应部门或其他旅行社签订合作协议；负责向外联部提供相关旅游服务部门的服务信息；负责旅行社客流情况统计和各采购单位情况的统计工作。

3.接待部

接待部按照具体接待计划安排导游,帮助旅游者完成旅游活动。

(二)职能部门

旅行社的职能部门主要包括人事部、财务部、办公室等。

旅行社可以根据本社的具体情况设置部门,可以增加或减少部门数量。

四、旅行社的组织机构

(一)按职能划分部门

按职能划分部门组织机构模式,又称为直线制组织机构模式,是目前我国大部分旅行社采用的组织机构模式。这种组织机构模式的基本特征是权力高度集中统一,上下级之间实行单线从属管理,总经理拥有全部权限,尤其是经营决策权与指挥权。

在我国,大多数旅行社规模较小,业务较为单一,企业的组织机构相对简单。规模小的旅行社一般采用"一条龙"方式进行部门设置,即各个部门独立负责外部联络、计划协调落实、服务采购、旅游接待等业务的全过程。部门内部人员也是全能型的人才。而业务齐全的旅行社则设立外联部、计调部、接待部等业务部门及人事部、财务部、办公室等管理部门,组织机构采用直线制组织机构,如图1-6所示。

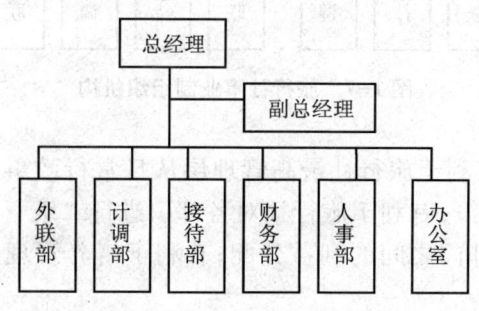

图1-6 旅行社直线制组织机构

这种划分方式具有如下优点:第一,部门之间分工明确;第二,组织机构稳定,有利于员工长期钻研某项业务,成为该业务的专家;第三,提高管理者的权威。

但是随着旅行社规模的扩大、市场的拓展、市场环境的日益复杂,这种机构容易削弱旅行社实现整体目标的能力;组织机构缺乏弹性,不能激发员工接受新观念与新的工作方式等缺点也逐渐暴露出来。

(二)按地区或语种划分部门

按地区或语种划分部门的组织机构又称事业制组织机构,是指将旅行社划分成与各个细分市场相关的部门。它是旅行社内对于具有独立的产品和市场、独立的责任和利益的部门实行分权管理的一种组织形态。在这种组织机构中，旅行社实行政策制定与行政管理分工、政策管制集权化和业务营运分权化。旅行社的最高管理层是决策机构，以实行长期计划为最大任务。旅行社的各个部门内部完成外联、计调、接待的职能。如图1-7所示。

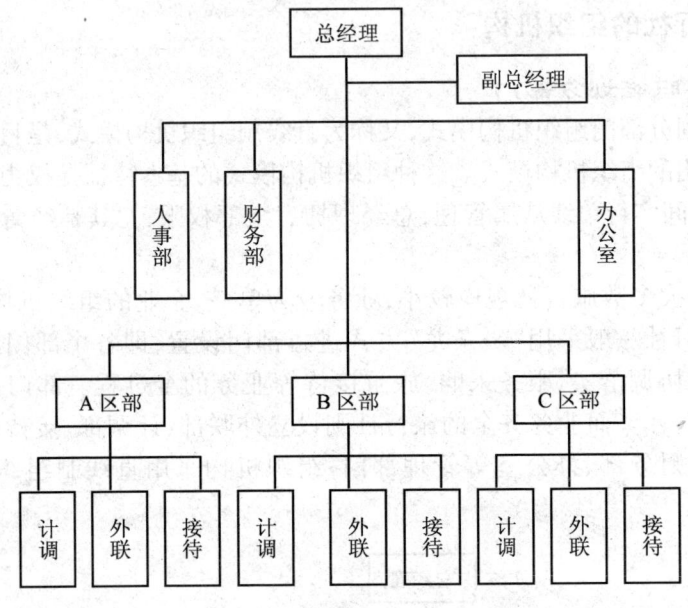

图1-7　旅行社事业制组织机构

　　这种机构设置有利于旅行社最高管理层从日常行政事务中摆脱出来，有更多的时间进行管理决策；有利于旅行社对各部门进行二级管理；有利于旅行社开拓市场；有利于协调部门之间的利益分配；有利于培养管理人才，提高管理人员的素质。

　　但也需注意，为了使旅行社保持完整性，避免使高层领导大权旁落，并保证事业部不至于形成各行其是的"独立王国"，最高管理层必须保持三方面的决策权，即事业发展的决策权、资金分配权、人事安排权。

　　从我国目前旅行社的经营实践来看，按照职能划分部门的组织机构多适用于小型旅行社和新开业的旅行社，而大、中型旅行社则多采用按照地区或语种划分部门的组织机构。

第五节 旅行社经营管理概述

一、旅行社经营

(一) 什么是旅行社经营

旅行社经营,是指旅行社为自身的生存、发展和实现自己的战略目标所进行的决策,以及为实现这种决策而从各方面所作的努力。

经营是旅行社最基本的活动,是旅行社赖以生存和发展的第一职能。旅行社经营能力的高低以及经营效果的好坏,主要取决于它对市场需求及其变化能否正确认识与把握,企业内部优势是否得到充分发挥,以及企业内部条件与市场协调发展的程度。换句话说,就是看旅行社适应市场能力的高低。

(二) 旅行社的经营特点

旅游产品的特性和旅行社自身所处的经营环境,决定了我国旅行社与一般企业,甚至是一般旅游企业相比较,在经营方式上始终存在着差别。从总体上讲,我国旅行社的经营特点包括以下几方面:

1. 旅行社经营资金投入较少

旅行社是旅游中间商,是通过提供中介服务获取收益的企业。作为一个企业,旅行社出售的产品,无论是单项的还是综合的,都是一种服务产品,该产品的无形性决定了旅行社的全部生产活动都表现为人的劳务活动,它无须借助于投资巨额的机器设备来完成。事实上,旅行社除了必要的营业场所、办公设施和通信设备外,其经营几乎不需要有更多的固定资产。与一般商贸企业相比,旅行社对流动资金的需要量也是有限的,尤其是作为组团社的旅行社,在经营中它依照"先付款后接待"的惯例,在招徕客源时可以暂时拥有一笔数量可观的流动资金为己所用,这就可以使旅行社的自筹资金大为减少。即便旅行社业务以接待为主,其经营资金也多为垫付资金。

因此从总体上看,旅行社经营所需投资较少。从这个意义上讲,旅行社常被人们视作较为典型的劳动密集型企业。这一特点给我国旅行社经营活动带来三方面不利影响:

第一,由于资金投入较少,所以新进入者面临的行业壁垒较低,如果政府不有意识加以控制数量的话,旅行社在数量上会增长很快,从而容易形成较激烈的市场竞争。

第二,由于资金投入较少,所以企业经营基础薄弱,在市场竞争激烈或企业资金周转发生困难时,旅行社极易出现亏损甚至破产,企业行为普遍短期化,投机性较强。

第三,由于资金占有数量较小,因此多数旅行社难以获得较高的商业信用,而结算手段的落后又为相互拖欠款提供了可能,由此导致的流动资金周转速度缓慢,势必使旅行社的经济效益受到影响。

案例分析1—3

擅自改变行程 一旅行社被罚9万元并停业整顿

2016年12月3日,一些游客到三亚吉祥街海南指南针国际旅行社营业点报名参加分界洲岛一日游,行程包括分界洲岛门票、船票和接送,海南指南针国际旅行社将旅游团交给海南领航旅行社接待。3日下午,从分界洲岛返回三亚的途中,海南领航旅行社的导游声称旅行社所在的集团公司开展周年庆活动,赠送游客免费参观中御3D奇幻艺术馆项目,导游在并未与旅行者签订书面协议的情况下,就将40多名游客带至中御水晶博物馆参观购物。

分析与提示

三亚市旅游质监局予以立案调查,并根据相关规定,拟对海南领航旅行社处罚9万元,并责令停业整顿一个月。

《旅游法》第三十五条规定,旅行社不得以不合理的低价组织旅游活动,诱骗旅游者,并通过安排购物或者另行付费旅游项目获取回扣等不正当利益。如果违反这一规定,根据《旅游法》第九十八条的规定,由旅游主管部门责令改正,没收违法所得,责令停业整顿,并处三万元以上、三十万元以下罚款;违法所得三十万元以上的,并处违法所得一倍以上、五倍以下罚款;情节严重的,吊销旅行社业务经营许可证;对直接负责的主管人员和其他直接责任人员,没收违法所得,处二千元以上、二万元以下罚款,并暂扣或者吊销导游证、领队证。

(资料来源:南海网)

2.旅行社经营依附性较强

旅行社经营的依附性主要体现在两方面:一方面是客源市场的依附,尤其是国际旅行社必须依靠客源地的旅行社为其提供客源。没有一个由一批分布合理、数量充足、关系稳固的异地旅行社组成的销售网络,旅行社的生存是难以想象的。另一方面是服务市场的依附,旅行社必须依靠当地众多的其他旅游企业为其提供各种相关服务。旅行社必须与各旅游企业进行广泛联络,以建立起一个完善的旅游服务供给网络,从而获得经营所需的各项服务。

旅行社对客源市场与服务市场的严重依赖,决定了其经营活动的重心之一就是要积极主动、千方百计地与相关企业建立长期可靠的相互协作与信任关系。在一些经营管理不善的旅行社中,这种企业之间的业务协作关系常常被个别具体经营人员的个人关系所代替,从而导致公司行为个人化。因此,旅行社作为信用程度不高的企业,如何与自己必须依靠的相关企业,其中也包括一些信用程度同样不高的异地旅行社建立长期和稳定的协作关系,是摆在我国旅行社经营者面前的重要课题。

3. 旅行社经营对无形资产要求较高

无形资产主要是指一个企业所拥有的良好声誉与信用。旅行社是服务性中介机构,有人说旅行社是出售"承诺"或让旅游者购买"梦想"的企业。旅游者外出旅游,购买具有不可感知特性的旅游产品,之所以选择旅行社,除了考虑购买的方便之外,更为重要的原因在于旅游者对旅行社中间商的信任,而这种信任通常基于对旅行社已有的声誉与信用等无形资产的良好评价。可见,无形资产对任何一个旅行社的经营都是非常重要的,旅行社的生存需要它,旅行社的发展更是离不开它。从某种意义上讲,在既无雄厚资金实力,又无自己独特产品的条件下,旅行社要在激烈的市场竞争中取胜,并立于不败之地,唯一依靠的就是企业自身的无形资产,依靠的是企业经过自身努力树立起来的良好声誉与信用。

4. 旅行社经营风险较大

旅行社业务的一个显著特点是客源与效益的不稳定,这无疑增加了旅行社经营的难度,增加了经营的风险,而这种经营风险又是由旅游市场特殊的供求关系决定的。

从供给方面看,由于旅行社自己几乎不生产什么,旅行社的供给能力受制于各个旅游生产者的生产能力。从需求方面看,整个旅游市场的需求波动较大,其中既有颇具规律的周期性淡旺季变化,又有随机性较强的个别旅游者需求的变化。除此之外,国际局势的稳定与动荡、各国经济的繁荣与萧条、汇率的上升与下降等对旅游需求也都会造成突发性的影响。这些变化使得每家旅行社总处于旅游服务供求不平衡的状态之中。如何在这种状态中保持企业经营的相对稳定并做到处变不惊,这是旅行社经营所面临的巨大挑战。事实证明,理智地正视现实,积极地对待挑战,适时地调整战略,不失为旅行社降低经营风险的有效途径。例如,2003年引起世界轰动的"非典",使旅行社行业受到极大冲击,可以清晰地感受到旅游行业的脆弱性。此外,不管是"9·11"还是"登革热"、不管是飞机失事还是巴厘岛爆炸,受打压最快、最大、最久的都是旅行社业。

补充资料1—6

四川地震对旅游业的影响

2008年以来,受南方冰冻雨雪灾害和西藏"3·14"事件影响,尤其是汶川地震,使中国旅游业快速增长的势头受到打击。

"这次地震对四川旅游业是一个毁灭性打击。"西南交通大学旅游管理学院院长王成璋向记者表示。2007年,四川旅游总收入达1 217亿元,占全省GDP的10%,其旅游业占GDP的比重居全国首位。四川省旅游局统计,仅2008年4月,四川全省就接待入境游客9.45万人,国内游客1 436.58万人,旅游总收入74.96亿元。

四川省旅游局估算,此次四川旅游业直接损失超过500亿元。旅游业人士则表示,要恢复正常的旅游起码需要半年甚至一年的时间。

地震带来的影响不止于此。王成璋表示,除了直接经济损失,最大的打击是游客心理留下阴影,这种影响需要很长时间才可能恢复。此外,很多震区景区的交通、通信基础设施遭到破坏,修复难度很大。

(三) 旅行社经营原则

旅行社在经营活动中应当遵循自愿、平等、公平、诚实信用的原则,遵守商业道德。

1. 自愿原则

自愿原则是指旅行社不得通过欺诈、胁迫等手段强迫旅游者和其他企业在非自愿的情况下与其发生旅游法律关系。

2. 平等原则

平等原则是指旅行社在经营活动中,与旅游者或其他企业法人之间发生业务关系,必须平等协商,不得将自己的意志强加给对方。

3. 公平原则

公平原则是指在设立权利义务、承担民事责任等方面应当公正、平等、合情合理。此项原则要求旅行社应本着公平的观念从事经营活动,正当行使其权利、承担其义务;在经营活动中兼顾他人和社会利益,保证公正交易和公平竞争。

4. 诚实信用的原则

其要求旅行社对旅游者和其他企业做到诚实信用。旅行社应以友好合作的方式行使权利,在获得利益的同时,不损害他人利益和社会利益,并以诚实信用方式承担义务。此外,旅行社在开展业务经营活动中,还应遵守社会公认的商业道德。

此外,旅行社不得采取下列不正当手段从事旅游业务:假冒其他旅行社的注册商标、品牌和质量认证标志;擅自使用其他旅行社的名称;与其他旅行社串通起来制定垄断价格,损害旅游者和其他旅行社的利益;以低于正常成本的价格参与竞争;委托非旅行社单位或者个人代理或变相代理经营旅游业务;制造和散布有损其他旅行社的企业形象和商业信誉的虚假信息;为招徕旅游者,向旅游者提供虚假的旅游服务信息;其他被国家旅游局认定为扰乱旅游市场秩序的行为。

旅行社不得向旅游者介绍和提供下列旅游项目:含有损害国家利益和民族尊严内容的;含有民族、种族、宗教、性别歧视内容的;含有淫秽、迷信、赌博内容的;含有其他被法律、法规禁止的内容的。

案例分析1—4

警惕:旅游淡季的低价陷阱

某市一旅行社老总日前自揭旅游淡季低价陷阱,提醒游客外出旅游时选择社会信誉好、质量有保障的旅行社。

陷阱一,吃住游玩 随意"抽条" 在旅游淡季,一些旅行社为了争抢客源,抛出所谓的"特价、超低价",以远远低于成本的报价组团出游,而让游客在游览途中不得不增加一些本应包括在行程中的"自费项目",这其中的吃住游等旅游质量自然难以保障。

该老总说,以时下很热门的华东五市游为例,根据每个旅行社和当地地接社洽谈,确定最后成本会在2 000元以上。但有些旅行社为了压低价格只有"抽条",比如在洽谈时拿掉某几个著名景点而由其他不知名的景点取代,就会减少不少费用。还有用餐标准、住宿标准也有讲究。在星级宾馆就餐不仅费用高,折扣也有限,于是就出现了不惜驱车半小时就餐的一幕;在市区黄金地点入住的费用显然要高,于是住宿地点多选在郊区或市区内准星级宾馆,或干脆将两人住的标准间换成三四人经济间。最后加上与航空公司最后确定的机票折扣,就是完整的旅游成本。

陷阱二,景点宣传 鱼目混珠 但即便在吃住游等方面"抽条",各家的价格差距仍不明显。接下来就要靠软功夫——广告宣传策略了。

在宣传单上要把所有的景点都点到,让游客感觉物超所值。其中,包括一个大景区中若干个小景点,或只是路过根本不用门票的景点。比如,在宣传单上你经常会看到"乘游船游西湖,赏苏堤美景,观三潭印月、灵隐飞来峰",其实这都是西湖中的景点;还有"参观带有典型苏州园林特色的耦园,听著名的苏州评弹,听过后可以乘坐小船听船家唱苏州小调",实际情况是游客在游园过程中听5分钟评弹(再听要收费),从园林后门出来须由小船摆渡而已。

此外,还有所谓的"送水乡",有的行程上根本没具体点明哪个水乡或是不知名的水乡。该老总说,江浙就是水陆交错的地区,只要有水有人住就叫水乡,这与人们印象中著名的乌镇、周庄等浓厚人文气息的地方是截然不同的。

当游客经历"缩水游"之后,大都有受骗上当的感觉,但除了对一些硬性指标如住宿、用餐标准可提出索赔要求外,对旅游合同中约定不明的条款却无能为力。

二、旅行社管理

(一) 什么是旅行社管理

旅行社管理,是指对旅行社内部的生产活动进行计划、组织、指挥、控制和协调等一系列活动的总称。

旅行社管理的作用主要体现在两方面:一方面,是降低成本,减少损耗,巩固企业发展成果;另一方面,是树立从严治企、管理科学、机制先进的形象,去换取属于自己的发展机会,增强企业自身的经营实力,使企业在市场竞争中居于有利地位。

(二) 旅行社的管理特点

由于旅行社行业的特殊性,带来了企业管理上的特殊要求和不同于其他企业管理的难度。旅行社的管理具有以下特点:

1. 分散性、流动性

旅行社工作人员分散性、流动性大,这是它管理上一个明显的特点。旅行社上岗操作的大部分员工是专职或兼职的导游,他们的工作岗位分散在外,流动在外,甚至是百里、千里之遥,这给企业管理带来了一定的难度。有许多方面的情况和问题,管理者往往难以及时了解、掌握,有的问题甚至难以发现。从企业控制职能来说,是难以及时纠偏、矫正的。这是旅行社企业管理与其他企业管理上的一个突出差异。

针对这一特点,旅行社管理首要的是通过建立和完善各项规章制度,把员工的行为和工作按统一要求规范起来;同时通过有关机制,加强对规范、制度、计划、目标等执行情况进行检查、监督。

2. 大生产、大协作

旅游活动的全过程涉及食、住、行、游、购、娱六大要素,要做好各方面的协调工作难度是很大的。旅行社的横向协作运作比一部机器的运作复杂得多,某一方面服务欠缺,就会损害消费者利益,达不到优质服务的要求,所以旅行社一定要以"大生产"观念、方式进行操作管理。

旅行社管理的这一特点,首先要求旅行社行政管理部门的正确领导、有力支持,使各系统的横向部门齐心协力,为同一目的服务。同时,就旅行社本身来说,要把公关管理放在重要位置上,真诚、热情、主动地搞好各横向单位的协作关系,让旅游服务这部大机器的各个零部件优化组合,正常运转。当然这里还涉及管理者的智慧魄力、领导意识,其中包括尊重、理解横向单位,注重与横向单位的利益互补等。

3. 知识广博、水平高

旅行社业务的知识含量很高。一方面,它是旅游咨询机构,为旅游者提供旅游决策需要的各种旅游信息。同时,旅行社的导游人员是旅游目的地文化的传播者,他们必须要具备广博的知识,才能满足旅游者求知的愿望。为此,旅行社管理上重视人员的选拔、引进和培养,是针对旅行社多知识、高水平的特点所采取的一项必要措施。

4. 严要求、严自律

旅行社企业对职工的严格要求、严以自律是其行为特性决定的。由于旅行社直接接触消费者且面很广,导游人员与游客相处时间长,社会上各种不良现象、不正之风比较容易侵蚀本行业。因此不严格要求员工,不严格自律,就容易发生各种问题。这不仅给企业形象带来坏的影响,还会给消费者造成损害。所以,旅行社应该对员工的行为规范进行严格要求,在员工综合素质中特别要强调道德品质的提高。要在思想教育、组织监督、管理手段上坚持不懈地全力加强管理。

(三) 旅行社管理观念

有效的管理需要有明确的目标、清晰的指导思想,这样才能对可预见的问题做好周密的准备,对不可预测的突发事件做到灵活应变。因此就旅行社而言,其管理者必须树立以下几种观念:

1. 市场观念

市场观念指旅行社对市场及顾客的认识和应有的态度。回顾近20多年来我国旅游业的发展,旅行社经历了由卖方市场向买方市场转变的过程。在目前买方市场的条件下,旅行社要树立正确的市场观念,要看到市场是旅行社生存与发展的关键,要以消费者为中心、以市场需求为出发点来组织旅行社产品的生产,消费者需要什么,旅行社就生产什么。换言之,就是要根据旅游者的多样化和个性化需求,来设计组合各种适销对路的旅游产品,并以行之有效的促销方法来为顾客提供购买方面的便利。同时,还要研究不断变化的市场,加强管理,争取客源,提高效益。

2. 竞争观念

竞争观念指旅行社在特定的市场环境下,对竞争的性质、手段、方法、结果的思想认识及态度。就旅行社在市场上运作的角度来说,第一层次的竞争是价格竞争。这是最低层次的、也是最普遍的竞争方式。第二层次的竞争是质量竞争。旅游产品的质量取决于旅游者的满意程度,而旅游者的满意程度通常涉及两个方面:一是旅游吸引物的品位高低,二是旅游接待质量。最高层次的竞争是文化竞争。文化竞争要求旅行社在产品开发、销售、接待服务过程和细节等各方面注重文化底蕴和文化含量。未来成熟的中国旅游业是经济—文化产业,如果旅行社在经营管理过程中缺乏文化含量,那么也就谈不上竞争力。

21世纪旅行社行业的竞争,说到底是素质的竞争,既包括高、中层管理者的素质,也包括一线员工的素质。素质越高,服务技巧越高,经营技能越高,质量才越高;质量越高,文化越高,越有个性,才能很好地应对市场。

案例分析 1—5

游客抱怨——哑巴导游我们不要

最近,市民张女士满怀热情到洛阳栾川旅游,本来通知六点半集合出发,可旅行社旅游大巴直到七点方才姗姗来迟。一路上,随团女导游背完10分钟的导游词后,游客们开始左一个右一个问起栾川的景点来,这一问不打紧,这位青春靓丽的女导游开始"卡壳",不知所云。为了活跃气氛,女导游还是尽力耐着性子给大家讲笑话,鼓动游客唱歌,但由于她所掌握的知识量有限和修养不足等原因,让不少游客直皱眉头,女导游看游客脸色不对,索性也不再开口,成了"哑巴"导游。

像张女士这样的经历,许多市民都碰到过。采访中很多市民提起导游都情绪激动。一位姓王的先生说:"我们随团旅游就是想得到好的导游服务,增加对景点的了解,如果导游对景点一问三不知,动不动就'卡壳',我们要他(她)干什么。与其如此,还不如我们自己旅游来得痛快呢。"

分析与提示

(1)本例中,旅行社作为旅游经营者应严格按合同规定的项目和标准提供服务。在旅游合同中涉及的主要条款有食、住、行、游、购、娱。很明显,旅行社未按规定的标准提供服务,未履行自己的义务,致使游客不能充分享有自己应有的权利。这是旅行社的一种侵权行为。如果旅游者提出索赔,旅行社应按规定给予相应的赔偿。

(2)标准化对旅游业发展有着不可取代的作用,这已成为越来越多的业内人士的共识。标准化是实施全面质量管理的依据和基础,国际上已普遍通过标准化工作的开发,促进各行业的规范化发展。旅游业是外向型服务产业,服务产品的质量控制比有形产品更加困难,因此更需要标准化工作的支持。目前,旅游业标准化进程也面临着一些阻滞,主要表现在标准化工作对强化旅游业管理的突出作用还未得到应有的认识,标准化工作开发的深度和广度都与我国旅游业发展速度和规模不相适应。由于旅游业生产要素涉及许多行业,因此在标准化开发中协调工作的难度比较大。此外,由于旅游业销售的主要是服务产品,多数标准属于推荐性标准,在宣传、贯彻和实施中,与强制性标准相比存在一定难度。从总体上看,目前旅行社业的国家标准的数量较少,尚未形成体系。

3.创新观念

创新观念要求旅行社通过不断地创新来发展自己,充分认识发展是创新的目的和基础,创新是发展的手段和动力。旅行社的创新主要包括四个方面的内容:一是技术创新,采用新的科技手段,特别是信息传输手段已经成为旅行社行业新发展强大的推动力,如电子技术的普及、电子商务网络的成熟,必将给旅行社经营和旅行社组织带来一个制度化的革命。二是观念创新,旅行社坚持传统的服务观念是必要的,但还必须在观念上不断创出新思路、新理念。只有不断推陈出新,旅行社行业才有永久的生命力。三是制度创新,旅行社面对新的市场条件,必须探索制度方面的新发展。好制度是发展的必要保证,必须不断探索新的经验,以寻找促进发展的最佳机制。四是管理创新,即要在管理上不断探索新的管理方法,改进管理手段,提高管理效果。

案例分析与思考

旅行社擅自减少景点和增加购物的认定及责任承担

游客参加旅行社组织的澳大利亚、新西兰旅游,行程单中载明皇冠山脉公路、天堂谷景区、库克山国家公园等景点。游客认为旅行社违反合同约定,擅自取消了上述3个景点。同时,旅行社未经游客同意,将旅游车辆在3个购物点停靠,安排游客购物,游客要求旅行社承担违约责任。旅行社辩称,皇冠山脉公路仅仅是一条奇险公路,不能认定为景点;库克山国家公园也只是个普通的景点;天堂谷景区虽然事先有约定,但领队、导游及司机均不知道该景点的存在,也不知道如何到达该景点。至于停车购物问题,是游客自愿要去购物的。况且,游客返程后拒付余款,也存在违约行为。

分析与提示

1.旅行社和游客签订旅游合同,组织游客出境旅游,旅行社和游客就建立了旅游合同关系。在旅游合同履行过程中,由于旅行社违反合同约定,擅自漏游旅游景点,擅自增加购物店,损害了游客的合法权益。

2.首先,旅行社认为行程单中的皇冠山脉公路不能作为景点的观点是错误的,因为旅游行程单的服务项目,只要不违反法律的强制性规定,就是旅游合同的服务内容。其次,旅行社没有安排天堂谷景区游览应该承担责任。旅行社销售自己根本不了解,甚至是不存在的服务,应当承担违约责任。同时,旅行社销售天堂谷景区以及对于擅自漏游天堂谷景区的解释,实际上还涉嫌欺诈。因为旅行社虚构了天堂谷景区存在的事实,并向游客销售。

3.行程中旅行社增加购物店因无实证,认定为强迫消费。按照《旅游法》和《合同法》的规定,只要经旅行社和游客双方协商一致就符合法律规定。本案中,旅行社无法提供游客自愿参加购物和自费的证据,购物自费认定为旅行社强迫。

在上述案例中,旅行社未经与游客协商一致,擅自漏游旅游景点、增加购物店,其行为定性为违约当属无疑,旅行社应当承担违约责任。具体地说,旅行社应按照合同约定向游客支付违约金和相关损失,游客则应当按照约定向旅行社支付余款。由于旅行社违约责任的承担和游客支付余款分属于不同的法律关系,在纠纷实际处理中,既可以要求旅行社和游客分头按照合同约定履行各自的义务,也可以在调查核实且分清责任的基础上,将双方的债务抵销,即算出旅行社的违约责任承担的具体数额,和游客需要支付的余款相抵销,然后将差额部分支付给对方。

(资料来源:宁波旅游网)

本章闯关测试

一、案例分析

游客到当地A出境社报名参加越南芽庄自由行,A旅行社告诉游客,A旅行社接受B旅行社的委托代为收客,最后合同要和B旅行社签订。游客同意后,和B旅行社签订了书面的旅游合同。出发前B旅行社告诉游客,由于B旅行社订不到机票,通知游客旅游行程必须取消,旅行社单方解除了旅游合同,退还了游客的全额旅游团款,并按照约定承担了违约金。游客接受了B旅行社的处理方案,又要求A旅行社承担违约责任、误工费、在芽庄已经提前支付的交通费用等共计1 500元。

问题: 游客接受了B旅行社的赔偿,再要求A旅行社再次赔偿,这样的索赔行为是否合理?请说明理由。

(资料来源:宁波旅游网)

二、问答

1. 旅行社的设立条件有哪些?
2. 旅行社的基本业务有哪些?
3. 谈谈你对旅行社经营管理观念的认识和理解。

实训题

走访本地的几家旅行社,了解它们的规模、经营的业务范围。

第二章　旅行社产品设计与开发

引　言

　　旅行社产品的畅销可以为旅行社赢得市场份额，使之获得良好的发展机会。加强产品开发、设计既是形势所迫，也是赢得发展机会的现实需要。为了更好地开发、设计出适销对路的旅行社产品的基本理论终究要应用到具体的旅游线路设计实践中去。

学习目标

1. 了解旅行社产品的构成和类型以及旅游线路设计的内容。
2. 理解旅行社产品的概念和性质，掌握旅行社产品设计开发流程。
3. 学会运用旅行社产品设计与开发的程序和旅行社线路设计的技巧。

案例导读

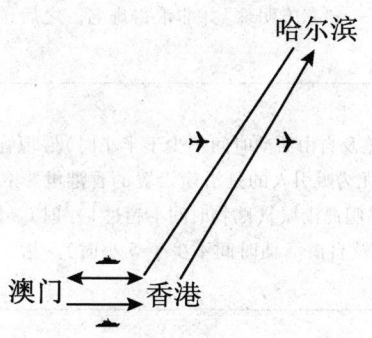

港澳亲子欢乐假期
哈尔滨—香港—澳门双飞品质六日游

特色推介	
1	含香港海洋公园,不少于3小时香港海洋公园的停留,尽情游览水族馆、鲨鱼馆及海洋剧场等;
2	青少年探索之旅——科学馆、太空馆
3	一整天自由活动的时间,充分满足您的购物欲望;
4	不少于5小时的香港迪斯尼乐园的游玩,魔法师米奇带您穿梭时空,融入童话世界,重温童时的梦想。

参考行程				
日期/天数	行程	用餐	交通	酒店
1	哈尔滨✈香港 UO409(16:10—21:10) 指定时间由哈尔滨太平国际机场集合,抵达后前往酒店入住。	无	飞机/巴士	3星级酒店
2	香港 游览香港【科学馆】(游览及自由活动时间不少于1小时),内设有500多件展品,其中70%可以让小朋友触摸操作。馆内能量穿梭机22米,是世界上同类展品中最大的。随后参观【太空馆】(游览及自由活动时间不少于1小时),展厅分别有太空馆和天文馆两部分,为孩子们展现太空的奥秘及航天科学发展。著名的【香港海洋公园】(游览及自由活动时间不少于3小时)。登上港岛制高点【太平山】(游览及自由活动时间不少于半小时)。搭乘【游船夜游维港】(游览及自由活动时间不少于半小时)欣赏维多利亚港夜景,一个繁荣璀璨的美丽海港尽入眼帘;熙来攘往的船只,瑰丽壮观的会展新翼——"东方明珠"并非浪得虚名。之后送回酒店休息。	早餐 午餐 晚餐	巴士	3星级酒店
3	香港 【星光大道】(游览及自由活动时间不少于半小时)展现香港电影百年发展历史。尤为吸引人的是沿途设置的香港电影名人的手模的牌匾。【尖沙咀海港城】(购物时间不超过1小时)。【香港迪斯尼乐园】(游览及自由活动时间不少于5小时)。指定时间集合,返回酒店。	早餐	巴士	3星级酒店
4	香港 全天自由活动。	无	无	3星级酒店

续表

日期/天数	行程	用餐	交通	酒店
5	香港➡澳门（船程约45分钟） 游览高20米由青铜制作的【南海观音铜像】。【金莲花广场】（游览及自由活动时间不少于半小时）。游览著名的【大三巴】【主教山】【妈祖庙】（游览及自由活动时间不少于半小时）。赠送【渔人码头】（游览及自由活动时间不少于半小时），其是澳门首座集娱乐、饮食、酒店、游艇及会展设施于一体，结合不同的建筑特色及中西文化的主题公园式大型旅游设施。惊奇澳门，让我们拭目以待吧！前往【亨通手信】或【恒香手信】土特产店（购物时间不超过1小时）。晚上可自费参加维尼斯人、天目等。	早餐 午餐 晚餐	船/ 巴士	3星级酒店
6	澳门➡香港➡哈尔滨 UO408（10:55—15:25） 早餐后乘船返回香港机场，乘机飞往哈尔滨，结束愉快的旅行。	早餐	船/ 飞机	

第一节　旅行社产品的内涵与形态

什么是旅行社产品？它的形态是如何体现的？这是旅行社开展经营管理首先要解决的问题。认识旅行社产品的内涵，把握旅行社产品的类型，对于旅行社提供适销对路的旅游线路是十分必要的，也是十分重要的。

一、旅行社产品的内涵

（一）产品的含义

提及产品，人们总会想到它是市场上任何可供购买、使用或消费，能满足人们欲望或需求的东西。它们一般是指实体或有形的物品，如一套餐具、一台电脑、一辆汽车、一间客房、一部手机等。但是钢琴演奏会、理发美容、旅游度假、冷餐会等也是产品。观念也可称为产品，如健身游览观、健康美食观的营销，目的是让大家采取与此观念相关的行动，并介绍给他人。甚至"人"本身也是产品，如商场推出的知识型营业员，就是以营销的方式来推销自己，其用意当然不是购买，而是引起消费者的注意，他（她）们不仅以微笑、耐心，更以其丰富的产品知识、娴熟的导购技巧为顾客做好参谋，恰当地刺激其购物欲望，导致实际消费行为的产生。因此，从市场学的角度看，产品的实质就在于它的有用性，即产品具有一定的效应，可以满足顾客的需求。

由于当前服务业在国民经济和世界贸易中所占的比重越来越大，发展势头强劲,决定了现在产品在内涵上的丰富和外延上的扩大。从广义上讲,所谓产品,不仅是指产品实体这一物质特性,还包括能满足消费者实际需求和利益的非物资形态的服务。简言之,现代产品就是指向市场提供的能满足消费者实际需要和利益的有形的物质产品和无形的非物质形态的服务的总和。由于世界产业结构的演进,服务在现代产品中所占比重将越来越高。

(二)旅行社产品的整体概念

旅行社产品就是旅行社为满足旅游者旅游过程中的需要而向旅游者提供的各种有偿服务的有机整体。它不仅能满足旅游者最基本的生理、物质需要,还能满足客人许多精神上的需求。从广义上看,凡是能向旅游者销售的服务和产品都是旅行社产品。简单的如一顿餐食、一间客房、一张机票,复杂的如去法国进行为期12天的观光旅行,这实际上是旅游者开展一次旅游活动所需的所有产品和服务的总和。无论旅行社产品简单还是复杂,都是根据旅游活动的主体——旅游者实际需求而设计并销售的。有着不同职业、经济实力、性别、国籍、民族、受教育程度等背景的旅游者,对任何一种产品的需求都不可能是一样的,存在着或多或少的差异。随着社会经济和科学技术的发展,消费者对旅游需求的差异在不断增加,旅游者的消费观念越成熟,对旅行社产品多样性的需求也越强烈。

旅行社产品的整体概念,是通过交换以满足消费者某种需求和利益的有形物体和非物质性的无形服务。从这一角度出发,可将旅行社产品理解为核心产品、形式产品和延伸产品三个层次。

1.旅行社核心产品

旅行社核心产品是向旅游消费者提供的基本、直接的使用价值,以满足其旅游需求和利益。具体地说,食、住、行、游、购、娱六大要素构成旅行社产品的核心。

2.旅行社形式产品

旅行社形式产品是核心产品借以实现的形式——在市场上出售旅行社产品的实物或劳务的外观。在旅游市场上,产品的基本使用价值必须通过某种形式得以承载,在市场上实现交换,即使是纯粹的劳务商品,也具有类似的形式上的特点。因而,任何一个旅行社产品都有某种确定的外观。旅行社形式产品包括:品质、形态、商标、价格、旅游类型(观光旅游、度假旅游)等。

3.旅行社延伸产品

旅行社延伸产品是指旅游者在购买之前、之中和之后所得到的各种服务和利益。如旅行社为旅游者进行旅游咨询、旅游进行中的额外服务以及旅游结束后对旅游者的随访交流,收集旅游消费者的反馈信息,以便为他们提供更令人满意的产品。

综上所述,从旅游经营者(供给)的角度来看,旅行社产品是指旅行社为满足旅游者旅游过程中食、住、行、游、购、娱等各种需要,而凭借一定的旅游设施、旅游吸引物向旅游者提供的各种有偿服务之总和。再从旅游者(需求)的角度来看,旅行社产品是指旅游者为获得物质上或精神上的满足而花费一定的费用、时间和精力所获得的一次旅游经历。

二、旅行社产品的构成要素

旅行社产品不同于一般的物质产品,它是一种以无形服务为主体内容的特殊产品,它是由食、住、行、游、购、娱等要素构成的组合产品。旅行社产品的生产者,都是从这些构成要素出发,去从事旅行社产品生产的。构成旅行社产品的要素主要是指旅游吸引物和旅游设施。

(一)旅游吸引物

旅游吸引物是指一切能够吸引旅游者前往参观游览的各种自然资源及人文资源,它是构成旅行社产品的基本要素。其存在形式多种多样,既可以是某种物质实体,如名山大川、飞禽走兽、江海湖泉等,也可以是一些事物或现象,如历史遗迹、民族风情、节庆活动等。

(二)旅游设施

旅游设施是旅游者完成旅游活动所必备的设施、设备和相关条件,是构成旅行社产品的必备要素。旅游设施主要包括以下几部分:

1. 旅游交通

旅游交通作为旅游业三大支柱之一,是构成旅行社产品的重要要素。没有现代化的交通,就没有现代化的旅游;没有现代化的交通,旅行社就无法为旅游者提供服务。在旅游活动中,如果旅游交通不能保证提供价格合理、舒适安全、快速准时的优质服务,就会影响旅行社产品的质量,制约旅行社的发展。

2. 餐饮和住宿设施

餐饮和住宿设施是旅游者的最基本的需要,也是旅游活动顺利进行的物质保障,餐饮和住宿的质量直接关系到旅行社的信誉及旅行社产品的质量。

3. 娱乐项目

娱乐项目是旅行社产品构成的基本要素,也是现代旅游的主体。只有娱乐项目的多样化、知识化、趣味化、新颖化,才能广泛地吸引各类旅游者。娱乐项目包括歌舞、戏曲、杂技、民间艺术及其他趣味性、消遣性民俗活动。许多娱乐项目都是参与性很强的活动,能极大地激发旅游者的游兴,加深旅游者对旅游目的地的认识。

三、旅行社产品的特点

旅行社行业是服务业的一个组成部分。因此,旅行社产品具有服务产品的一

般特征,同时与一般服务业相比,旅行社产品还具有自身的特征,具体表现在:

(一) 综合性

综合性是旅行社产品的最基本特性,表现为:旅行社产品是满足人们在食、住、行、游、购、娱等多方面需求的综合产品;旅行社产品所涉及的部门和行业很多,有的行业直接向旅游者提供产品和服务,有的行业间接向旅游者提供产品和服务。

另外,旅行社这一综合产品的生产与经营牵扯到众多行业与部门。它必须得到旅游部门中的各个行业,如交通运输业、饭店业、餐饮业等的大力支持,还应得到其他国民经济部门与行业,如轻工业、建筑业、农副业等的协助,更要得到非物质生产部门,如文化、教育、科技、卫生、金融、公安、海关等部门的支持与配合。不夸张地说,旅行社产品的涉及面比任何一个经济部门产品的涉及面都要广。

拓展知识 2—1

从景点旅游模式走向全域旅游模式

2017年刚刚过去的"五一"假期,旅游消费提亮中国经济。根据国家旅游局发布的数据,出游人数、旅游收入双双走高:全国共接待游客1.34亿人次,同比增长14.4%;实现旅游总收入791亿元,同比增长16.2%。国家旅游局认为,这是"从景点旅游模式走向全域旅游模式"一次集中而全面的展示。全域旅游是什么?就是把一个区域整体作为功能完整的旅游目的地来建设。简单点说,就是处处可游的"大旅游"。园区型产品异军突起,新业态产品层出不穷,乡村旅游、城市周边游、古城古镇游、节庆民俗游等持续升温……"五一"假期,全域旅游从"点上发力"到"遍地开花",正是旅游与大众需求良性互动的结果。

人们的生活需求,已从存在感向满足感转变,需求的满足越来越依靠良好的体验而不是标准化的产品来实现。具体到旅游领域,进入大众旅游时代,游客追求的不再是到景点拍照留念、去餐厅有饭果腹、在宾馆有床过夜,不再满足于程式化的流水线服务,而是更多希望得到全感官、多触发的休闲体验。

旅游行业转型升级势在必行,全域的图景日渐清晰。"旅游+"是实现全域旅游的一大核心路径。选择"旅游+",使旅游与农业、林业、工业、文化、医药等相关产业深度融合、共融共生,带来各种旅游产品的丰富多彩,较好满足了游客知识获得、文化感知、休闲娱乐等个性化、多样化的旅游需求。更为重要的是,"旅游+"的产业融合,将实现从封闭的旅游自循环,向开放的融合发展方式转变,有利于增加旅游综合消费,摆脱门票经济依赖,既为旅游业自身发展拓展了空间,也为带动其他产业提供了动能,为整个经济结构调整注入了活力。

当然,转向全域旅游,不能误认为是处处建景点、处处建宾馆饭店、处处建游乐设施、处处建旅游综合体,盲目开发只会破坏旅游资源的整体性;也不意味着要放弃景点景区,而是要搞得更好、更加科学、更显品质、更有特色。"临清风,对朗月,登山泛水,意酣歌。"每一位游客都希望有个诗意的出行,仰观宇宙之大,俯察品类之盛。全域发力,让人们感受到快乐、幸福和有尊严,旅游产业才更有生命力。

(资料来源:中华人民共和国国家旅游局网站 http://www.cnta.gov.cn/)

(二)不可分离性

不可分离性是指旅行社产品生产与消费的同一性。旅行社产品的生产和消费是同时进行的,在服务人员提供服务的同时,也是旅游者进行消费的时刻。这与工业企业产品先生产、再流通、后消费的特性有明显的区别。

一方面,旅行社产品进入流通领域后,其商品仍固定在原来的方位上,旅游者只能到旅行社产品的生产地进行消费。另一方面,旅游者在购买旅行社产品后,这种买卖交易并不发生所有权的转移,而只是使用权的转移。换言之,只是准许买方在某一特定的时间和地点得到或接受有关的服务。所以,旅游者所获得的只是一种感受和经历。

旅行社产品的不可分离特性决定了旅游者在购买产品之前必定心存疑虑,将信将疑地接受旅行社的介绍与宣传,忐忑不安地开始他们的游览行程。他们会在旅行进行中直至结束后,一直对其亲身体验的各种服务项目作出评价。如果旅游者在旅游消费过程中获得的是低质的服务,那么,无论旅行社当初把自己的产品吹得怎样天花乱坠,非但不能改变给旅游者留下的恶劣印象,反而对旅行社产生极大的反感,认为正是旅行社的虚假广告欺骗了他们,使得他们浪费了宝贵的时间、金钱和体力。此外,旅游者本能地会将他们的不愉快的旅游经历传播给他们的亲朋好友,对旅行社及其产品起到不利的"反宣传作用"。

(三)差异性

服务产品往往没有固定的标准,可变化的因素比较大。同样,旅行社生产的产品在消费过程中会因为提供服务的人员不同、参与消费的顾客不同,其质量表现也不同。服务人员和消费者是旅行社产品的组成部分,一方面,由于服务人员自身因素的影响,即使同一服务人员所提供的服务也可能产生不同的水平(服务人员的心情好坏、精神面貌等都会影响服务水准);另一方面,消费者直接参与旅行社产品的生产和服务过程,消费者本身的因素也会影响旅行社产品的质量。

(四)公共性

旅行社产品是一种公共产品,不具排他性,一旦其产品推向市场,其他旅行社可竞相效仿而无条件限制,因而各旅行社的产品很容易雷同。同时,几乎任何一家旅行社都不能对旅游其他构成要素进行垄断,如一家酒店可以同时为数家旅行社的旅游者提供食宿服务。产品公共性的特点抑制了各旅行社开发新产品的积极性。

(五) 易受影响性

由于旅行社产品是由多个行业向消费者提供产品和服务所组成的综合体,因而在产品的生产和消费过程中存在许多影响因素。在产品运作过程中,每一个影响因素的变化都会或多或少,或直接或间接地影响到旅行社产品生产和消费的实现。如景点整修、饭店客满等就会对旅游产品的顺利实现造成影响。同样,在旅游活动中自然因素、社会因素、政治因素、经济因素的变化也都会影响旅行社产品的生产和消费。例如,20世纪末发生在埃及卢克索的枪杀外国旅游者事件、东南亚的金融危机、美国的"9·11"事件、"非典"的影响,"巴厘岛"恐怖事件、印尼海啸等,都直接地影响到了当地或世界旅游业的发展。

拓展知识 2—2

韩国旅游业因萨德损失严重:韩再度无缘热门目的地

据国家旅游局数据中心综合测算,2017年"五一"期间,全国共接待游客1.34亿人次,同比增长14.4%;实现旅游总收入791亿元,同比增长16.2%。

另外,由于拼假便利,出境游依旧风行,日本和东南亚国家海岛游持续大热。主题乐园成为年轻旅行者出境游标配。值得注意的是,与此前的清明小长假一样,韩国再度跌出热门出境游目的地国家,这也直接催热泰国和日本等东南亚和东亚的出境游市场。

"美团旅行"发布的"五一"小长假出游趋势报告也验证了上述观点,报告显示,主题乐园类景点逐渐成国人出境游首选。此外,国内中西部如桂林漓江、阿坝九寨沟等风景名胜区成为今年"五一"小长假国人最爱观光地。

出境游方面,距离较近的泰国、马来西亚、越南仍得到大多数游客的青睐。

"美团报告"显示,今年"五一"虽只有3天法定假期,但通过拼假凑出一个出境游非常便利。在目的地上,东南亚、海岛游持续火爆。值得一提的是,报告还显示,澳大利亚挤掉韩国,位列热门境外目的地Top10。"途牛"的数据也同样佐证了上述观点,国人前往泰国、日本、印尼、法国、意大利、瑞士、新加坡、马尔代夫、德国、马来西亚等地热情高涨。

(资料来源:中国旅游网站 http://www.cntour.cn/)

(六) 时间性

旅游者购买旅行社产品后,旅行社只是在规定的时间内交付有关产品的使用权。如果未能按时使用,旅游者便需重新购买并承担因不能按时使用而给卖方带来的损失。对旅行社来说,旅行社产品的效用是不能积存起来留待日后出售的。随着时间的推移,其价值将自然消失,永远不复存在;当新的一天来临时,它将表现新的价值。例如,旅游线路今天没有出售,就失去今天的价值;明天未能出售,就会失去明天的价值。所以,旅行社产品的效用和价值不仅附着在地点上,而且附着在时间上。因此,旅行社产品突出地表现为不可耐久的特点。旅行社产品有一天闲置,所造成的损失将永远无法弥补。为此,旅行社必须千方百计地提高产品的使用率。

四、旅行社产品的类型

(一) 按照旅游者的组织形式分类

1. 包价旅游线路

包价旅游线路是目前我国游客出行的主要形式,也是旅行社最常态的旅游产品。根据市场需求的不同,目前有两大类包价旅游:①团体综合服务包价旅游;②散客综合服务包价旅游。

2. 组合式旅游线路

组合式旅游线路是指整个旅程设计有几种分段组合线路,游客可以自己选择和拼合,并且在旅程中可以改变原有分段选择。

3. 自助式旅游线路

其是指由旅游者自己设计的旅游线路,旅行社负责满足线路实施过程中游客的各项服务需求。

(二) 按旅游活动的性质分类

大致可分为游览观光型、休闲度假型、专题型、会议奖励型旅游线路等。不同性质的旅游线路,在组织上有不同的特点。

1. 游览观光型

游览观光是典型的大众旅游,最基础,层次也最低,但市场占有率最高。

2. 休闲度假型

休闲度假型线路多用于满足游客休息、度假的需要,旅游线路串联的旅游点少(一般只有1~2个),而游客在每个旅游点停留的时间长,旅游线路重复利用的可能性高。因此,对旅行社而言休闲度假型旅游线路成本较低,利润较高,设计也要简单、经济得多。

3. 专题型

专题型线路也称为主题型旅游线路,这是一种以某一主题内容为基本思路串联各点而成的旅游线路。全线各点的旅游景物(或活动)有比较专一的内容或相同属性,因而具有较强的文化性、知识性或趣味性。由于各条线路的主题多种多样,因而受到不同兴趣爱好者的欢迎。

4. 会议奖励型

会议奖励旅游,主要包括会议旅游和奖励旅游两个部分。会议旅游是指企业到旅游目的地召开会议,既是与会员工的一种休闲活动,也是一种会议形式。奖励旅游是为了对有优良工作业绩的员工进行奖励,组织员工进行的旅游。此类型旅游的旅游线路要求设计的过程中既重视会议的设施需求,又注重满足游客休闲度假的需要。

（三）按旅游线路的距离分类

根据旅游者在旅游过程中的位移距离及活动范围,可分为远程旅游线路、中程旅游线路、短程旅游线路等。

1. 短程旅游线路

短程旅游线路游览距离较短,活动范围较小,一般多为到周边的城镇、远郊旅游。这类旅游线路与一日游线路经常是重合的。例如,郑州市的金鹭鸵鸟园专线、巩义浮戏山专线等,都是市区游或近郊游。

2. 中程旅游线路

中程旅游线路游览距离较远,活动范围一般在一个省级旅游区以内或跨省级旅游区的周边地区,如郑州—王莽岭—皇城相府线路即属此类。

3. 远程旅游线路

远程旅游线路游览距离长,活动范围大,一般指国内跨省级旅游区范围以上,包括海外旅游线路、边境旅游线路。

（四）根据旅游者在旅游过程中的活动轨迹分类

1. 巡游型线路

巡游型线路即观光周游型旅游线路,其特点在于旅游的目的是观赏,线路中常包括多个旅游目的地。从经济角度而言,周游型旅游线路成本较高,而同一位旅游者重复利用同一条线路的可能性较小。

2. 常驻型线路

常驻型线路即度假逗留型旅游线路,其特点是线路中包含的旅游目的地数量相对较少,旅游的目的多是度假,主要在于休息或娱乐,不在乎景观的多样或变化,因此度假线路所串联的旅游目的地较少,平均消费额高。逗留型旅游线路的设计要比周游型相对简单、经济一些。

（五）按旅游线路的空间布局形态分类

1. 两点往返式

两点往返式,在远距离旅游时主要表现为乘坐飞机往返于两个旅游城市之间;若在旅游城市内,则表现为住地与景点的单线连接,此种线路易使旅游者感到乏味。比如,郑州—大连,大连—郑州。

2.单通道式

此类线路,远距离以乘火车进行旅游为典型;在旅游城市中,则表现为若干景点被一条旅游线路串联,旅游者一路上可以观赏不同的旅游项目。如铁路部门开行的郑州—厦门的旅游专列,一路上既能感受到京九铁路沿线老区的红色革命精神,又能观赏到武夷山的婀娜多姿。

3.环通道式

该类线路是上述单通道式旅游线路的变化形式,由于此种线路没有重复道路,基本不走回头路,接触的景观景点也较多,旅游者会感到游览行程最划算。比如,郑州—洛阳—登封—开封—郑州。

4.单枢纽式

该类线路以一个旅游城市(镇)为核心,其他所有旅游目的地都与之连接,形成一个辐射状联络体系,其特点是有明显的集散地,便于服务设施的集中和发挥规模效益。旅游者选择一个中心城市为节点,然后以此为中心向四周旅游点作往返性的短途旅游(大多为一日游)。比如,郑州—云台山、郑州—开封、郑州—洛阳、郑州—登封,这些线路中郑州即为处于节点的中心城市。

5.多枢纽式

该类线路以若干个重要的旅游城市(镇)为枢纽连接其他的旅游目的地,几个枢纽旅游城市(镇)间有线路直接相连。该线型一般运用于旅游大区,这种分散客流聚集点的方式有利于缓解某一枢纽在旅游高峰时的承载压力。例如,"济南—青岛—大连"旅游线路就有多个枢纽旅游城市,在一定程度上缓解了山东半岛、辽东半岛的客流压力。

(六)按旅游线路的全程计算旅游时间分类

可分为一日旅游路线、二日旅游路线、三日旅游路线和多日旅游路线。

第二节 旅游线路设计

对旅行社来说,旅游产品更多地表现为旅游线路。旅游线路是根据旅游市场的需求,结合旅游资源和接待能力,凭借交通线把若干个旅游地或旅游点合理地贯穿起来,为旅游者设计的包括整个旅游活动过程中全部活动内容和服务的旅行游览路线。旅游线路包含了旅游者从离开居住地(或客源地)到返回居住地(或客源地)开展旅游活动的一切要素。旅行社旅游线路设计是在一定的旅游区域内,以一定的旅游时间和费用为参照,按照一定的目的、主题与方式联系起来而形成的一种综合产品。旅游线路设计过程是一个分析市场需求,选择、采购、组合、优化各种旅游产品的过程。旅游线路设计水平的高低直接关系到促销销售的结果。因此，在一些比较大的旅行社往往专门成立了产品设计中心。

在旅游线路构成中，旅游目的地或旅游吸引物（城市、景区、景点等）和城市间的转移以及旅游者住宿的饭店是旅游者最为关心的。旅游目的地（城市、景区、景点等）通常被称为构成线路的节点。如果说整条旅游线路是一条珠链，则节点是珠链上的粒粒明珠。它反映的是旅游线路的核心内容，体现了旅游线路的等级、类型、特色，表达的是旅游产品的主题，是产品的精华所在。如哈尔滨—长春—吉林—沈阳—大连这一旅游线路，其中哈尔滨、长春、吉林、沈阳、大连就是这条线路的节点。城市间的转移是指旅游者由这一节点到另一节点采用的交通方式，如由哈尔滨到长春常采用汽车或火车作为转移的交通工具。海南到深圳就比较多地采用飞机作为转移的交通工具。

一、旅游线路特征

作为一条完整的旅游线路，应该包含有旅游目的地（包括主要旅游资源的类型、级别、主要游览景区、景点或主要旅游活动内容等）、旅游交通方式及工具（包括旅游客源地到旅游目的地的交通、旅游目的地内部的交通、使用交通工具的等级等）、旅游住宿设施（包括旅游住宿酒店或宾馆的等级以及客房的等级）等。如果一条旅游线路中有若干个旅游目的地，则还要排出到达各目的地的先后次序或旅游方向。旅游线路的特征有空间特征、时间特征、内容特征、成本特征和性质特征。

（一）空间特征

旅游活动是在一定的空间范围内的活动，旅游线路的空间特征十分明显。旅游线路包括一系列空间单元，这些空间单元通过交通线路连接成一个线性连续空间，并且可以交错成网。

（二）时间特征

旅游活动的时间应该从旅游者根据旅游线路日程安排在旅游经营企业指定的地点集中，开始接受旅游经营者或旅游管理机构的服务直至圆满完成旅游活动、脱离旅游经营者或旅游管理机构的服务为止。旅游活动的时间变化特征非常明显，同样的旅游景区（点）和交通路线，如果给予不同的时间安排，就可以被认为是不同的旅游线路。旅游线路的时间特征包括三个方面：旅游线路开始的时间、结束的时间（时间点）；节点的景区（点）的时间顺序（时间序列）；旅游线路持续的时间（时间段）。

（三）内容特征

内容特征包括旅游者与旅游经营企业所订旅游合同中规定的在旅游过程中旅游者所利用和享受的一切，涉及食、住、行、游、购、娱等各种旅游要素，各个环节环环相扣，密切配合，有机地安排在事先确定的旅游日程中。

（四）成本特征

旅游线路作为一种特殊的消费品,其购买和消费不仅仅要消耗金钱,而且还要消耗财富的另一种形式:闲暇时间。显而易见,金钱和闲暇时间的消耗,都构成了旅游者的成本支出。因此,旅游线路的设计过程,必然要将成本作为一个约束条件。旅游企业需要选择各个空间单元间不同的交通线组合或改变时间安排来改变旅游线路,进而改变旅游线路的对成本约束条件的适应性。

（五）性质特征

旅游线路是旅游产品的一个组成部分,而且是非常重要的组成部分。旅游线路既可以看成是根据旅游需求和旅游供给两方面的因素而设计推出的旅游综合产品,也可以认为是联结旅游者和旅游目的地的纽带。

二、旅游者对旅游线路的选择

影响旅游者对旅游线路选择的因素很多,主要有旅游者的旅游偏好、空间因素、时间因素、经济因素、安全因素等。

（一）旅游者的旅游偏好

旅游者的旅游偏好是选择旅游线路的前提。由于旅游者的性别、年龄、民族、心理、兴趣、能力、职业、经济收入、文化程度、社会地位、家庭结构、常住地地理位置及自然条件等差异,旅游者的旅游偏好也不同,对旅游线路的选择也有差异。

文化程度不同的人们对旅游的偏好不同,这种不同在选择旅游线路时会有比较明显的反映。不同的文化程度说明旅游者所受的教育程度不同,所受教育程度不同对旅游的需要也不同。旅游愿望与对外部世界的了解成正相关。高学历的人基于他们对外部世界的了解,他们对去哪里、看什么目的性较强,选择旅游线路时有较强的自主性。中等学历及以下的人们产生旅游的愿望更多地受大众媒介的影响,他们对于去哪里、看什么没有前者主动,更愿意接受旅行社的安排。

人的个性随着年龄和生活经历在不断发展变化。少年儿童天真活泼,对新鲜事物充满热情,特别对游乐设施倍感兴趣。青年人精力充沛,活泼好动,新鲜感较强。老年人沉着老练,活动量不如青年人,喜欢清静之地。年龄的差异对旅游目的地、旅游线路、旅游内容等的选择都会有不同的要求。

案例分析 2—1

瑞金:"红色旅游+农业"

2017年5月1日,从瑞金市相关部门了解到,当地在发展红色旅游的同时,举办乡村文化节、百对新人客家婚礼、乡村山地自行车赛等活动推动旅游业由"景点旅游"向"全域旅游"的转变,今年"五一"小长假瑞金累计接待国内外游客35.9万人次,同比增长57.5%;实现旅游总收入15 975万元,同比增长82.4%。其中共和国摇篮景区接待旅游人数17.3万人次,同比增长58%;实现门票收入432万元,同比增长82.5%。

近年来,在内地旅游市场竞争日趋激烈和消费者对服务要求变高的背景下,如何提高景区服务质量,打造复合型旅游产品和路线逐渐成为各地旅游部门工作的重点。

据了解,瑞金当地政府为了促进旅游业与农业融合发展,推动瑞金乡村旅游经济带建设,通过发展乡村旅游助力脱贫攻坚,将"农业+红色资源"作为立足点,以实现"资源大整合、产业大融合、全域大联动、区域大合作",推动当地旅游业由"景点旅游"向"全域旅游"转变,通过全域化旅游建设,令瑞金成为全国红色旅游首选地、客家风情文化传播地。

分析与提示

瑞金旅游资源丰富,革命旧址共115处,全国重点文物保护单位35处,丹霞地貌罗汉岩是省级风景名胜区,宋朝古村密溪村是省历史文化名村、被列入《中国传统村落保护名录》。是国家历史文化名城和省级文明城市,拥有赣南首个国家5A级景区共和国摇篮旅游区,被列入国家第二批全域旅游示范区创建名单,获评"江西旅游强县""中国红色旅游十大景区"。

(资料来源:中华人民共和国国家旅游局网站http://www.cnta.gov.cn/)

(二)空间因素

旅游者外出旅游必须完成从居住地到旅游目的地之间的空间移动。旅游者在选择旅游线路时要考虑空间因素。旅游线路中的空间因素表现有这样两个方面:一是居住地与旅游目的地之间的环境差异,这种差异包括旅游资源、政治、经济、社会、民族、文化等各个方面,也正是这种差异会激发旅游者的旅游动机,而且旅游者的旅游愿望与这种差异成正相关的关系。二是居住地与旅游目的地之间的空间距离。一般认为,空间距离过大是造成旅游者旅游的障碍之一,较大的空间距离意味着旅游者必须实现较大的空间移动,这将使得旅行时间过长、旅行费用过高。尽管这种空间障碍随着交通技术的发展而逐渐变小,但这种障碍是永远不会消除的。空间距离与旅游者外出旅游的动机成反相关的关系。

人们愿意克服较大的空间距离障碍外出旅游,在选择线路时一个很重要的因素是旅游点的级别。旅游点的级别越高,知名度越大,旅游者克服空间障碍的决心和可能性也越大。这就使得旅游者在选择旅游目的地时会有如下倾向:选择到最有名的旅游地旅游和选择到自然环境和文化环境与居住地差异较大的旅游地旅游。

旅游活动是旅游者旅游的核心所在，是旅游线路中包含的最重要的内容。旅游活动的安排直接影响到旅游线路对旅游者的吸引力。旅游活动的基础是对旅游目的地的选择。不同类型的旅游目的地，可以安排的旅游活动是不一样的。

（三）时间因素

旅游的发生依赖于人们闲暇时间的多少。只有在社会上大部分人有较多的闲暇时间（如每周休息两天、公共假日、带薪假期等）后旅游才有可能成为大众化的行为。时间因素对旅游者选择旅游线路来说，有以下影响：一是旅游者闲暇时间的多少与分布。旅游者的出游时间与闲暇时间成正相关，旅游者的闲暇时间分布影响到旅游业的淡旺季分布。二是"旅游时间比"。旅游时间比，是指人们从居住地到旅游目的地的旅行时间与在旅游目的地游玩时间的比值。如果没有特殊需求，人们选择旅游线路时总是追求最小的旅游时间比。当存在类型相同、所提供的游玩时间相近，但到居住地距离不同的旅游地时，人们肯定选择最近的旅游目的地。

（四）经济因素

这里的"经济因素"有两层含义：一是旅游者的收入，二是旅游者愿意支付的旅游费用。处在不同经济阶层以及对旅游态度不同的旅游者，选择旅游线路会有比较明显的差异。这个差异主要表现在旅游线路的价格和服务的标准等。

影响旅游者选择旅游线路的关键是旅游线路的价格。在旅游线路中，价格是最敏感的问题，也是最复杂的一个问题。一方面影响价格的因素实在太多，线路中的每一项内容都会影响到线路总价格的高低；另一方面旅游者希望旅行社在销售旅游线路时，价格应尽可能地低，还不能降低旅游体验、服务标准和水平。旅行社既想以较低的价格吸引旅游者以利竞争，又必须保证一定的利润空间以求生存与发展，还要保证旅游质量、避免旅游者投诉以树立企业形象。作为旅行社来讲，合理确定旅游线路的价格确实不是一件容易的事。目前绝大部分旅行社在销售旅游线路时只有一个总的报价，要是能有比较详细的分项报价，把钱赚到明处，可能更容易为旅游者所接受。

（五）安全因素

安全因素是旅游者选择旅游线路时最关注的一个因素。首先是旅游线路中的交通安全。旅游者以快捷、方便、舒适、经济、安全等标准来选择旅游线路中的交通方式，但总是将安全放在第一位。其次是旅游目的地的社会状况，包括当地行政当局及居民对旅游者的政策与态度、社会治安、自然灾害、政治形势等。这些都影响到旅游者的人身安全和财产安全。

三、旅游线路设计的原则

旅游线路设计的优劣，关系到旅行社经营的成败。优秀的产品开发人员，必须具有构想各项复杂旅游线路、安排各种细节事项的能力;具有策划未来、预测旅游市场销售的变化,协助旅游者获得旅游乐趣、经验和便利条件的能力。此外还需要精通旅游法律、旅游心理、旅游常识,了解各种旅游方式的利弊,熟知各种旅游的费用预算方法,善于运用各种先进的方法和手段等。旅游线路设计一般应遵循以下原则:

(一)以满足旅游者需求为中心的市场原则

作为旅游产品的旅游线路是通过合理科学的设计来满足旅游者多样化的需求,从而打开销路、实现其价值的,因而旅游线路要适销对路,就必须最大限度地满足旅游者的需求。旅游者对旅游线路选择的基本出发点是:时间最省、路径最短、价格最低以及景点内容最丰富、最有价值。再者,旅游者的需求决定了旅游线路的设计方向。这样就要坚持市场导向的原则。坚持这一原则,就必须研究市场的需求趋势和需求数量。要客观地分析旅游者的旅游动机和影响旅游消费的因素,把握旅游市场的变化状况,针对不同的旅游者群体设计出不同的旅游线路。

具体地讲,市场导向的原则就是要求旅游线路的设计必须适应国内外旅游业发展的趋势和旅游者的需求。现代旅游者的需求是朝着精神、文化、知识、健康、娱乐、享受的方向发展,追求新、奇、异、美的感受,满足这种需求的非观光型的旅游占国际旅游市场的 77.5%,在东南亚国际旅游市场则占 81.21%。如生态旅游线路的设计就体现了近年来人们崇尚自然、回归自然的心态,因而生态旅游线路产品的设计反映了近年来旅游市场的需求趋势,具有广阔的市场前景。此外,还可迎合社会热点和潮流设计出特别的旅游线路,如三国线、红楼梦线等。

(二)节点合理原则

旅行社在设计旅游线路时,应慎重选择构成旅游线路的各个旅游节点,并对之进行科学的优化组合。具体地讲,在旅游线路设计过程中应注意以下几点:

1.不走回头路

重复同一旅游点,一是造成时间、金钱上的浪费;二是使旅游者满足效应递减,降低了旅游者猎奇心理的程度。因此,不是迫不得已,应尽量避免重复经过同一旅游点,保证旅游者的新奇感觉和满足程度。例如,为从北京入境,游览上海、苏州、杭州、福州、泉州,然后从厦门出境的海外旅游者编排线路时,如果按北京—上海—苏州—杭州—上海—福州—厦门—泉州—厦门线路设计,就形成了重复出入上海和厦门两个旅游地区的线路。这样既浪费时间和费用,又使旅游者感到厌倦。如果改按北京—杭州—苏州—上海—福州—泉州—厦门线路设计,就会使线路更顺,避免了线路的重复,这样的安排既节省了时间又节约了费用。可见,科学安排日程,有时往往会收到事半功倍的效果,从而争取了客户。

2.点间距离适中

各旅游点之间的距离不宜太远,以免在旅途中耗费大量的时间和金钱,同时也令旅游者舟车劳顿,降低产品的吸引力。一般来说,城市间交通耗费的时间不能超过全部旅程时间的1/3。例如,江南水乡十日游这一旅游产品是在长江三角洲地区沿长江和古运河城市间进行的,主要有江苏省的南京、扬州、镇江、常州、无锡、苏州和浙江的嘉兴、杭州及绍兴等。这条线路旅游城市相距很近,景点集中,交通方便,能在很短的时间内集中游览美丽如画的江南风光,体察水乡风土民情。

3. 择点适量

就国内旅游来说,五天以内的行程应是中短距离旅游,而时间多于五天的应属长距离旅游。鉴于国内旅游市场目前的消费特征,在设计产品时,对旅游节点的选择必须适量,以降低价格,并使旅游者真正领会到轻松旅游的乐趣。例如,山东的黄金海岸之旅的日程安排是:第一天在青岛接团,住青岛;第二天游海滨、崂山,住青岛;第三天乘汽车赴蓬莱游览,住烟台;第四天游威海、刘公岛,晚上送团。这一线路只安排了青岛、烟台、威海、蓬莱四个景点,突出了主要海岸景点,短小精悍。

4. 顺序科学

游览顺序应由一般的旅游点逐步过渡到吸引力较大的旅游点,使旅游者感到高潮迭起。例如康西草原、龙庆峡、八达岭两日游的日程安排是:第一天直抵康西草原,第二天早晨乘中巴去龙庆峡游览,午饭后再乘中巴抵八达岭,游长城后,再乘坐长途汽车进京。这一线路的第一站康西草原是一处融山、水、草原为一体的天然草场风景区,住宿于蒙古包或仿清小楼、民族式家庭小院,品尝内蒙古特色的烤全羊、手扒肉、宫廷活鱼等,别具特色;第二站龙庆峡蓄水成湖,是以划船登山为主要内容的旅游区,素有"三峡""小漓江"之誉;最后一站游览雄伟壮观、举世闻名的八达岭长城,使旅游达到高潮。这一旅游线路的设计优于逆向设计。又如"福建主要城市游",就基本上按照由福州—泉州—石狮—厦门自北向南的顺序展开。这种以空间为顺序的安排方式有利于降低成本。

5. 特色各异

一般来说,旅游产品设计中,不应将性质相同、景色相近的旅游点编排在同一线路中,否则会影响旅游线路的吸引力。当然专业考察旅游则另当别论。例如,1999年克林顿访华之旅线路为北京—西安—桂林—香港—上海,这些城市的特色迥异、精彩纷呈。这样的产品组合,充分体现了中国旅游产品无与伦比的魅力,为此它成为国际黄金旅游线路也是理所当然的。又如列入我国重点旅游线路的拉萨—日喀则线,以西藏高原特有的地貌景观和悠久的历史、文化和宗教构成独特的结合体。还如非洲、拉美国家开辟的通往历史上贩卖黑人之路等旅游产品都是独一无二的。

目前,中国旅游者越来越多地将目光投向具有独特风情的澳洲。以澳洲经典十日游的日程安排为例,一般在旅游者经过10小时的飞行之后,首先安排墨尔本市区观光、参观教堂、艺术中心等景点。这是因为旅游者旅途劳顿,并且环境生疏,故先安排以"艺术之都"著称的墨尔本市内景点游览。这样体力消耗较少,也便于熟悉环境。然后去被喻为"考拉之都"的布里斯班观赏澳洲特产的动物;在"冲浪者天堂"(Surfers Paradise)——黄金海岸,参加对游人极具吸引力的水上活动如沙滩排球、游泳、冲浪等;以及到悉尼参观举世闻名的悉尼歌剧院,形成旅游三大高潮。作为尾声,则安排堪培拉市区观光,堪培拉以宁静的"大洋洲花园之都"著称。此时旅游者的情绪有所放松,几天紧张而兴奋的旅游活动之后,体力和精神都得到调整,结束愉快的澳洲之旅。

6. 服务设施有保障

一次完整的旅游活动,其空间移动分三个阶段:从常住地到旅游地、在旅游地各景区旅行游览、从旅游地返回常住地。这三个阶段可以概括为进得去、散得开、出得来。客源地城市到游览目的地之间的交通以及目的地的住宿、餐饮等都是旅游者极为关心和敏感的问题。市内交通工具要求舒适、快捷。住宿、餐饮也一定要满足旅游者基本的要求。因此在设计线路时,即使具有很大潜力,但目前不具备交通条件或交通条件不佳的景点、景区也应慎重考虑。否则,交通原因会导致游客途中颠簸,游速缓慢,影响旅游者的兴致与心境,不能充分实现时间价值。如几年前,有一家旅行社推出云南昆明、大理、丽江、中甸的线路,但因为当时从丽江到中甸的交通不畅,其结果是在旅游结束后,不少旅游者身心疲惫,有的旅游者还为此把组团旅行社告到当地的旅游质量监督管理所。

案例分析 2—2

海南:从"常规环岛游"到"短线全岛游"

"我在丛林溯溪,我在航天城圆梦,我在峡谷漂流,我在雨林登山……"2017年这个"五一"小长假,打开海南友人的朋友圈发现,小长假炫的不再是清一色的大海,新玩法层出不穷。有业内人士表示,随着常态化大众旅游时代的到来,全域旅游在海南兴起,以往的常规环岛游正在逐渐被五花八门的短线全岛游所替代。

岛内居民更爱小众周边游,"'五一'去哪儿? 白沙采茶骑马,五指山漂流,万泉河探险,小众周边游让你不一样!"海南旅享家国际旅行社旗下"玩家计划俱乐部"就靠小众游产品俘获了不少游客的心。

"3天假期,大部分岛内居民选择短线旅行,周边游、自驾游、亲子游、家庭游是今年'五一'小长假的主流人群。但是作为岛内游客,大家又不想走寻常路,因而昔日的冷门旅游地受到重视,去往海南中西部的短线游特别受欢迎。"海南旅享家国际旅行社总经理张惟惟说。"五一"期间,该社推出的"宝贝计划""别样万泉河两日游"等线路全部爆满。

分析与提示

这个"五一"真正是全域旅游,大家不再是扎堆到三亚,澄迈县的地瓜节、咖啡节,昌江的杧果节,乐东的尖峰岭,文昌的航天旅游等,丰富的短线游产品分流了游客,大家的体验度更高了。3天小长假,2条航天旅游线路、6条航天自驾游线路受到游客青睐。分析假日市场,亲子游、乡村游是主流。

(资料来源:中国旅游研究院网站http://www.ctaweb.org/)

(三)推陈出新原则

旅游市场在日新月异地发展,旅游者的需求与品位也在不断地变化、提高。为了满足旅游者追求新奇的心理,旅行社应及时把握旅游市场动态,注重新产品、新线路的开发与研究,并根据市场情况及时推出。一条好的新线路的推出,有时往往能为旅行社带来惊人的收入与效益。

即使一些原有的旅游线路,也可能因为与当前时尚结合而一炮走红。如广东"国旅假期"曾借电影《卧虎藏龙》问鼎奥斯卡最佳外语片和最佳摄影等四个奖的东风,在全国率先推出一条"卧虎藏龙"徽州古民居旅游线路,让更多的旅游者步入"中国画里的乡村",观赏被称为"徽州三绝"的牌坊、古祠、民居。皖南徽州古村落的民居群,虽时有所闻,但与黄山的盛名相比,所知者却不多。但联合国专家大河直躬博士、建筑大师贝聿铭、台湾作家琼瑶以及导演张艺谋、李安等有识之士不远千里到黄山脚下寻找"中国画里的乡村",对他们而言,徽州古民居是世界文化的遗产、建筑的立体史书、梦中的世外桃源、《菊豆》的拍摄地、《卧虎藏龙》的梦工场。也正为此,这条旅游线路一经推出便成为旅游热线,为当地旅行社创下了不菲的经济效益。

(四)主题鲜明原则

旅行社设计旅游线路时要有鲜明的主题,只有这样才能获得较大的旅游吸引力。此主题的形成主要依靠将性质或形态有内在联系的旅游点串联起来,并依据旅游交通、食宿、服务、娱乐、购物等方面的特点,选择与之适应的形式。例如,"丝绸之路旅游线"将西安、敦煌、吐鲁番,及中东、欧洲与古代丝绸贸易有关的旅游点串联起来,组织旅游者参观文物古迹、民族风情,观赏仿唐乐舞《丝路花雨》等仿古歌舞,品尝历史名菜佳肴和民族特色小吃,下榻具有浓郁地方和民族特色的饭店,在交通安排上,汽车、火车、飞机交叉使用,甚至有的地段骑骆驼和坐毛驴车,购物中有古碑刻拓片、唐三彩、夜光杯等,借以使游人充分体验古丝绸之路之旅的情调。又如,浙江温州民营经济非常发达,旅行社就把一些规模较大的生产日用品的民营企业和温州的山水人文旅游景点组合起来,开发出"温州民营经济探密游"的旅游产品。

(五)生态效益原则

生态旅游的产生是人类认识自然、重新审视自我行为的必然结果,体现了可持续发展的思想。生态旅游是经济发展、社会进步、环境价值的综合体现,是以良好生态环境为基础,保护环境、陶冶情操的高雅社会经济活动。生态旅游是现代世界上非常流行的旅游方式,在国外尤其是美国、加拿大、澳大利亚以及很多欧洲国家已经发展得非常成熟。它所提倡的"认识自然,享受自然,保护自然"的旅游概念将会是新世纪旅游业的发展趋势。专家认为,草原、湖泊、湿地、海岛、森林、沙漠、峡谷等生态资源和文物一样,极易受到破坏,并且破坏了就不能再生,甚至可能在地球上消失。

云南丽江是一个易受破坏的老城镇,但1999年竟有200万人去那里观光,经常是旅游者比本地人还多。在北京,人们不得不拓宽建于15世纪的天坛(1998年被列为世界文化遗产)周围的矮墙,以容纳更多的旅游者。有人抱怨说:"天坛上的人太多了,就好像在东京的马路上一样。"敦煌因旅游者超额导致窟内空气湿度过大,对壁画造成损害。华山旅游超载开发,造成许多古树古松的死亡。

现在人们已经开始认识到生态对于景区可持续发展的重要性。从2000年7月1日起,九寨沟将实行旅游者限量入景区制。如果你是当日排名在1.2万名之外的旅游者,将被拒绝进入景区。由此,九寨沟成为全国第一个对旅游者实行限量入内措施的景区。九寨沟作出这一限客决定,主要目的就是为了更好地保护好九寨沟这个不可再生的世界自然遗产,避免因旅游者过多而对景物产生破坏。特别是每年的"五一""十一",旅游者数量猛增,最多时旅游者竟然达到了3万多人。为避免旅游者超量,九寨沟管理局目前正在制订预售门票方案,与各旅行社实行联动。另外,一旦旅游者超量,九寨沟管理局将通过网络、报纸等媒介及时向社会公布。也许有一天,旅游者要想去九寨沟需要提前三个月预订门票。

除了景区采取限制人数措施以外,部分旅行社也纷纷设计出生态旅游线路。如北京的一家名为"绿色地带生态旅游咨询"的公司煞费苦心地设计出几条生态旅游路线,并严格采用国外的生态旅游办法规章,例如限制人数、讲解生态知识、特殊路线安排等。

拓展知识 2—3

向中国游客致敬 2016年我国出境游达1.22亿人次

1.22亿,接近日本全国的人口——这是2016年我国出境旅游者的规模,旅游花费高达1 098亿美元。1月20日,中国旅游研究院、携程旅行网联合发布《向中国游客致敬——2016年中国出境旅游者大数据》。双方专家团队基于携程旅行网

2.5亿会员以及业内规模最大的跟团游、自由行订单数据,结合全年旅游业数据,对全年出境游情况和游客行为进行了全面监测。

数据显示,中国大陆旅游者越来越倾向于选择更便利、更安全稳定、更热情友好、自然与生活环境更好的目的地。出国的目的也从观光旅游转向享受海外优质生活环境和服务,包括气候、空气、物价、房价、商品、医疗、教育等。出境旅游已成为衡量中国城市家庭和年轻人幸福度的一大标准。

(资料来源:中国旅游研究院网站http://www.ctaweb.org/)

四、我国旅行社产品的现状

我国旅行社产品生产中存在的种种问题,从根本上说是由于我国大多数旅行社缺乏产品创新的动力造成的,而产品创新动力不足的主要原因,在于我国旅行社产业组织结构不够合理。近年来我国旅行社市场竞争激烈,整个行业的市场集中度过低,使旅行社产业组织结构处于过度竞争状态。在过度竞争型的产业组织结构下,旅行社将会趋向于追求短期目标,导致市场秩序混乱、企业规模过小、技术创新和产品创新能力不足。即使规模大的企业在竞争无序的市场环境中,也时常面临技术和产品创新成果被模仿或剽窃的可能,从而使进行创新的收益和成本之比降低,企业从事技术创新的动力不足。

一个良好的产业组织结构应当是一些经营业绩好的旅行社通过自身发展和并购,使旅行社规模越来越大,而那些效益差的旅行社要么退出行业,要么被其他旅行社并购,此时市场集中度越来越高,旅行社的进入和退出壁垒也越来越大,旅行社之间的竞争也越来越有效,资源的配置效率变高,规模效应也逐步体现出来,一些大型旅行社不愿意干或者干不了的一部分市场或业务会为中小型旅行社提供生存的空间。最后,产业组织会逐渐走向成熟,产业组织结构成为寡头垄断与中小型旅行社并存,这是市场经济条件下产业组织发展的基本趋势,也是成熟的产业组织的最终选择。只有实现了我国旅行社产业组织结构的优化,才能使得有实力、有垄断地位的大型旅行社有更强的经济实力和动力开发新产品和新技术,还可以利用自身的垄断地位防止新技术与产品被其他旅行社迅速模仿。

(一)同质化

我国大部分旅行社的产品同质化现象比较严重,许多产品的个性化特征不突出,产品无论是在创意理念、日程安排、游览内容、组织形式和服务质量方面,还是在广告宣传和营销策划方面,都是极为相似的,没有将顾客划分为不同的细分市场,并根据各市场的不同需求有针对性地开发产品。因此在产品同质化的前提下,只能靠降低产品价格来吸引旅游者,并由此导致价格大战和产品质量的不断下降及行业整体利润的降低。造成这种现象的原因,一方面是旅行社对自身的发展缺乏战略眼光,对企业的市场定位和产品定位不明确,盲目模仿其他旅行社的产品,而不是根据企业的战略计划有目的地针对特定的市场去开发和设计产品;另一方面是旅行社的产品创新意识和动力不够强烈,旅行社整体从业人员的素质和经营管理水平偏低,缺乏专门的产品研发部门和专业的研发人员,面对竞争的压力,被动地去模仿市场上经济效益较好的产品,而不是设计好旅行社的产品组合,以满足不同层次旅游者的需求,使得产品整体开发与设计水准处于低水平状态。

(二)文化含量低

我国旅行社产品现阶段还处在初级开发水平,无论是传统的观光产品,还是度假产品、商务产品及其他产品的开发水平都较低,尤其是缺乏文化含量。虽然旅游者旅游的动机千差万别、旅游目的各异,但是旅游活动的实质从根本上来说是文化性,旅游者通过体验不同国家的不同文化而从中获得精神享受,这是旅游者出门旅游所追求的最终结果。但是目前我国旅行社产品的开发还处于低水平阶段,各类产品流于形式,仅仅是交通、酒店、景点、娱乐和购物等要素的简单组合,没有将产品中的文化内涵表现出来,忽视了产品的体验性、知识性和享受性,或者说这几方面在我国旅游产品开发中没有充分得到体现,这也是旅行社产品容易被抄袭的一个根本原因。

(三)市场定位不够准确

随着旅游者的需求越来越个性化,旅行社应当不断进行市场调研,发现新的市场商机,找到企业发展的市场空间,将自己的业务集中于某些专业领域,并在此专业领域内不断巩固自己的地位,成为专业领域的领先企业。这样一方面可以不断开发新的特色产品来吸引更多的游客;另一方面可以在产品的内涵和细微之处多下功夫,让顾客真正体会到产品的内核,培养顾客的忠诚度,培育出自己的产品品牌,从而可以有效地避免竞争者的抄袭与模仿,即使被抄袭,也只是形式上的模仿而已,并不能从根本上抄袭走产品的创意和内容,也不能动摇旅游者对产品品牌的忠诚度。而目前我国旅行社的产品开发,有特色的旅游产品少,大多数的产品都是面向全部市场的旅游者,而不是针对旅游者的个性化需求设计,大多表现为无差别、无特色,无法培育出自己的品牌,更谈不上顾客对旅行社品牌的忠诚度。

案例分析 2—3

创意无限,"互联网+龙门"的世界很精彩

2015 年 7 月 15 日,是注定将载入龙门石窟发展史册的日子。当天下午,"互联网+龙门"智慧景区上线运营开启仪式在龙门石窟大石门广场举行。

从7月10日起,腾讯网就对7月15日的"互联网+龙门"上线运营进行了充分预告;7月15日,腾讯网、腾讯新闻客户端向全球直播仪式进程,世界各地的9亿QQ用户共同见证了这一历史时刻。

按照腾讯与龙门石窟的合作思路,双方将依托腾讯丰富的用户资源、成熟的云计算能力和微信、QQ等社交平台产品,充分整合双方的优势资源,把腾讯的互联网技术及资源与龙门石窟产业有机连接起来,以"互联网+"解决方案为具体结合点,让"互联网+"成为保护、传承历史文化的新动力。

腾讯"互联网+龙门"团队产品经理曹杰介绍,腾讯团队结合龙门特色提出创意,发挥技术特长,私人定制"互联网+龙门"智慧景区,以龙门石窟官方微信服务号为主要依托,首期实现了4个板块、10项产品的上线启动。

具体而言,"互联网+龙门"智慧景区首期项目,具备"互联网+购票、互联网+游园、互联网+管理、互联网+宣传"四大功能板块,借助互联网手段,实现微信购票、微信入园、语音导游、在线客服等功能,通过便捷性、趣味性、互动性的改变,为游客带来从入园前到出园后的全流程智慧体验。

在"互联网+购票"方面,游客可以通过手机实现自主购买电子票,方式包括在龙门石窟官方微信服务号内购票、景区入口购票墙扫码购票、在各类宣传广告等媒介上扫码购票等。这样,可以避免游客在高峰期排队购票之苦,快捷、方便,同时减轻了景区的售票压力,可以一举两得。

分析与提示

随着旅游与互联网的相互融合,旅游业正在掀起一场巨大的变革。旅游行业纷纷加快与互联网融合的进度,一大批互联网创业者在互联网与传统行业的碰撞中寻找机会。以"互联网+旅游"为核心,推动互联网与传统旅游产业的融合,智慧景区、智慧旅游、旅游O2O等新生市场获得进一步推动的背后,实则是互联网服务融入旅游行业,能有效提升景区管理运营效率和景区对于游客的服务质量,进而加强整个景区的竞争能力。

(资料来源:中华人民共和国国家旅游局网站http://www.cnta.gov.cn/)

第三节 我国旅游线路生产设计流程

与旅游发达国家相比,我国旅行社起步晚,发展历史较短,尚未进入成熟阶段,在旅行社产品的生产方面还存在着很多不足。总的来说,我国旅行社产品生产过程较为简单,存在着产品的品种比较单一、同质化状况较为严重等问题,产品开发的深度和专业化方面也存在着很多不足,给我国旅行社的经营与整个行业的进一步发展带来了严重制约。要改变我国旅行社产品存在的一系列问题,一方面要优化旅行社产业组织结构,激发大型旅行社的产品创新动力;另一方面要以旅游者需要为中心对产品进行创新。

一、旅行社进行旅游线路设计的着眼点

在现阶段市场竞争十分激烈的情况下、大小旅行社并存的环境中,各大旅行社在旅游线路设计和开发过程中更看重以下几点:

(一)旅游线路:旅行社看重什么

对旅游者来说,旅游首先要考虑的就是选择旅行线路了,因此,对一个旅行社来说,选择什么样的旅游线路是至关重要的。80%的旅行社看重"接待条件",70%以上旅行社看重"旅游者的意向或兴趣""有吸引力",超过半数的旅行社看重"安全""交通便利""假日的长短""综合报价"。从众多的旅行社选择了"接待条件"来看,旅行社在旅游线路的选择上是比较务实的。

(二)路经城市:旅行社看重什么

选择了旅游线路,旅行社还要选择旅游线路中经过的城市。调查显示,90%以上的旅行社在选择路经城市时,看重"可游览性、观光性"。这一点是不难理解的。70%以上的旅行社看重"历史与文化背景"和"城市特色"。50%以上的旅行社则看重"地接社的信誉和能力""该城市的交通状况"。从这些选择来看,旅行社在路经城市的选择上看重的已经越来越靠近直接决定旅游内涵的因素,例如,看重"可游览性、观光性""历史与文化背景""城市特色"的旅行社超过了70%,远远超过其他因素选择的百分比。这一点是与旅游线路的选择不同的。

📑 案例分析 2—4

2017年"五一"出境游预订量增长近2倍 日本、泰国、菲律宾最热

虽然距"五一"小长假还有半个月,但旅游产品已迎来预订高峰。截至4月13日,"五一"假期前后出境游线路预订已进入收官阶段,欧美、澳新等热门长线游线路告罄,短线如东南亚、日本等预订也已超过七成。据"驴妈妈"旅游网数据显示,该平台"五一"出境游人次为去年同期的2.8倍,亲子游、邮轮游增长较为显著。出境游方向上仍以日本、东南亚、欧美等为主,出游天数上选择5~7天的游客占比较高。"五一"出境游最爱去哪玩?"驴妈妈"数据显示,日本、泰国、菲律宾、印尼、美国、越南、新加坡、马来西亚、马尔代夫、希腊位列本次节假日热门出境游目的地榜单前十。

其中,东南亚得益于丰富的海岛度假资源,以及签证免签、中国-东盟旅游合作

年等政策利好推动,相关路线格外热门。日本方向,在本州、京都、东京城市观光游以及冲绳海滨度假、购物游等经典线路基础上,邮轮游火热更起到锦上添花的作用。短线出境游人次占到"五一"出境游总人次的六成以上。其中,短线亲子出境游同比增长 5 倍,表现尤为亮眼。

分析与提示

近年来,小长假出游已成为国人生活的标配。"五一"无须像清明那样特意安排返乡扫墓,通过 3+× 拼假组合,对多数人而言时间更为充裕,出境游预订出现井喷。据"驴妈妈"数据显示,"五一"小长假多数游客出游天数为 5~7 天,选择节前 3 天拼假的约为三成。上海、北京、苏州、广州、杭州、深圳、武汉、常州、南京、合肥位居热门客源地前十。

除了时间相对充裕,性价比高也是"五一"出游的重要原因。4~5 月为每年出游淡季,"五一"出境游价格与平日相比并无较大变化。少数经典线路虽有 10% 增幅,但在旅行社优惠下性价比依然相当可观。

(资料来源:中国旅游网站 http://www.cntour.cn/)

(三)旅游景点:旅行社看重什么

不过,旅游者最终消费的相当一部分还是旅游景点。我们来看看旅行社在选择旅游景点时考虑的因素主要有哪些。调查显示,旅行社在选择旅游景点时,首要考虑的是"知名度",76% 的旅行社选择了这一点;其次为"自然景观",74% 的旅行社选择;然后是"门票价格"和"文化内涵",选择的旅行社都超过了 60%。由此可见,旅行社选择旅游景点时,除了考虑直接决定旅游内涵的因素外,同时也比较看重旅游者最为关心的"门票价格"。

(四)延伸服务:旅行社看重什么

除了旅游线路、路经城市、旅游景点外,旅行社还会考虑旅游时的一些延伸服务,例如饮食、购物等。调查显示,在饮食方面,80% 的旅行社看重"干净卫生",40% 以上的旅行社看重"价格合理""有特色/特产"。这说明,"干净卫生"是大多数旅行社在饮食方面的考虑,而"有特色/特产"则体现了旅行社对自身利益的隐性诉求。

从旅游者的立场出发,随着生活水平的提高,人们对旅游服务的要求也趋向于细节化。旅游车空调不制冷,宾馆洗澡水不够热,餐桌上没有公筷,洗手间里有异味,景点里缺少导向标志,机票上没有说明哪个机场……凡此种种,都会影响旅游者的审美心情。近年来,不少旅游者有机会远游异国他乡,感受最深的也常常是发达国家对服务细节的精益求精。可以说,细节是旅游服务的生命线,因为它体现了"以人为本"的服务理念。

（五）未来旅游产品：旅行社的观点

对于未来的旅游产品,旅行社的意见主要集中在"自然风光""娱乐/表演节目特色性"和"游客参与性强"这三方面。其中,省、自治区、直辖市的首府城市和重要港口城市中超过 1/3 的旅行社选择了"自然风光",这可以看成是对回归自然观念的认同。其他类城市中超过 1/3 的旅行社则选择了"游客参与性强",这在一定程度上反映了旅游者主动参与意识的增强。

（六）老景区里的新景点：旅行社选择的可能性

对于老景区里的新景点,调查显示旅行社的态度是较为积极的,尤其是省、自治区、直辖市的首府城市旅行社,"可能会考虑选择"的占 73%,"肯定会选择"的占 23%,两者之和为 95%。其他城市旅行社的可能性小了一些,但"可能会考虑选择"和"肯定会考虑选择"的也超过了 50%。

二、旅游线路设计流程

在我国,由于旅行社发展历史短,市场环境与制度环境尚不健全,因此,从总体上看旅行社的产品设计与生产过程还处于不成熟阶段,尚未发展出一套真正适合我国旅行社业发展的方式与方法。在此,我们以国内旅游业务为例,探讨我国旅行社产品的设计与生产方式。总体来说,目前我国旅行社国内包价旅游产品的生产过程主要包括以下几个步骤:

（一）旅游线路的定位

在旅游线路设计之前,必须首先搞清几个问题:第一,所针对的目标市场是什么,变化趋势如何？它决定了旅游线路设计的需求背景。第二,与接待国及地区经济发展水平、国际旅游发展水平、体制和管理水平等相联系的旅游供给一体化程度如何,以及国际旅游的产业内关联和协调能力如何？第三,旅游者在接待国及地区消费时,其行为的自主程度如何？或者反过来说,接待国政府和旅行机构在何种程度上,以何种方式试图操纵和引导旅游客流？以上这些构成了旅游线路设计、销售的大背景。在一定时间内,旅游线路的设计和经营都受制于这些因素,处于初期发展阶段的欠发达国家的国际旅游业尤其如此。

（二）实地考察与调查

为了全面了解和掌握旅游线路设计所涉及的各个要素的历史、现状和发展趋势,旅游线路设计者必须深入旅游目的地的景区、景点进行实地考察,并走访旅游及其相关部门和企业,从而获取感官认识和第一手资料,旅行社行业俗称为"踩线"。实地考察要以重点资源为主,兼顾一般,对有潜力的新资源要予以充分的重视。同时,在条件允许的情况下,还应对旅游目的地的周边旅游景区进行考察,从而可以比较出该线路中景点的优势所在,明确与其他景点的竞争与合作关系。

调查可以采取访问、座谈、收集资料、抽样调查等多种方式进行。调查对象一般是旅游、交通、住宿、餐饮、娱乐、购物等企业和相关管理部门以及旅游者。内容包括各行业的历年统计数据、价格水平、发展规划、对未来潜力的预测，以及游客的评价和要求等。

例如，深圳中国旅行社在设计"丽江假期"线路之前，曾事先多方联系市政府、旅游局、深圳航空公司和地接旅行社，并邀请深圳电视台记者、报纸特约撰稿人专程赴丽江作了为期一周的实地考察，这些都为后来线路设计的成功打下了良好的基础。

（三）分析与预测

分析与预测的出发点应是客源市场，即从客源市场的历年发展变化特点、市场细分、需求量、客源市场的分布一直到市场今后的发展趋势出发，然后根据市场状况，对各要素进行筛选和加工。旅行社通过广泛搜集与新的线路产品开发设计有关的信息，对构思进行可行性分析和研究预测，以求得出不同的设计方案。

（四）确定线路的品牌名称

线路名称是线路的性质、大致内容和设计思路等内容的高度概括，因此整个旅游线路需要一个响亮的品牌名称。确定线路名称应该综合地考虑各方面的因素，并力求体现简约、主题突出、时代感强、寓有吸引力等原则。如上文提到过的"丽江假期"旅游线路，之所以要用这个名字，主要是考虑到批发和通俗易懂的因素。其标志中运用了至今还在使用的纳西族东巴象形文字——"伴"字，整个轮廓又像云南特色的房子，一整块又像一个印章，便于在批发给其他旅行社时在栏内加盖。

（五）策划旅游线路

从形式上看，旅游线路是以一定的交通方式将线路各节点进行的合理连接。节点是构成旅游线路的基本空间单元，一个线路节点通常成为一个有特色的旅游目的地。一般来说，同一条旅游线路中的各节点，都有相同或相似的特点，用于满足旅游者的同一需求并服从于某一旅游主题，起着相互依存、相互制约的作用。节点可以是城市，也可以是独立的风景区。线路的始端是第一个旅游目的地，是线路的第一个节点，终端是最后一个节点，是旅游活动的终结或整个线路的最高潮部分，而途经地则是线路中的其他节点，是为主题服务的旅游目的地。因此，策划旅游线路就是安排从始端到终端以及中间途经地之间的游览顺序，并在线路上合理布局节点。

例如，"烹饪王国游"线路的始端是广州，终端是上海，途经地为成都、北京、南京和无锡，游览顺序即为"广州—成都—北京—南京—无锡—上海"。可以说，旅游线路一方面是对符合主题特色的节点城市或景区的选择；另一方面是对节点游览顺序的安排,是遵循时间最短、费用最省、交通便利、合理搭配的原则进行的全面考察、综合平衡及合理选择。

(六)计划活动日程

活动日程是指线路中旅游项目顺序、内容和地点及各项目的具体时间的安排,应体现劳逸结合、丰富多彩、节奏感强、高潮迭起的原则。

☞ 案例分析 2—5

哈尔滨市国泰旅行社"广深珠港澳"旅游线路日程安排

日程	行程	活动日程与景点安排
第一天	哈尔滨—深圳	晚上深圳接团
第二天	深圳	乘车游览深圳市区深南大道、邓小平巨幅画像、世界之窗
第三天	深圳—香港	乘火车赴香港,午餐后游览浅水湾、海洋公园、集古村,晚餐后观赏太平山夜景
第四天	香港	游黄大仙、珠宝展示中心、艺术馆广场、维多利亚港、会展新翼\紫荆广场、欧洲名表、百货店、青马大桥观景台
第五天	香港	自由活动
第六天	香港—澳门	早餐后乘船前往澳门,午餐后游览大三巴牌坊、主教山、炮台山、妈祖阁、宝石城、盛世莲花、镀金望海观音像、跑马场(外景)、澳门四面佛、葡京娱乐场
第七天	澳门—珠海—广州,乘火车返哈尔滨	拱北海关入境后游览珠海回归广场、情侣路、珠海渔女雕像、九州城门广场;广州中山纪念堂、越秀公园、五羊雕像;晚餐后,乘火车返哈尔滨

分析与提示

在活动日程的安排上突出了当地最具有特色的景点,线路的策划上是个环形的旅游路线,而且在安排中高潮迭起。

(七)选择交通方式

交通方式的选择要体现"安全、舒适、经济、快捷、高效"的原则。首先要了解各种交通方式的游览效果,依次序为直升机、水翼船、汽车、火车、海轮、客机。其次要了解各种交通工具的适用旅程,其中直升机、水翼船、汽车适宜短途旅游,火车、轮船适合中程旅游,客机、海上邮轮适于长途旅游。最后要了解国内外旅游交通现状,如类型、分布、形式、网络等。在具体选择交通工具时要注意多利用飞机,以尽量减少旅行时间;少用长途火车,以避免游客疲劳;合理使用短途火车,选择设备好、直达目的地、尽量不用餐的车次;用汽车做短途交通工具,机动灵活,等等。总之,要综合地利用各种交通方式与工具,扬长避短,合理衔接。

(八)安排住宿餐饮

食、宿是使旅游活动得以顺利进行的保证,应遵循经济实惠、环境幽雅、交通便利、物美价廉的原则进行合理安排,并注意安排体现地方或民族特色的风味餐。当然,旅游者有特殊要求除外。

(九)留出购物时间

购物活动是一个完整的旅游过程所不可缺少的重要环节,购物通常在游客总花费中占据30%左右的比重。旅游购物的圆满实现,不仅能给旅游地带来丰厚的经济收益,还能让旅游者的外出旅游获得心理上全面的满足;而且,当地的旅游纪念品被旅游者带回其常住地后,又能成为旅游地的"无声的义务宣传员"。所以设计线路时,对旅游购物应予以充分的关注。

在线路设计时,应注意将线路上旅游商品最丰富、购物环境最理想的景点,遵循时间合理、能满足大部分游客的需要、不重复、不单调、不紧张、不疲惫的原则尽量安排在游线所串联景点的最后。因为在旅游活动即将结束、要返家之前,旅游者的购物欲望是最强烈的。而在旅游开始之时,旅游者一是对需购的物品要多看几处,比较之后再选定;二是如果在旅游刚开始就购物的话,带着物品旅游很不方便;三是旅游之初,旅游者带出来的钱不敢多用,要备后面急用。可以说,旅游者在旅游活动之初一般是不大想购物的。如果将主要的购物点安排在旅游初始之时的话,就会给旅游者的旅游活动留下缺憾。

(十)筹划娱乐活动

在进行旅游线路设计时就要充分考虑安排游客参与旅游地的节事活动。娱乐活动要丰富多彩、雅俗共赏、健康文明,体现民族文化的主旋律,达到文化交流的目的。

(十一)确定价格

我国旅行社国内包价旅游产品价格的确定通常是采取下列步骤:

第一,组团社向地接社说明包价旅游产品的具体内容与产品质量要求,例如几日游,住宿、饮食要求与等级标准,游览项目要求等。

第二,地接社给组团社报价。地接社根据组团社提出的要求,与本地酒店、景点、餐厅等供应商商谈价格,将所有的成本价加总后,再加上地接社自身所要赚取的利润,组成地接社对该产品的最终价格,上报给组团社。

第三,组团社如果接受地接社的价格,则在此基础上加上组团社自身要获得的利润与各项管理费用,再加上旅游者出发地和目的地之间往返的交通票价,确定出产品的最后销售价格。

第四，向旅游者报价。旅行社包价产品的定价在很大程度上取决于旅行社对各项旅游服务的采购价格，如果采购价格上具有优势的话，可以使旅行社产品的最终定价在市场上具有很强的竞争力。因此旅行社需要优化企业的业务流程，将采购业务集中在企业层面上，实行集中采购，一方面能够使旅行社降低采购成本，另一方面还可以解决分散采购带来的灰色收入。

（十二）市场营销

当确定了产品价格后，旅行社就开始进入到市场营销阶段。如果是采用"跟风"的产品设计与生产方式，旅行社无须花费太多的市场营销费用，处于一种"搭便车"状态。被跟风的旅行社已经做了许多宣传工作，而跟风的旅行社由于产品成本较低，则往往以更低的价格打出广告，吸引旅游者。

对于真正进行新产品开发的旅行社来说，需要采取各种营销手段促使旅游者接受新产品，要充分激起旅游者的兴趣，突出旅游线路的吸引力。我国旅行社主要运用报纸广告、人员推销（主要针对企业）和公共关系等营销方式。鉴于旅行社之间的竞争很大程度上是价格竞争，所以旅行社对营销方式的选择十分注重成本和短期收益的对比分析。报纸相对于广播、宣传单而言是最直接、覆盖面广而且最有效的大众传播方式。大多数旅行社没有足够的实力在电视上做广告。

三、旅游线路设计实践

（一）千名老人游丝路

——驼铃声声走戈壁，异域歌舞醉游人

敦煌、兰州、青海湖、嘉峪关、吐鲁番、乌鲁木齐双卧 10 日游

日期	行程安排	用餐	交通	住宿
5月11日（周五）	杭州火车站集合，乘火车前往上海，转乘 T118 次火车 16:43 分赴兰州	-/-/-	火车	火车
5月12日	{金城之旅}中午 12:05 兰州接团，午餐品尝兰州风味牛肉拉面，餐后游览具有"拥抱金城"之雄姿的白塔山，山巅之白塔为元代时所建。参观屹立在黄河岸边、古代为人们提供农业灌溉的古水车，中华民族的摇篮象征、目前全国诸多表现中国母亲河黄河的雕塑艺术品中最漂亮的一尊——黄河母亲像，黄河上的第一座铁桥——中山铁桥；参观陇萃堂矿石展。下午乘汽车前往西宁，途中举行歌咏比赛。抵达西宁，晚餐后为过生日的老年人举行生日派对。入住酒店休息。	-/中/晚	大巴	西宁

续表

日期	行程安排	用餐	交通	住宿
5月13日	{青海湖风光}早餐后前往中国最大咸水湖——青海湖(面积4 456平方公里,平均水深19米,环湖周长360公里,比我国最大的淡水湖鄱阳湖还大1 000多平方公里)。经青藏公路,远观日月山(唐蕃古道上的重要关隘)、日月亭、倒淌河、青海草原、雪山、蓝天、白云,尽情摄影。远眺西部歌王王洛宾《在那遥远的地方》的原创地——金银滩草原。	早/中/晚	大巴	西宁
5月14日	{艺术三绝——酥油花}早餐后参观藏传佛教六大宗主寺之一、藏传佛教格鲁派创始人宗喀巴的诞生地,以"艺术三绝"而闻名遐迩的塔尔寺。后乘车返回兰州,车程时间约3小时。晚餐后乘火车硬卧前往嘉峪关。	早/中/晚	大巴	火车上
5月15日	{河西走廊}早抵嘉峪关,游览"天下第一雄关"万里长城最西端的嘉峪关、外观保存完好的明长城城楼——嘉峪关城楼,参观矿石厂。中餐后乘车赴敦煌,途中远观桥湾古城、沙漠、戈壁风光。抵敦煌市区。晚餐后游览沙洲夜市。	早/中/晚	大巴	敦煌
5月16日	{艺术宝库——莫高窟}早餐后游览沙漠与泉水共存的自然奇观——鸣沙山月牙泉,自费骑骆驼畅游沙漠,感受驼铃古道的韵味。参观保存最完整、规模最大、艺术价值最高的"石窟艺术宝库",被联合国教科文组织列为人类文化遗产的莫高窟,它至今仍保存有492个石窟,有壁画2 500多幅,另有多尊彩色塑像,如沙漠中的天然画廊。参观夜光杯厂。晚餐后乘火车硬卧前往有"火洲"之称的吐鲁番。	早/中/晚	大巴	火车上
5月17日	{沙漠绿洲吐鲁番}吐鲁番/乌鲁木齐市,早接火车。乘空调旅游车1小时左右赴"火洲"吐鲁番,参观《西游记》中唐僧师徒西天取经翻越的火焰山、万佛宫(包括传承区葡萄谷),举行"展丝路风采,千名老年人登火焰山比赛",并颁发火焰山景区纪念品。下午游览坎儿井(沙漠植物园、海拔零点),安排老人走进维吾尔族人家,亲身感受新疆民族风情。后乘车返回乌鲁木齐市,沿途远眺古丝绸之路军事要隘"白水涧道"——达坂城古镇,穿越"中国死海"——盐湖、风力发电站、柴窝铺湖。晚抵达乌鲁木齐市。晚餐后安排"丝路风情书画大赛"现场评比,现场颁奖!	早/中/晚	大巴	乌鲁木齐市

续表

日期	行程安排	用餐	交通	住宿
5月18日	[瑶池仙境]乌鲁木齐市/天山天池/乌鲁木齐市(汽车全程280公里)早赴国家4A级景区——天山天池(乘缆车或区间车上下山35元,自理),欣赏天池美景。下午参观东西亚商品交汇地——二道桥国际大巴扎。后在民族风味浓郁的餐厅品尝新疆特色餐及欣赏新疆民族歌舞的表演。	早/中/晚	大巴	乌鲁木齐市
5月19日	早餐后乘火车返回,5月20日抵达杭州;或乘飞机返回杭州,当天抵达。结束愉快行程,回到温暖的家。	早/-/-		火车

敦煌、兰州、青海湖、嘉峪关、吐鲁番、乌鲁木齐双卧10日游

1.费用

双卧3 380元,单飞4 350元(不含火车餐)(60~70岁门票优惠:150元/人,70岁以上门票优惠:40元/人)

费用含:往返火车硬卧、景点首道门票、餐费(7早14正)、二星标准用房、全程空调旅游车、赠送VCD、全程导游服务、旅游保险。

报名电话:××××××、×××××××

备　　注:具体情况请在报名时咨询。

2.服务标准

住宿:全程二星或同级酒店标准间

交通:景区空调旅游车

餐饮:全程用餐7早14正;十人一桌,八菜一汤

门票:全程景点第一大门票

导游:全程优秀导游服务

馈赠:记录旅游全过程VCD一张

大交通:兰州/嘉峪关硬卧　敦煌/吐鲁番硬卧

3.发团时间

第一班:2011年5月11日杭州发团

第二班:2011年6月11日杭州发团

7、8、9月根据情况开专列或定期发班

备注:上海/兰州硬卧:×××元/人

乌鲁木齐/杭州机票全价:××××元/人(届时按实际折扣结算)

4.说明

①报名时需提供游客的姓名、身份证号码,儿童必须报姓名及出生年月。

②在不减少景点的前提下,本社有权视具体情况对景点进行顺序上的调整。
③因不可抗拒的因素所产生的费用由客人自行承担,如遇国家政策性调整,本社将收取差价。
④如果出现单男、单女将与其他客人拼房或加床,多用床位须现付房费。
⑤此报价不含机场建设费、燃油费。

(二) 烟台—泰山—曲阜—济南—青岛双飞八日游

特色:
①乘坐港龙航空公司波音777豪华客机。
②畅游五岳之首、世界自然文化遗产地泰山;孔子故里、世界文化遗产地曲阜;加游风筝之都潍坊。
③品尝孔府家宴、济南地道鲁菜风味(糖醋黄河鲤鱼、九转大肠)、青岛饺子席、泰山农家菜。
④安排欣赏著名祭祀仪式。
⑤全程入住四星级国际酒店。

行程:
①第一天:香港—烟台(约2.5小时)
旅游者准时于香港国际机场指定的航空公司柜台前集合,乘中午11时航班赴烟台,晚餐后住宿碧海大酒店或同级酒店。
②第二天:烟台—蓬莱仙境—潍坊
早餐后乘车往蓬莱市(约1.5小时)游览蓬莱阁,这里殿阁凌空、面临大海,素有"仙境"之称;下午乘车往潍坊(约3.5小时),游览十笏园及杨家埠(风筝作坊群),晚餐后入住东方大酒店或同级酒店。
③第三天:潍坊—济南—泰安
早餐后乘车往济南(约3小时),游大明湖,该湖是济南泉眼最多、最大的湖泊;后游有"唐代石刻宝库"之称的千佛山;最后游览我国著名的"天下第一泉"趵突泉;游毕乘车往泰安(约1.5小时),入住银河宾馆或同级酒店。
④第四天:泰安—曲阜—泰安
早餐后乘车往曲阜(约1.5小时),参观我国古代最大的私宅孔府、气势宏伟的孔庙并观看祭祀圣人孔子大典,最后游览世界最大的家族墓地孔林,游毕回泰安,入住同上。
⑤第五天:泰山—济南
早餐后抵五岳独尊的泰山国家重点风景名胜区。游览中天门、南天门、玉皇阁,欣赏泰山黄河金带、云海玉盘、晚霞夕照三大自然奇观。下午游览岱庙,这是历代封建帝王祭祀泰山的庙宇。游毕乘车赴济南(约1.5小时),住宿于香格里拉大

酒店或同级酒店。

⑥第六天：济南—青岛

早餐后乘坐旅游专列往青岛，中午抵青岛后游览我国道教名山崂山，参观道教宫观上清宫、下清宫、太平宫，听道教养生讲座；最后参观青岛啤酒厂。晚餐后入住海天大酒店或同级酒店。

⑦第七天：青岛

早餐后游览青岛的标志性景观栈桥、八大关、小鱼山公园及小青岛风景区；下午自由活动、购物。住宿同上。

⑧第八天：青岛—烟台—香港

早餐后乘车往烟台，乘下午2时30分直航班机返回香港。

这条线路是香港中国旅行社股份有限公司开发的传统旅游线路，该线路设计立足于常规观光型旅游产品，着重突出四个小特色，旅游点结构相当合理。该线路最大的特点是详细具体，引人注目，特别是公路交通各段所需的时间都有注明，住宿的酒店也都有注明，让旅游者报名时感到十分放心，这样特点的线路设计目前在我国大陆的旅行社经营中还不多见。

第四节　旅行社产品品牌建设

品牌经营作为现代企业一种新的竞争战略，也是市场经济日益发展、竞争日趋激烈的必然产物。品牌不仅是企业竞争力的核心，也是一个国家、地区经济实力的重要标志。对快速增长的旅游业而言，在竞争全球化、知识经济化以及生产消费需求个性化和感性化的市场环境下，旅游品牌必将融入社会生活的方方面面。旅行社作为旅游业的三大支柱之一，如何进行品牌经营管理就被提上了日程。

一、我国旅行社品牌建设的现状

我国的旅游业经过二十多年的发展已经初具规模，但是我们在品牌化的道路上行进得仍然很缓慢。在旅行社行业，我国没有像日本交通公社、美国运通、英国托马斯·库克那样的名牌企业。虽然一些旅行社已形成了自己的企业品牌，如国旅、中旅、青旅、春秋等，但它们各自的产品品牌却并不突出。一家旅行社推出新的线路，别家就会立即跟风，春秋推出"纯玩团"被相继模仿就是例证。目前我国旅行社在品牌建立过程中存在的主要问题是：

（一）品牌意识淡薄

全国目前近7 000家旅行社，总体上规模小、经营散、竞争弱、效益差，一味追求短期利润，造成恶性削价竞争、恶性宰客、服务质量低劣等问题，而围绕质量的品牌竞争意识淡薄。建立品牌是一个需要对人力、物力、财力各方面都进行大量投入的过程。不光要进行品牌的定位、推广，还要不断进行品牌的延伸和更新，乃至品牌的全球化。企业在这个过程中要保持大量的资金投入和人力资本的投入，要随时注意国内外市场及消费者需求的变化，因此一个企业品牌的建立必须以雄厚的资金实力为依托、以现代经营理念为支撑。但目前国内旅游市场比较混乱，小型旅行社缺乏实力和动力去创建产品品牌，它们只有通过模仿现有产品来求得生存。而大型的旅行社在利润趋薄、创新产品得不到保护的情况下，也不会致力于产品品牌的建设。

(二)企业名称和产品名称合一，缺乏独立的产品品牌

现在，我国已有一些旅行社企业在品牌化道路上迈出了可喜的步伐。如国旅总社提出了以"统一品牌创名牌，开发产品出精品"为内容的名牌化战略，在国家工商局注册了"海底婚礼旅游"；广州旅游公司推出了企业名称与品牌名称融为一体的"广之旅"品牌。但我们不难发现，这些旅行社大多走的是统一品牌之路，即企业名称与品牌名称合二为一，融为一体。这样做有一定的原因，如旅游产品不能以某种物化形态存在，在稳定性、规范化和标准化方面不及有形产品；旅行社想利用在公众中已经知名的企业名称来带动产品品牌的建立，减少建立品牌的困难。这些想法都无可厚非，但从长远看，会产生不良后果。

第一，旅行社提供的产品往往呈现多样化的特点，其品质、价格、档次相差甚远，由企业名称演化而来的品牌名称可能会模糊产品形象。第二，根据我国旅行社经营分层的趋势和要求，今后我国一些大型旅行社将更多地担负起开发新产品的重任。如果旅行社不走以品牌区分旅游市场的路子，那么，新产品推出后将引起同行竞相效仿，旅行社开发新产品的积极性也得不到有效保护。

(三)品牌命名上存在的误区

首先，受历史原因的影响，旅行社的企业品牌名称普遍缺乏个性。我国旅行社在最初发展过程中只有国旅、中旅和中青旅三家。由于最初市场定位的不同，这三家原则上说不存在竞争。后来随着市场的放开，越来越多的旅行社开始进入竞争领域。由于受旧的水平分工体制以及习惯思维的影响，众多的旅行社都在其名称中加入了"中国""国际"等称谓，这在事实上造成了旅行社企业品牌名称的混淆以及对中旅和国旅等知名品牌的侵权。这种现象的产生主要源于两方面的原因，一方面由于国、中、青三家旅行社都没有考虑到品牌名称的独特性，采用了通用名称作为品牌名称，从而后来易被其他旅行社所随意采用；另一方面其他旅行社从短期效益出发，只考虑搭用知名品牌的便车，而不注重无形资产的长期积累以及企业的品牌经营管理所带来的竞争优势。

其次，一些旅行社在产品品牌的命名上采用了产品通用名称，即旅游线路或旅

游活动的名称。对旅行社来说,使用通用产品名称不利于体现自身产品的特点与优势,无法与竞争对手相区别,因此也达不到实行品牌战略的根本目的。

二、旅行社的品牌创立

品牌应当能够满足顾客功能这一理性需要以及象征和体验的感性需要方面的要求,同时也要在对产品进行分析和对目标市场需要识别的基础上,在品牌定位中反映出对某一特定方面内容的突出。对旅行社的品牌来说,出于旅行社产品的公共性和综合性,其品牌所体现的功能性差异不会很大。因此旅行社品牌在满足游客基本功能需求的同时,可以着重强调品牌能够给游客带来的象征和体验方面的感性价值。以"银发旅游"市场为例,除了对旅游经历的一般性要求之外,旅游者比较看重活动的安全性以及服务的周到性。另外,从老年游客的心理特点出发,旅行社也可以给其品牌赋予诸如知识性强、追求年轻、有利于健康等多方面的象征和意义。

(一)旅行社的品牌建设一般以企业品牌为主导

这是由旅行社产品的服务性所决定的。服务具有无形性,缺乏实体的东西来展示和包装,顾客在购买之前对服务也缺乏直观的感受,无法进行客观的评价。因此,企业的实力、形象、口碑等往往成为直接影响顾客购买决策和消费后评价的重要依据。尤其是对于旅游产品来说,由于顾客投入的货币和时间成本都比较高,因此顾客在进行购买决策时,将会更多地考虑旅行社的信誉,以寻求一种质量保证。在实践中,世界上许多旅行社都很注重自身企业品牌的建设,如美国的运通、英国的托马斯·库克旅行社、日本交通公社以及我国的中国国际旅行社总社和中国青年旅行社总社等。

(二)旅游产品多样化的特点决定了旅行社也需要发展产品品牌

随着旅游市场需求的日益差异化和个性化,旅行社产品的形式和内容也越来越丰富多彩。旅行社需要通过对不同种类的产品实行品牌化的方式来向消费者传达产品的特征,并强调产品具有满足目标消费者特定需要的独特价值。如果旅行社在品牌经营管理中只宣传其企业品牌,那么将会很难体现出其所经营产品的特色,不利于旅行社进行差异化经营。

三、旅行社品牌资产的培育

(一)注重产品和服务的开发与设计

旅行社在对目标市场需求和消费潮流趋势进行预测和把握的基础上,应不断地开发出体现品牌定位的多种旅游线路和各种旅游活动,以丰富旅游者的选择,并延长品牌的生命周期。在旅游服务方面,旅行社除了保证核心服务的质量外,更应注重便利服务和辅助服务的设计与创新,以提高品牌的附加价值并形成特色,从而与其他竞争对手的产品相区别。旅行社产品具有很强的可模仿性,因此旅行社为了保持品牌的独特形象,其根本在于不断地创新。

值得指出的是,旅游产品是一种综合性产品。综合性特点的存在,使得大部分单项旅游产品不是由旅行社自身生产供给的,而是由其他相关企业或部门提供的。上游供给企业所出现的任何问题都会影响旅游者的整体旅游体验。因此,旅行社必须加强对协作网络中单项旅游产品供给者的管理。一方面要挑选那些服务质量、供给能力和供给信誉良好的供应商;另一方面要积极地向它们传递有关旅行社品牌的信息,以获得它们的理解与合作。

(二)注重旅行社的顾客关系管理

对顾客关系进行持续有效的管理是获得顾客品牌忠诚的基础。旅行社服务过程中的高接触性也为增强企业与顾客之间的良好关系提供了契机。旅行社用来维持和增进顾客关系的途径主要通过定制化营销来实现。"个别对待一个人,就意味着同他(或她)开始有了关系",为游客建立个人档案,记录其购买习惯、旅游偏好以及其他信息,不仅有利于旅行社提供和开发针对性的产品与服务,而且能够加强顾客对品牌的亲密感。另外由于旅游产品生产系统本身的相对柔性和弱物质化特征,旅游者还可以亲自加入到品牌产品的开发和设计中来。

(三)旅行社品牌的内部化

由于旅游服务过程是由旅行社的员工来完成的,员工是否能以品牌承诺作为自己行动的准则,并在服务过程中体现出高质量,对于形成良好的顾客体验具有决定性的作用。品牌不仅对顾客,而且对员工来说也是无形的;品牌不仅是针对顾客,而且也为服务提供者了解服务提供了机会。越是将品牌的概念和价值内部化,员工就越能稳定有效地提供服务。旅行社的品牌内部化工作主要包括以下内容:首先对员工开展培训。培训包括两方面的内容,一是对员工进行品牌意识的培训,使得他们认识到旅行社品牌建设的重要性,并且使员工准确深刻地了解品牌的内涵,增强品牌认同感;二是开展工作技能方面的培训,使员工了解他们应该提供什么样的顾客体验,以及如何在实际工作中具体实施。其次,旅行社还应当积极地开展内部营销活动,以提高员工的积极性,使得员工愿意为保护旅行社的品牌形象出力。再次,培育与品牌特征相融合的企业文化也是加强员工品牌责任感的重要途径。

案例分析与思考

谨防低价旅游团陷阱

北京 H 旅行社的一个广告吸引了刘先生:仅需 6 500 元享澳洲 8 日游,内含签证费、餐饮住宿、景点门票、导游小费等 9 项。刘先生觉得很划算,毫不犹豫地办理了参团手续,除团费外他还交了5万元保证金。出行前,H旅行社召开说明会,要求每人再加3 020元小费和自费,刘先生觉得受了欺骗,与旅行社发生了冲突。没多久,旅行社通知刘先生被拒签,如要保证签证通过则需再缴纳2 000元。刘先生去使馆核实情况,发现他的签证其实已获批准!刘先生非常愤怒,终于明白他正一步步掉进旅行社设置的层层陷阱,遂向旅游部门投诉。

分析与提示

第一,莫让低价蒙住了眼。所谓"羊毛出在羊身上",低价只是个吸引眼球的噱头,一旦招徕了游客,就会通过层层布陷的方式或者在行程中降低吃住标准、擅自改变行程、增加购物点强迫消费赚取回扣来弥补团费的不足,最终受害的是旅游消费者。

第二,签证是一国主管机关在本国或外国公民所持的护照或其他旅行证件上签注、盖印,表示准其出入本国国境,如被拒签,说明申请者还不具备入境条件,绝不存在以加钱的方式"买"签证的行为,请旅游者不要相信此类说辞。

第三,如遇旅行社欺诈行为,应注意收集证据,可随时向所在地的旅游局或旅游质监所、旅游执法监察总(大)队举报,或向有管辖权的旅游投诉处理机构或有关行政管理部门投诉。

(资料来源:第一旅游网)

本章闯关测试

恺撒旅游:旅行社如何成功策划奖励旅游

奖励旅游的历史可以追溯到20世纪二三十年代的美国,如今50%的美国公司都采用奖励旅游来奖励员工。在英国商业组织给员工的资金中,有2/5是以奖励旅游的方式支付给员工的。在法国和德国,一半以上资金也是通过奖励旅游支付给员工。而在我国,虽然奖励旅游发展时间不长,但是已经呈现出快速增长的势头。

奖励旅游作为一种现代的管理手段,不同于传统的团队旅游,是企业对企业内部的优秀员工或是外部的重要客户进行奖励的一种重要方式。奖励旅游强调旅游的附加值,即通过旅游活动本身,可以增强员工、客户对企业的忠诚度和企业的凝聚力。为了达到协助企业达到目标的目的,我们在进行产品设计的时候将本着"以贯穿企业文化"为原则,以主题活动为策划的核心,以个性化体验为策划的基本点,同时使家属参与其中,让参与者能够感受无限惊喜,最终达到促进团队建设、塑造企业文化、提高企业业绩的目的。

一、主题活动是核心

奖励旅游的旅游主体具有双重性,既包括被奖励的员工或企业客户,也包括组织奖励旅游的企业本身。因此旅行社在策划奖励旅游产品时除了针对受奖员工或客户这类"普通旅游者"开发个性化的旅游项目外，还必须针对企业这一"特殊旅游者"的特定需要进行主题活动策划，实现增强企业凝聚力、塑造企业文化、激励员工与客户的旅游目的。与公司领导层的座谈会、紧扣企业文化主题的晚会、别具一格的颁奖典礼、主题晚宴等活动的策划是奖励旅游产品开发的核心。

2004年ING安泰人寿年度盛事——杰出业务同人表扬大会在悉尼歌剧院隆重举行，2 000位绩优员工在现场接受公司嘉奖。这场商业活动并不比艺术颁奖礼逊色：素有寿险界"奥斯卡"之称的ING安泰，由重量级高管ING集团亚太区总裁、ING安泰总裁及ING安泰人寿总经理挂帅大会；有澳洲著名管风琴家现场弹奏世界上最大的管风琴；有特别邀请的台湾两大主持担任司仪；更有澳洲航空俱乐部驾驶员以特技飞行的方式在悉尼歌剧院的上空"写"下"ING"3个字母，将这场商业秀推向一个群声沸腾的艺术高峰⋯⋯

二、个性化体验是基本点

常规的观光与购物已无法满足这些游客的需求，他们要求通过不同经历的体验和心灵的触动，使每天的生活过得更充实、更完美，其中与众不同的每个细节都应是令参与者一生难忘、值得回味的经历。为了让7位企业员工获得这些与众不同的享受，奖励旅游行程中会加入许多参与性很强的活动。一方面是类似典礼、主题晚宴这样的企业行为，另一方面则是类似潜水、越野车、野外拓展等旅游项目。

曾有国内公司为一个国外奖励团设计过一个探宝活动。活动要求参与者先到前台去找一个穿红色衣服的人，得到一张纸条，然后再按着纸条上的提示去找线索。纸条上面写的全是中文，参与者首先得把纸条上的意思弄明白，当上面写着"你的节目单在你房间内"时，他就要回房间找到节目单。拿到节目单后再到某某站去坐地铁，然后到另一个站下，再找下一个地方。整个探宝活动持续了一整天，所有的路线都是用中文写的，这就需要参与者不断向四周的中国人请教，对于许多不懂中文和初次到中国来的外国客人来说，充满了挑战。

而在国外，一些极富创意的挑战性活动在设计上更是到了挖空心思的地步。比如，曾有一个奖励活动是：当客人们来到一个村子时，背后突然钻出了一帮警察，说他们违法了，要把他们带到警察局里面去。整个活动俨然就像一部自导自演的好莱坞大片，使游客们在短暂的旅行中获得了一种前所未有的体验。

三、以贯穿企业文化为原则

一般直客团更强调主要服务内容，而奖励旅游大到行程设计，小到宣传标语的悬挂都需要非常讲究贯穿整个企业的企业文化，因为这个旅程从某种意义上来讲也是这个企业的一次整体宣传。

某旅行社一直承接日本大金空调公司每年的奖励旅游项目，他们要求接待地的布景，导游的水平，每一次典礼、晚宴的主题，每一个细节都需要体现出这是一次特殊的"大金之旅"。再如，某旅行社曾接了一个奖励旅游的案子，为此特地租了一架飞机，飞机上无论是座椅还是靠枕上，都有这家企业的标志；在目的地机场，有该企业的旗帜和横幅，还有专门的迎宾人员负责接待。

四、以家属参与为辅助

考虑带家属出游，一方面由于受奖励员工取得成绩，与家庭的支持分不开，因此奖励时要对此予以充分认识；另一方面，受奖励员工也愿意与家人一起被作为奖励对象。据美国一项调查显示，受奖励职员大部分为已婚男性，他们在外出旅游时90%以上携带夫人，25%的人携带孩子。采用此种奖励旅游方式，可使受奖励员工得到更多来自家庭的支持；又可以使受奖励员工更加热爱自己的公司，对工作投入更多的热情；也可以增加未受奖员工对受奖的渴望，从而越发努力工作。

花旗银行在新加坡开奖励年会的时候，为了给有突出贡献的销售人员一个惊喜，工作人员秘密邀请了销售人员的家人来到新加坡，让他们参加这次特殊的奖励游。据当事人回忆，当主持人邀请坐在台下的员工家属走上台与自己的亲人同享荣誉一刻的时候，员工与亲人抱成一团，泣不成声。这个特别设计的环节令受到奖励的员工倍感骄傲。

案例分析讨论：

1. 奖励旅游在国内外发展状况怎样？奖励旅游的目的是什么？
2. 在设计奖励旅游时应注意什么？为什么？

（资料来源：姚延波.旅行社经营与管理.北京：北京师范大学出版社.）

第三章 外联销售业务与实务

引言

随着我国对外开放的不断深入和经济的不断发展,我国的旅行社将更多地直接参与国际竞争。要想在世界大市场中取得胜利,我国旅行社不仅要发展自身的规模,还要加强市场销售,不断壮大外联队伍,制定长远发展的战略。外联部是旅行社的重要业务部门,其根据旅行社的经营战略采取相应的执行计划,是保障旅行社经营战略实现的前提条件。

学习目标

1. 了解外联的工作含义和特点。
2. 熟悉旅行社产品销售渠道的类型,掌握外联部销售渠道的选择和管理。
3. 了解旅行社产品的促销方法,熟悉促销策略,掌握旅行社产品价格制定和计价方法。
4. 了解旅行社外联通信洽谈常用的通信工具,掌握外联函电的处理。

案例导读

芜湖多家旅行社打浓情牌、品质牌 旅游市场"淡季不淡"

随着小雪节气的临近,气温逐渐下降,芜湖旅游市场也呈现出新的特点。这个初冬,多家旅行社大打浓情牌、品质牌,旅游市场"淡季不淡"。

"南南之恋"温暖初冬

由于天气渐冷,很多游客都偏爱南方的一些旅游城市。前段时间因为暴风雨袭击而遭受重创的海南游,目前已开始升温;云南游仍是最火爆的线路之一,而不少年轻的情侣游客则将这两条线路称为温馨的"南南之恋"。针对这两条线路,旅行社也大打浓情牌。据了解,目前芜湖旅游市场上,云南游、海南游有低、中、高档价位之分,价格为2 000元到5 000元。据透露,随着春节的临近,价格将上涨至6 000元/人。"不想过冬,就飞去热带的岛屿游泳。"就像一首歌里唱的那样,随着天气转冷,加上市民消费水平的提高,也有不少人选择出境游,去马尔代夫等旅游胜地游玩的人不在少数。

温泉游价格低受青睐

温泉游凭着其老少皆宜的特点,也被越来越多的游客选择。目前,芜湖市场上的温泉游主要是以周边城市的短线为主,多集中在巢湖和县的香泉谷、金孔雀温泉以及南京的汤山温泉等。以两天游居多,一天游的也有,价格都十分便宜,在200元之内,最便宜的温泉游只需98元/人。

主推品质游　不再强制购物

外出旅游,游客最反感的就是强制购物,既败兴又耽误时间,而随着芜湖旅游市场"品质游"线路渐成主导,这种现象正逐渐好转。目前,各旅行社在旅游产品推介上都打出了品质牌。市场调查表明,游客们都表示强制购物是游玩中最不令人满意的地方,现在大多数旅行社都注重旅游的品质,主张不进店,一切靠自愿。

分析与提示

随着旅游活动的广泛开展,越来越多的旅游者参与到其中来。为了能使不同收入和不同期望值的旅游者都能得以如愿,旅游企业就需要按照旅游者的不同需求推出旅游产品,并采用相应的营销策略、选择正确的营销渠道,以此来获得良好口碑,占据市场份额,获得良好的经济效益。

(资料来源:http://www.ahta.com.cn/xinxi/info.php? id=101116150559)

第一节　外联部概述

一、外联的含义

外联部是我国旅行社的一个十分重要的部门,也叫作市场销售部,其具体业务为市场调研、产品设计、广告宣传、组织提供客源、推销旅游产品等,其核心业务内容就是旅行社产品的销售。因此,外联工作是指通过了解和掌握市场的需求动向,在利用所得信息的基础上,开发、设计旅游产品,并对其进行促销,将产品销售给旅游中间商或旅游消费者,由此招徕客源。

具体来说,外联工作包括旅行社与旅游客户进行业务联系、信息推介、洽谈,乃至达成合作意向或协议等;其职能是将各种旅游信息资料组合成旅游产品,出售给旅游中间商、旅游代理商或者旅游者,形成市场自由的供求关系。

二、外联的工作特点

外联工作在实际操作过程中随着业务适用范围不断地扩大,工作内容逐渐地增多,体现出的特点也逐渐明显。

(一)综合性

外联工作的综合性主要体现在其工作内容和涉及工作对象上。外联人员在完成外联工作业务的过程中涉及的工作内容比较多,每一部分的工作都有其特点,并且每一部分的工作又有综合连贯的流程。

(二)复杂性

旅游业涉及的方面众多,其不确定性容易造成旅行社外联人员的判断失误,增加了业务的操作难度。旅游产品组成链条中的各种产品的价格波动频繁,交通、餐饮、住宿等受时间和空间的影响比较大,经常会发生不可预见的事件,使得旅行社的工作不能按照既定的计划进行安排,从而会影响外联人员对于产品价格和质量的把握,增加工作的复杂程度。此外,旅游者行为方式的不稳定也容易影响外联人员的工作计划。

(三)经济性

外联部的核心业务就是组织提供客源,外联部也是旅行社最重要和最直接的盈利部门,外联业务的每一个环节都有可能影响旅行社的收益。从制订计划、采购产品到计算成本价格、附加利润,从制定营销策略到选择销售渠道,每一项工作都涉及成本与收益率的比较。因此,外联部门业务操作过程每一个环节都体现出经济性的特点,也要求工作人员予以高度重视。

(四)超前性

首先,外联工作要求各个业务都要有提前期。万事预则立,而预就是计划,有计划才有明确的奋斗目标。面对日趋成熟的旅游市场,制定有效的经营战略和实施计划管理,是旅行社立于不败之地的有效法宝。作为旅行社的重要业务部门,外联部根据旅行社的经营战略,确立自己的工作计划,并采取相应的措施执行,是保障旅行社经营战略实现的前提条件。其次,要根据市场需求了解线路、景点、住宿、餐饮、交通、风土人情的状况,预先加以组合和宣传。

第二节　外联部销售业务

旅行社产品的销售渠道是旅游线路报价后的完善,旅游线路报价即使很有竞争力也需要正确的销售渠道进行分销。因此,旅行社销售渠道的正确与否直接关系到前续工作的成效。

一、旅行社产品销售渠道的类型

销售渠道是指旅游产品从生产领域到达旅游消费领域所经过的路线或途径。旅游产品销售渠道选择是否合理,直接影响着旅游产品的销售。在市场经营中,由于旅游市场、旅游企业、旅游中间商以及旅游消费者等多种因素的影响,旅游产品营销渠道也就形成了多种多样的状态,即便是同一种旅游产品,也有可能通过不同的营销渠道销售。一般来说,旅游产品的营销渠道有直接销售渠道和间接销售渠道两种类型。

(一) 直接销售渠道

直接销售渠道又称为零环节分销渠道,是指在旅行社和旅游者之间不存在任何中间环节,旅行社将产品直接销售给旅游者的一种分销渠道。直接销售渠道一般分为两种形式:

①旅行社直接在当地旅游市场上销售其产品;

②旅行社在主要客源地区建立分支机构,通过这些机构向当地居民销售该旅行社的产品。

直接销售渠道是一种产销结合的产品销售方式,其优点在于:①简便。旅行社直接向旅游者销售其产品,手续简便,易于操作。②灵活。旅行社在销售过程中可以随时根据旅游者的要求对产品进行适当的修改和补充。③及时。旅行社通过直接向旅游者销售产品,可以及时将旅行社开发的最新产品尽快送到旅游者面前,有利于旅行社抢先于其竞争对手占领该产品的市场。④附加值高。旅行社在销售某项产品时可以随机向旅游者推荐旅行社的其他产品(如回程机票、车票、品尝地方风味等),增加产品的附加值。⑤销售成本低。直接销售渠道避开了横亘在旅行社和旅游者之间的中间环节,节省了须支付给旅游中间商的手续费等销售费用。直接销售渠道的主要不足之处是覆盖面比较窄和影响力相对差。旅行社受其财力、人力等因素的限制,难以在所有客源地区均设立分支机构或销售点,对旅行社在招徕客源方面有一定的不利影响。

(二) 间接销售渠道

间接销售渠道是指旅行社通过旅游客源地旅行社等中间环节将旅行社产品销售给旅游者的途径。按照销售渠道所包含的中间环节数量,间接销售渠道又划分为单环节销售渠道、双环节销售渠道和多环节销售渠道。

间接销售渠道具有许多明显的优点:①影响面广。旅游中间商往往在客源地区拥有销售网络或同当地的其他旅游机构保持着广泛的联系,能够对广大的潜在旅游者施加影响。②针对性强。旅游中间商对所在地区旅游者较了解,能够有针对性地推销最适合旅游者需要的产品。③销售量大。旅游中间商是以营利为目的专门经营旅游业务的企业,具有较强的招徕能力,能够成批量地购买和销售旅行社的产品。

间接销售渠道的主要缺点是销售成本高。由于间接销售渠道中存在着一个或多个中间环节,导致旅行社产品的最终价格被提高,这容易对旅行社产品的销售量造成某些消极影响。

二、旅行社销售渠道的选择

在国际旅游市场中,大的旅游经营商都十分重视对销售渠道策略的研究,他们认为这是影响旅行社产品销量的关键因素之一。

(一)直接销售渠道策略

在对旅游产品进行直接销售时应考虑以下因素:

1. 与客源市场的距离

与客源市场的距离指旅行社所在地与目标客源市场所在地之间的距离。

当目标客源市场距离旅行社较近或者与旅行社同在一个城市或地区时,旅行社应选择直接销售渠道,以达到节省销售费用、准确把握旅游者的需求变化动向和及时提高产品质量的目的。当目标客源市场较远时,旅行社应选择间接销售渠道。这是因为:

(1)间接销售渠道更为熟悉市场

由于生产产品的旅行社远离目标客源市场,很难对那里的潜在旅游者充分了解,而当地的旅行社则因长期与该地区的旅游者打交道,比较熟悉所在地区情况,能够根据当地旅游市场的特点进行有的放矢的宣传促销,吸引更多的潜在旅游者购买旅行社的产品。

(2)节省销售费用

旅行社如果派遣销售人员到远离其所在地的旅游客源地直接销售其产品,需要花费包括长途交通费、食宿费、销售人员工资或销售佣金等大量的销售经费;而利用目标客源市场所在地旅行社进行销售,则只需付出一定比例的销售佣金,一般低于直接销售的费用。

2. 客源集中程度

旅行社应该在客源集中的旅游市场上选择直接销售渠道,以获得降低销售成本和能直接招徕旅游者的效果。对于那些范围广、潜在旅游者非常分散的客源市场,旅行社则应选择间接销售渠道,以广泛招徕旅游者。

3. 旅行社自身条件

旅行社的自身条件包括旅行社的声誉、资金、管理经验和对销售渠道的控制能力等重要因素。如果旅行社拥有良好的声誉、丰富的管理经验、充裕的资金和较强的销售渠道控制能力,应该选择直接销售渠道;反之,则应该选择间接销售渠道。

4. 经济效益

旅行社还应该根据不同销售渠道带给旅行社的经济效益来决定选择哪种销售渠道。一般来说,旅行社通过旅游中间商销售其产品所获得的销售收入要低于由旅行社直接进行产品销售所获得的收入,因为旅游中间商要将产品销售的部分收入留下,作为它帮助旅行社销售产品的报酬,因而使旅行社的产品销售利润降低。然而,旅行社通过旅游中间商进行产品销售可以为其节省数目可观的销售费用,降低了旅行社产品的销售成本,从而提高旅行社的利润。因此,旅行社应该对实际经济效益进行对比,以选择经济效益比较好的销售渠道。

案例分析 3—1

台湾旅行社直销桂林山水　两岸联手创新旅游营销

台湾东森旅行社2008年9月1日正式开始拍摄桂林山水,桂林与台湾两地的旅游企业首度共同合作,以桂林山水为展台,运用户外实景录制的手法,以电视购物的方式直销桂林旅游产品,让台湾民众打开电视即可身临其境地感受甲天下的桂林山水。此次营销活动是在桂林市旅游局的策划下,由桂林旅游发展总公司、桂林旅游股份有限公司、桂林招商国际旅行社与台湾东森旅行社、森森购物共同合作完成。直销的产品是新画中游和桂林象鼻山、叠彩山、伏波山及芦笛岩、七星岩等桂林经典旅游产品。

台湾东森旅行社董事长兼总经理柯汝慧表示,希望通过这次拍摄,将桂林山水呈现给所有台湾观众,并通过电视购物直销方式让更多的台湾观众到桂林旅游。此次所拍摄的桂林山水等旅游产品将于9月中旬正式在森森购物频道播出。

东森旅行社是台湾强势旅行社之一。去年,东森旅行社组织台湾游客1万多人次到桂林旅游。最近,东森旅行社创新促销模式,在台湾森森购物频道开设户外实景介绍旅游线路、旅游产品的栏目,观众可以通过电视频道即时订购,市场对此反应较好。

分析与提示

这种直销活动是借助森森购物横跨电视媒体、网络平台、平面报刊三大销售渠道,将桂林的好山好水好风光以更直观和感性的方式展现给台湾消费者,减少了旅游中间商销售环节,也就降低了旅游报价,从而能够吸引更多台湾游客到桂林旅游。

(资料来源:http://news.163.com/1010902/16/6FJC77TI000146BC.html)

(二) 间接销售渠道策略

除采取直接销售渠道策略直接向旅游者销售产品,还有可供旅行社选择的间

接销售渠道策略,主要有三种:

1. 广泛性销售渠道策略

对经营国际旅游业务的旅行社来讲,广泛性销售渠道策略是指通过旅游批发商把产品广泛散布到各个零售商,以便及时满足旅游者需求的一种销售渠道策略。对经营国内旅游业务的旅行社来说,广泛性销售渠道策略是指广泛委托各地旅行社销售产品、招徕客源的一种销售渠道策略。

旅行社产品的销售和其他日用消费品的销售一样,人们希望迅速、方便地满足自己的需求,特别是在旅游发达的国家,人们外出旅游频繁,有众多的零售商会方便旅游者购买。广泛性销售渠道策略的优点是采用间接销售方式,选择较多的批发商和零售商销售产品,可方便旅游者购买。由于销售渠道广泛,便于旅行社联系广大旅游者和潜在旅游者。在旅行社开始向某一市场推销产品时,采取这种渠道策略有利于旅行社发现理想的中间商。这种渠道策略的不利之处在于成本较高,而且由于产品销售过于分散,会给旅行社的销售管理增加一定的困难。

2. 选择性销售渠道策略

选择性销售渠道策略是指旅行社只在一定市场中选择少数几个中间商的渠道策略。在旅游市场中采用广泛性销售渠道策略的旅行社,在经过一段时间后,往往可以根据中间商在市场营销中的作用、组团能力以及销售量变化情况,选择其中有利于产品推销的几家中间商。这种策略的优点是有目的地集中少数有销售能力的中间商进行产品推销,这样可以降低成本。缺点是如果中间商选择不当,则有可能影响相关市场的产品销售。

3. 专营性销售渠道策略

专营性销售渠道策略是指在一定时期、一定地区内只选择一家中间商的渠道策略,通常情况下,作为旅行社总代理的中间商不能同时代销其他竞争对手的产品。专营性销售渠道策略的优点在于可以提高中间商的积极性和推销效率,更好地为旅游者服务。此外,旅行社与中间商联系单一,可以降低销售成本,而且产销双方由于利害关系紧密,能更好地相互支持和合作。这一销售渠道策略的缺点在于,如果专营中间商经营失误,就可能在该地区失去一部分市场;若中间商选择不当,则可能完全失去该市场。

三、旅游中间商的管理

如前所述,目前我国的旅行社广泛采用间接销售渠道策略,这就必然涉及旅游中间商的选择与管理问题。事实说明,对于中间商的选择与管理直接决定旅行社间接销售渠道策略的成败。

(一)旅游中间商的选择

在选择旅游中间商之前,旅行社应首先进行综合分析,明确自己的目标市场、建立销售网的目标和产品的种类、数量和质量以及旅游市场需求状况和销售渠道策略,在此基础上才能有针对性地选择适合自己需要的旅游中间商。旅行社可以通过有关专业出版物、参加国际旅游博览会、派遣出访团、向潜在的中间商寄发信件资料或通过接团等方式发现合适的旅游中间商,并主动与中间商进行接触和联系。但旅行社无论采用哪种方式选择中间商,都必须首先对旅游中间商的情况进行详细的调查与分析,待时机成熟时,再向旅游中间商明确表示合作愿望。旅行社对旅游中间商的考察应从以下几个方面进行:

1.中间商可能带来的经济效益

旅行社选择中间商的目的在于扩大销售、增加收益。因此,旅行社应选择成本相对较低、利润相对较高的销售网和中间商,对经济效益的追求要求注重风险与利润的对称。一般说来,利润相同的情况下,风险最小的销售渠道便是最理想的销售渠道。但是,风险小,利润往往也小;风险大,利润往往也大。所以,旅行社应根据自己的经营实力,在利润大小和风险高低之间进行平衡与选择。

2.中间商目标群体与旅行社目标市场的一致性

中间商的目标群体必须与旅行社的目标市场相吻合,而且在地理位置上应接近旅行社的客源较为集中的地区,这样便于旅行社充分利用中间商的优势进行产品推销。例如,美国是我国国际旅行社的主要目标市场之一,而美国只是一个大的地理概念,美国出国旅游市场并非均匀分布,而是相对集中地分布在有限的区域。据美国旅行与旅游局的统计,美国出国旅游者的50%集中在加利福尼亚、纽约、新泽西、佛罗里达、德克萨斯和伊利诺伊6个州。日本的出国旅游者相对集中在东京都、京阪神和东海三大城市圈,比例高达68%。在德国,北威州的杜塞尔多夫、多特蒙德等城市,巴伐利亚州的省府慕尼黑和斯图加特,以及北部的汉诺威、不来梅等都是出国旅游者较集中的地带。英国出国旅游者13%来自伦敦,27%来自英格兰东南部,2%来自英格兰西北部,亦即英格兰占总量的42%。因此,旅行社选择的旅游中间商在地理位置上应接近这些客源相对集中的地区,并在此基础上考虑旅游中间商的目标群体与旅行社的目标市场是否一致。

3.中间商的商誉与能力

旅游中间商应当有良好的信誉和较高的声誉,并具有较强的推销能力和偿付能力。讲究信誉是旅行社利益不受侵害的保证;中间商的声誉将决定旅游者对它的信任程度,从而直接影响中间商的推销能力;而中间商的偿付能力是双方合作的经济保障。

4.中间商对旅行社的业务依赖性

中间商的业务范围各不相同,对旅行社的依赖程度也存在差异。有的国外中间商专营中国旅游业务,对我国旅行社具有相当大的依赖性,如英促进旅行社、日中旅行社、日中和平观光公司等,全部经营中国旅游业务。而有的中间商则同时经营许多国家、许多旅行社的产品,对某个具体旅行社依赖性较小,甚至不存在任何依赖性。

5. 中间商的规模与数量

旅行社在同一地区应选择适当数量、适当规模的中间商。因为中间商过多会造成促销方面不必要的重复与浪费,中间商本身也会因僧多粥少而影响推销积极性;中间商过少有可能形成垄断性销售或销售不力的局面。中间商规模大,实力雄厚,组团能力强,但往往机构庞大,层次较多,而且也会形成垄断性销售的局面,使旅行社受制于人。中间商规模太小,往往组团能力差,不利于旅行社的产品推销。中间商的规模与数量的选择取决于旅行社的经营实力和销售渠道策略。

6. 中间商的合作意向

旅行社应通过不同的渠道,了解中间商是否有意与旅行社合作,因为在旅行社选择中间商的同时,中间商也在选择旅行社,这是一个相互选择的过程。旅行社在选定中间商后,便可以经过协商签订合同,并开展业务合作。

由于旅游中间商的重大作用,所以在销售渠道的建设中必须详细了解、谨慎选择旅游中间商。

(二)旅游中间商的管理

旅游中间商的管理包括建立客户档案、及时沟通信息、实施客户评价和适当调整客户四项内容。

1. 建立客户档案

旅行社应该建立起完整的客户档案。客户档案应按照旅游中间商的名称建立。旅行社在档案中记录每一个旅游中间商的历史和现状以及输送旅游者的人数、频率、档次和欠款情况、付款时间等信息。通过对这些信息的分析和研究,旅行社销售人员能够对不同旅游中间商的能力、信誉、合作程度、合作前景等作出判断和预测,并据此对他们分别采取相应的对策。

2. 及时沟通信息

及时沟通信息是旅行社加强对旅游中间商管理的重要措施之一。旅行社及时向旅游中间商提供各种产品信息有助于旅游中间商提高产品推销的效果。同时,旅行社也能够根据旅游中间商提供的市场信息改进产品的设计,开发出更多的适销对路产品。

3. 实施客户评价

旅行社应对客户档案中的信息进行评价,以掌握每一位旅游中间商的现实表现及合作前景。客户评价应包括:①积极性。客户的积极性是配合旅行社销售工作的最好保证。许多旅行社产品是由旅游中间商卖出去的,其积极性直接影响着销售效果。②经营能力。经营能力的强弱标志着旅游中间商销售能力的大小,也直接影响旅行社产品的销售业绩的好坏。旅行社在衡量客户经营能力时应重点考察其经营手段的灵活性、经营管理能力和市场覆盖面等项指标。③信誉。旅游中间商的信誉是旅行社与其合作的基础,旅行社必须密切注意客户的信誉状况。

4.适当调整客户

旅行社在管理旅游中间商的过程中还可以根据旅游市场、旅游中间商和旅行社的自身发展等因素的变化对与之合作的旅游中间商作出适当的调整。当出现下列情形之一时,旅行社应该对旅游中间商进行调整:

(1)旅游市场发生变化

旅行社应根据旅游市场的变化,及时调整与之合作的旅游中间商。例如,旅游市场中散客旅游发展迅速,成为一种主要的旅游客源。旅行社根据这一市场动态,选择某些具有一定经营实力并确有合作意向的专营或主营散客旅游业务的旅游中间商作为合作的伙伴。

(2)旅游中间商发生变化

当同旅行社合作的旅游中间商发生变化时,旅行社应对其进行适当的调整。例如,某旅游中间商在同旅行社合作期间,出于其自身的原因长期拖欠应付的旅游接待费用。旅行社在发现这一情况后,可相应地采取减少接待该中间商输送的旅游者,必要时停止与其合作等措施以避免更大的经济损失。又如,某旅游中间商违反与本旅行社达成的谅解,擅自将大量旅游者输送给本旅行社的竞争对手,从而急剧地减少了为本旅行社输送的客源。旅行社应针对这一情况,及时采取应对措施,在该旅游中间商所在的旅游市场上积极寻找新的合作伙伴,以逐步取代该旅游中间商。

(3)旅行社自身发生变化

旅行社自身发生变化的主要原因有:旅行社产品的种类和档次发生变化、旅行社开辟新的市场或扩大产品销售范围、旅行社的客源结构发生变化。旅行社在自身发生变化并影响与旅游中间商的合作关系时,应适当调整旅游中间商。例如,由于旅游市场的变化,旅行社将其经营的产品种类从以文化观光型的团体旅游产品为主转变为以度假型散客旅游产品为主。根据这一变化,旅行社应选择专营度假旅游产品或散客旅游产品的旅游中间商作为新的合作伙伴,以逐步取代经营文化观光旅游产品或团体旅游产品的旅游中间商。

第三节 外联部工作实务

一、旅行社产品价格的制定

旅行社产品价格是旅游者为实现旅游活动需要向旅行社支付的费用,是旅行社所提供的产品价值的货币表现。旅游产品的价格仍然是在价值规律影响下的价格，与有形产品的价格构成稍有不同。一般商品的价格由原材料价格、劳动力价格和利润三部分组成，而旅游产品的价格则由旅游者的实际花费、服务费用和利润三部分组成。

（一）旅行社产品价格的构成

1. 实际花费

旅游者的实际花费是指在旅游过程中各个环节的享用费或使用费，如食、住、行、游、玩（娱）的实际花费。

2. 服务费用

（1）全陪及地陪的服务费

导游服务全团是一种体力与脑力结合的很辛苦的劳动，因为有面对面的人工服务，导游员的服务包含一些技术含量，给他们相应的较高的报酬，是对人权尊重的体现，也是对导游员智能、体能付出所应有的肯定和回报。

（2）旅行社的其他人工成本

如计调、财务等后台人员虽然没有直接为某一个团队服务，但却是旅行社运作旅行团、推销旅游产品所必需的人员。

（3）向国家上缴的税收

（4）旅行社联络交际费用

如发传真、打电话、使用电脑、租用办公室的费用，旅行社为联络感情、沟通业务，与有业务关系的旅行社、景点、饭店、餐厅、商店、娱乐场所等进行交际交往的费用，旅行社在推出新的旅游产品之前进行"踩线""踩点"的费用等。

3. 利润

旅行社为旅游者提供上述服务所获得的报酬。

旅游产品的价格至少包含以上三方面的内容，它是完整的、缺一不可的整体，缺了任何一个部分都不能成立，不是一个完整的价格结构。如果缺失了其中一个和几个方面，就说明这个价格已经出现问题，它一定会引起市场上的混乱。

（二）旅行社产品价格制定的主要影响因素

旅行社产品价格有两大特点：一是综合性，指旅行社产品价格覆盖跨度大，具有旅游产品价格综合性的特征；二是灵活性，指旅行社产品的价格受各种因素的影响，变化大，种类多。

1. 旅游产品的价值

旅游产品的价值决定旅游产品的供给价格，这是旅游价格的下限，低于这一下限，旅游经营者所付出的社会必要劳动就得不到合理的补偿，旅游产品的再生产就难以继续。

案例分析 3—2

低价陷阱泰国游

杭州至曼谷的团队往返机票在 2 000 元左右,加上泰国当地的住宿、餐饮、景点门票、交通及旅行社操作等费用,正常泰国 5 晚 7 天游的价格在 3 300 元~3 500 元。而 3 000 元以下的团费,必然要求游客参加一定的自费项目,补回团费。一般,泰国导游带中国团,要交给当地旅行社 500~13 000 泰铢的人头费,导游只能逼迫游客参加名目繁多的高价自费项目,通过拿回扣、降低餐宿标准、减少预订的景点等方式,想方设法从游客身上把人头费赚回来,因此必然会造成旅游者的强烈不满。

分析与提示

由于杭州至泰国 5 晚 7 天游的价格在 3 300 元左右,但旅游者仅仅花费不到 3 000元就能完成此次出游,那就意味着旅游经营者所付出的社会必要劳动得不到正常合理的补偿,因此在旅游需求旺盛的情况下,只能寻求其他途径进行补偿,即低价低质团的补偿操作。低价低质团的出现必然会引起旅游者的强烈不满,旅游线路若想继续下去恐怕很难!

2. 旅游产品供求关系决定需求价格

需求价格是指在一定的时间内旅游者对一定量的旅游产品愿意和能够支付的价格,它表现为旅游者的需求程度和支付能力。在资源一定的情况下,需求越多,价格越高;需求减少,价格也就降低。

例如旅游旺季出行人数趋多,机票价格扶摇直上;而一到淡季,票价高位跳水,折扣从 7 折、5 折,直至 3 折不等。三亚的旅游旺季是圣诞节到春节、"五一"和"十一",其他时候都是平季或淡季。从哈尔滨到三亚,旺季期间机票最低折扣为 9 折,共 2 620 元,而淡季的机票可以达到 1 000 元以下,仅此一项交通费用就相差了千元。相应的景点也有淡季和旺季之分,淡季旅游时,不仅车好坐,而且由于游人少,一些宾馆在住宿上都有优惠,可以打折,高的可达 50%以上。在吃的问题上,饭店也有不同的优惠。因此说,仅此一项,淡季旅游比旺季在费用上起码要少支出 30%以上。

3. 旅游市场竞争(状况)决定市场成交价格

旅游市场竞争通过旅游产品的供给者之间、需求者之间和供给者与需求者之间的竞争决定市场成交价格。供给者之间竞争的结果,使市场成交价格在较低的价位上实现;需求者之间竞争的结果,使市场成交价格在较高的价位上实现。因此,当旅游产品供过于求时,旅游价格只能体现旅游经营者的生存目标即较低的供给价格;当旅游产品供不应求时,旅游价格可以体现旅游经营者的利润最大化目标,从而体现了较高的交易价格,但不能超过旅游需求的价格。

随着旅行社的利润越来越薄,游客对购物、自费项目怨言也越来越多,游客量明显滑落。为了提升旅游的品质,吸引更多的客源,纯玩团(Noshopping团)应运而生。

拓展知识3—1

NOSHOPPING团:"纯玩团"悄然兴起,其"只旅游,不购物"的概念,引起越来越多的消费者的关注,并一跃成为旅游市场上的一股热潮。所谓"纯玩团"就是"NOSHOPPING"团,它相对于一般的常规旅游团而言,在旅游过程中不为游客安排任何硬性购物,把旅游的时间全部还给游客,让他们有充足的时间在景点观光,做到明明白白消费,把强制购物的时间还给游客。与一般旅游团相比,"纯玩团"的叫价自然高一些。现在发往海南的航班都有"纯玩团",游客量占到总量的一半。这也表明,消费者的旅游观念正在发生变化,从过去出游"只看价格"开始向"价格和内容并重"转变。

(三)旅行社经营目标和价格制定目标

1.以获取利润为目标

以获取利润为目标可以增强旅游企业的市场竞争力,使其在市场竞争中不断谋求有利地位,较好地实现旅游产品的价值,取得尽可能多的收益。这种旅游定价是以获取最大利润、一定的目标收益和平均利润为目标。

2.以保持和扩大市场占有率为目标

市场占有率,又称市场份额,指某旅游企业产品销售量或旅游收入在同类产品的市场销售总量或旅游总收入中所占的比重。市场占有率是企业发展的基础,代表着潜在的利润率。旅游企业的市场份额越大,就越有发展潜力,增加利润的机会就越多。这种旅游定价是以稳定价格、有助于市场推销和符合市场行情为目标的。

3.以反映旅游产品质量为目标

产品质量是产品价值的表现,是产品价格的基础。旅游产品价格必须反映旅游产品质量,做到质价相符,才能吸引游客,增大销量,实现收益的最大化。

案例分析3—3

1折旅游线路现身　中青旅低价营销被疑在打价格战

中青旅日前推出了"今天星期几?今天就几折!"的活动,仅从活动的名称看,该活动对消费者的确有着很大的吸引力,周一打1折、周二打2折等以此类推,这就意味着原价数千元的旅游产品现在仅需几百元,但实际上,想要得到这个超低折扣价也并非那么简单。

仔细阅读宣传网页后可以发现,这些超值的旅游产品得来不易。此次参加活动的旅游产品均为中青旅旗下的百变自由行产品,从时间上看,该活动只持续一个月,从7月1日开始至7月31日结束,在此期间的每周一至周五下午3时至5时为抢购时间;从数量上看,每天推出的线路数量只有特定的1~2条,每天的抢购名额只有4个,采用游客先抢先得的预订方式;再从预订的方式上看,特惠线路只接受网上预订和网上支付,网上支付完成即为抢订成功;同时此活动只接受遨游网站会员的预订,这也就意味着想要抢购特惠产品的用户须提前在网站免费注册成为网站会员后方有抢购资格。

周二下午3时10分,在中青旅遨游网站上当日标注为2折的两款旅游产品,其4个特惠名额已售空,低价对游客的吸引可见一斑。对此,中青旅自由行事业部张红表示,推出该活动可以让更多的用户体验遨游网的预订流程,带动网络销售,利用产品对遨游网进行推广。

在中青旅此次的特惠活动中,周一推出的百变桂林3晚4天自由行的特惠售价仅为200元。对此,一位从事国内游工作多年的旅行社相关负责人表示,对于该旅游产品来说,这一价格是纯亏的,其目的可能有两方面:一是引起市场对百变自由行产品的关注,二是用低价炒作的方式做宣传,这样的做法有些不够良性。也有业内人士表示,今年旅行社不景气已是不争的事实,中青旅作为大型旅行社,口碑一直不错,推出此项特惠活动在招揽一些有旅游需求消费者的同时,还能吸引一些图便宜但是原本没有旅游打算的人群关注,为旅行社造势。

分析与提示

在不景气的经济环境中,中青旅此次推出的特惠活动并没有采取大规模的降价手段,而且活动也只是阶段性的,属于正常的产品推广,是一种常规的营销策略。特惠产品同正常产品的差价来源于市场补贴,目的在于让利给用户的同时赢得口碑,占有市场份额。

(资料来源:http://news.xinmin.cn/rollnews/2009/07/2214915.html)

(四)旅行社产品的定价策略及其选择

旅行社产品的定价,需要以科学的理论和方法为指导,同时由于竞争和考虑旅游消费者的需要,还必须有高明的定价策略。旅行社产品的定价策略就是根据旅游市场的具体情况,从定价目标出发,灵活运用价格手段,使价格适应市场的不同情况,实现企业的营销目标。一般来说,旅行社的产品的定价策略主要有心理定价策略、折扣定价策略、新产品定价策略等。

旅游定价策略是旅游企业在特定的经营环境中,为实现其定价目标所采取的定价方针和价格竞争方式,具体表现为对各种旅游定价方法的有效选择上。旅游定价策略与旅游定价方法两者相辅相成,共同为实现旅游定价目标服务。定价策略决定定价方法的选择,定价方法影响定价策略的落实,没有明晰的定价策略,定价方法的选择和调整就会变得僵化呆滞或盲从,就很难准确地把握竞争时机,实现定价目标和经营目标。

1. 心理定价策略

心理定价策略是在充分考虑旅游消费者不同的消费心理,特别是对产品价格的心理反应的基础上,区别不同旅游产品而采取的灵活的定价策略。

(1)尾数定价策略

尾数定价策略是指企业定价时有意保留产品价格的角分尾数,制定一个与整数有一定差额的价格,所以又称为非整数定价策略。如某些旅游产品定价在599元、999元、1 599元,给人不到整数进位的价格的感觉,但实质上相差无几。

(2)整数定价策略

与尾数定价策略正好相反,整数定价策略是旅游企业有意识地将产品价格制定成整数,尤其是具有吉祥意义或象征意义的数字,如2 000元、1 980元、980元等。

(3)声望定价策略

声望定价策略是指旅游企业对具有较高知名度和较高信誉的旅游产品制定高价。这一策略主要是针对消费者求名、求胜的心理需要。

(4)招徕定价策略

招徕定价策略是旅游企业有意识地把一部分产品价格定得很低,发挥促销导向作用,吸引潜在的旅游消费者,从整体上提高企业的销售收入,增加盈利。如旅行社在某些节日或周年庆典日在本地区举行特殊活动的时候,适度降低产品或服务的价格以刺激旅游者,招徕生意,增加销售。一般来说,采用这种策略必须要有相应的广告宣传配合,才可能将这一特殊时间和信息传递给旅游者。

(5)习惯定价策略

习惯定价策略是指某些旅游产品在长期的市场交换过程中已经形成了为消费者所适应的价格,企业对这类产品定价时要充分考虑消费者的习惯倾向,采用"习惯成自然"的定价。

2. 折扣定价策略

折扣定价策略是旅游企业通过对原有旅游产品价格打一定的折扣,以此来争取旅游消费者(或旅游中间商)、维持和扩大市场销售额的一种策略。

(1)数量折扣策略

数量折扣是根据顾客购买旅游产品的数量或金额来决定所打折扣的程度。购

买数量越大、金额越多,折扣率就越高,这是鼓励消费者大量购买和频繁购买的一种定价策略。数量折扣又可分为:

①累计数量折扣。是指一定时期内,消费者购买的数量可以相加,当购买数量或金额达到一定量后,可以享受一定比例的价格折扣。其目的是为了鼓励旅游者多次重复购买,使企业有一批较稳定的长期顾客。有些情况下,企业对达到数量折扣要求的消费者并不给予低价,而是给予一定数量的免费产品,这种现象在旅馆业中比较多见。

②非累计数量折扣。是指消费者一次购买的数量或金额达到或超过一定标准时就给予一定的价格折扣,旨在鼓励消费者一次性大量购买。

(2)季节折扣策略

季节折扣是指旅游企业在经营过程中,在产品销售淡季时给予旅游者一定的价格折扣。

(3)同业折扣策略

同业折扣策略又称功能折扣策略、交易折扣策略,是指旅游企业按照各类旅游中间商在市场经营中的不同作用,给予不同的价格折扣。同业折扣策略实际上是生产企业对中间商在市场销售中所发挥的功能,给予一定报酬和奖励,有利于稳定旅游产品的销售渠道。同业折扣策略是以经济手段鼓励旅游中间商多向旅行社输送客源、调节旅游中间商输送旅游者的时间或鼓励旅游中间商及时向旅行社付款,以避免不良债权的重要方法。同业折扣策略包括数量折扣策略、季节折扣策略和现金折扣策略三个类型。

①数量折扣策略。数量折扣策略是旅行社为了鼓励旅游中间商多向旅行社输送客源所采取的一种策略。采用这种策略的旅行社以旅行社产品的基本价格为基础,根据旅游中间商销售旅行社产品的销售额给予他们一定程度的折扣。

②季节折扣策略。季节折扣策略是旅行社针对旅游淡、旺季明显的特点,为了调节旅游中间商向旅行社输送旅游者的时间所采取的一种管理策略。由于客流量在不同季节的不均衡和旅行社产品不可贮存的性质,使得客流量的时高时低现象成为严重影响旅行社经济效益的一个不利因素。为了缓解旅游淡、旺季的矛盾,旅行社采用季节性折扣的策略来调节旅游中间商向旅行社输送旅游者的时间。当旅游中间商在旅游旺季向旅行社输送旅游者时,旅行社按照产品的基本价格或略高于基本价格的产品价格向中间商收取旅游费用;当旅游中间商在旅游淡季向旅行社输送客源时,则可以享受一定比例的价格折扣。通过这种方法,旅行社可以达到鼓励旅游中间商在旅游淡季多向旅行社输送客源、平衡旅行社全年旅游接待流量的目的。

③现金折扣策略。现金折扣策略又称付款期折扣策略,是旅行社为了鼓励旅

游中间商尽快向旅行社付款,避免或减少拖欠款、呆账等不良债权的管理措施。实行现金折扣的旅行社一般规定,如果旅游中间商能够在双方事先商定的付款期限之前偿付欠款,可以享受一定比例的现金折扣优惠。现金折扣一般应略高于旅游中间商所在地的银行利率,以刺激他们尽早付清所欠旅行社的各种费用。企业采用这种定价策略,目的是鼓励旅游消费者和旅游中间商提前付款,以便尽快收回现金,加速资金周转。

例如,某条旅游线路的价格为 360 元,旅游合同中注明"3/20 净价 30",意思是:如果在成交后 20 天内付款可享受 3% 的现金折扣,但最后应在 30 日内付清全部货款。

3. 新产品定价策略

一种新产品投入市场应当如何定价,这是任何企业都将遇到的问题。新的产品投入市场后能否受到旅游消费者的欢迎,除了产品自身的因素外,其定价策略也起着十分重要的作用。研究、制定和选择有效的旅游定价策略,是实现旅游定价目标的重要环节。在不同的生命周期阶段上,旅游企业根据不同的市场特征和产品特征可采取以下策略:

(1) 撇脂定价策略

撇脂定价策略是一种高价格策略,又称取脂定价策略或撇油定价策略,是指企业在推出新产品时,在产品价格的可行范围内尽可能地制定高价,以便在短期内获取较高利润的定价策略。该策略符合旅游者对价格从高到低所持的客观心理。但是这种策略的风险较大,要求市场上存在高消费或者时尚性需求。因此该定价策略比较适合于特别明显、垄断性强,而且其他旅游企业在短期内难以仿制或开发的旅游产品。

撇脂定价策略的优点在于:①可以使企业迅速收回对新产品的投资,短期内实现利润最大化;②可以为后期降价竞争创造条件;③可以控制一定的需求量,避免新产品投入市场初期,由于供给能力不足而出现新产品断货脱销;④可以提高产品身价,树立企业形象。

但是该策略的不足之处在于:①高价如果不被消费者接受,产品的销路就会受影响,导致投资难以收回;②高价厚利容易招致竞争对手增多,加剧市场竞争。因此,这种价格策略,一般不宜长期使用,而只能是一种短期的价格策略。

(2) 渗透定价策略

渗透定价策略是一种低价格策略,即利用旅游者求实惠求廉价的心理,以相对低廉的价格,力求在较短的时间内让更多的旅游者接受新产品,从而获得尽可能大的市场占有率的定价策略。这种定价策略不利于尽快收回投资,而且遇到强劲对手时可能遭到重大损失。

渗透定价策略的优点在于：①能够迅速打开新产品的市场销路，增加产品销售量；②低价能够有效阻止竞争者进入市场，保证企业长期占领市场。

但是该策略的不足之处在于：①由于产品定价很低，在短期内无法获得足够的利润来弥补新产品的投资；②价格变动余地小，不利于新产品后期降价竞争；③不利于新产品品牌形象的树立。

案例分析 3—4

水乡周庄从"突现"到"突显"的成功定价策略

周庄位于江苏、浙江、上海交界之处，这一带的江南水乡古镇数量繁多，包括周庄在内的"江南六大古镇"集中于此，古镇之间坐车只要一两个小时，近年来兴起的水乡古镇游吸引了国内外众多游客。甪直古镇与周庄有许多相似之处，它们同在苏州境内，同为"江南六大古镇"，周庄号称"中国第一水乡"，甪直被称为"神州水乡第一镇"。如此相似的两个古镇，难免相互会受到影响。在区域旅游圈中，周庄在众多江南水乡中特色并不是十分明显，因此要想在旅游市场竞争中占据市场份额，在同类旅游资源中突出，就必须有可以吸引游客的优势。2001年刚刚推出景区时将门票价格定为60元，在运营了3年后，由于出色的营销方式使得周庄在江南水乡古镇旅游资源中脱颖而出，成为同类旅游资源的代表，于是水到渠成地将门票涨至100元。虽然门票升幅达到了80%，但是却丝毫没有影响游客的出游选择。周庄在旅游竞争中采用的渗透定价营销方式取得了显著的成效。

分析与提示

同类型旅游资源的营销竞争是比较激烈的，如果营销方式不当可能会使得旅游资源自然消亡。本案例中的周庄利用旅游者求实惠求廉价的心理，以相对低廉的价格，在较短的时间内让众多的旅游者接受了新产品，从而获得尽可能大的市场份额。

(3) 满意定价策略

满意定价策略是一种介于撇脂定价策略和渗透定价策略之间的价格策略。所定的价格比撇脂价格低，而比渗透价格要高，是一种中间价格。这种定价策略由于能使生产者和消费者都比较满意而得名，有时又称"君子价格"或"温和价格"。这种定价策略由于兼顾了供给者和需求者双方的利益，既能使企业有稳定的收入，又能使消费者满意，产生稳定的购买者，因而各方面都会满意。但是采用这种价格策略也有不足之处：由于产品的定价是被动地适应市场，而不是积极主动地参与市场竞争，因此可能使企业难以灵活地适应瞬息万变的市场状况。

(五)旅行社产品定价的方法

旅游定价方法是旅游企业在特定的定价目标指导下,根据企业的生产经营成本、面临的市场需求和竞争状况,对旅游产品价格进行计算的方法。旅游定价方法选择的正确与否,直接关系着旅游定价目标能否顺利地实现,关系着旅游企业的经济效益能否有效地提高。通常,旅行社产品定价方法有以下几种:

1. 成本导向定价法

成本导向定价法是以旅游企业的成本为基础来制定旅行社产品价格的方法,成本加上企业的盈利就是旅行社产品的价格。该方法是在旅行社产品的单位成本上加上一定的毛利计算出单位旅行社产品的价格,这种定价方法地接和组团略有差异。

组团产品定价=旅游目的地旅行社询价与企业预期的盈利之和

地接产品定价=住宿、交通、用餐、门票等各个旅游产品组成部分价格与企业预期的盈利之和

2. 需求导向定价法

需求导向定价法就是根据旅游者的需求程度、需求特点和旅游者对旅游产品价值的认识和理解程度来制定价格,需求强度大时定高价,需求强度小时定低价。

(1)理解价值定价法

理解价值定价法是以旅游者对旅游产品的认识程度为依据而制定价格的方法。这种定价方法的特点是根据旅游者的主观感受和评价,而不是产品成本定价。

(2)区分需求定价法

区分需求定价法又称差别定价法,是将同一产品定出两种或多种价格,运用在各种需求强度不同的细分市场上,其具体形式有:

①同一旅游产品对不同旅游者的差别定价。不同的消费者,他们的收入不同,消费水平也不同,针对他们实施不同的价格,可以增加企业的销售量。

②同一旅游产品在不同地点的差别定价。同一旅游产品,如果销售的地理位置不同,经营环境发生改变,旅游产品的价格也可相应作出调整。

③同一旅游产品在不同时间的差别定价。如淡旺季价格的不同(我国物价部门规定,旅游淡季综合服务费可比平季水平下浮30%~40%,旺季可比平季上浮6%)、旅馆在周末与平时的价格不同。

3. 竞争导向定价法

竞争导向定价法,是指旅游企业在市场竞争中为求得生存和发展,参照市场上竞争对手的价格来制定旅游价格的定价方法。在这种定价法中,竞争是定价要考虑的中心,竞争对手的价格是定价的出发点,而产品的成本、市场需求的强度不会对企业定价产生直接的影响。

(1) 同行比较定价法

这种定价法是指以同行业的平均价格水平或领导企业的价格为标准来制定旅游价格的方法。

(2) 率先定价法

率先定价法是指旅游企业根据市场竞争环境,率先制定出符合市场行情的旅游价格以吸引游客而争取主动权的定价方法。

(3) 排他性定价法

这种定价法,是指以较低的旅游价格排挤竞争对手、争夺市场份额的定价方法。如果说同行比较定价法是防御性的,那么排他性定价法则是进攻性的。

(4) 边际贡献定价法

边际贡献是指每增加单位销售量所得到的收入超过增加的成本的部分,即旅游产品的单价,减去单位变动成本的余额,这个余额部分就是对旅游企业的固定成本和利润的贡献。边际贡献定价法又称变动成本定价法,也就是旅游企业根据单位产品的变动成本来制定产品的价格,制定出来的价格只要高于单位产品的变动成本,企业就可以继续生产和销售,否则就应停产、停销。

如某一旅行社在旅游黄金周前制定一条特色旅游线路,因预测本线路的独特性和推出的唯一性,故提早预订机位100个,并全额付款。该线路旅游产品销售价2 200元/人,成本价为2 000元/人,其中往返大交通,即机票价格为1 400元/人。如不得已销售价降为1 900元/人,卖则亏100元/人,不卖则亏1 400元/人,因此还是卖为好,企业还是选择继续经营。当然,如果售价低于1 000元/人,则不卖为好,企业就应该停止营业。因此,可以这样概括边际贡献定价法,它是指保证旅游产品的边际贡献大于零的定价方法,即旅游产品的单价大于单位变动成本的定价方法。

二、旅行社产品的报价

旅游线路的报价是旅行社制定产品价格方法和价格策略的最终体现,是实施销售的重要环节。旅游线路的报价不仅仅是数字的概念,它还将很大程度上影响着旅游者和旅游中间商作出的决策。

(一) 旅游线路报价的含义

1. 含义

旅游线路报价就是将旅游线路产品的内容结合价格以信息的形式传播给旅游者或旅游中间商,做到产品质量与销售价格相符。

2. 分类

(1) 根据报价对象的不同

① 组团报价:主要用于组团社向旅游者的报价。

②地接报价：主要用于地接社向组团社的报价。

（2）根据报价的内容的详略

①总体报价：主要针对旅游者的咨询，只能反映线路产品整体性的内容和整体性的价格。

②单项报价：主要针对旅游中间商或组团旅行社，这种报价不仅是整体性的内容和整体性的价格，还有各种细分的、具体的单项内容和价格。

（3）根据报价的方式

①针对旅游者：媒体报价（电台广播、电视、网址主页）、门市报价（办公地点醒目的线路价格宣传板）。

②针对旅游中间商（或组团旅行社）：网络在线报价（ICQ、QQ、MSN）、邮寄报价（旅行社行业组织的定期刊物，主要针对同业）、传真报价、上门报价（新奇线路推出时，外联人员派发）、展销报价（参加综合性会议时推出的具有竞争力的旅游线路和价格的宣传品），其中门市报价、邮寄报价、传真报价、网络在线报价运用得最普遍。

（二）旅游线路报价的计算

一条完整的旅游线路报价应该考虑以下内容：

1. 旅游线路报价的计算项目

（1）大交通费

大交通费指国际间的往返交通费和城市间的往返交通费。一般指飞机、轮船、火车、长途客车。入境团的游客大都已经提前订好了国际间往返的交通 OK 机票。国内段的飞机票通常由组团社在航空销售部门预订，并提前购出，一般来讲 10 人以上可享受折扣价格。火车、轮船几乎没有什么优惠。

（2）车费

车费指一地旅游的接待用车的费用。旅游团用车规定是按照人数的多少配备的，1~3 人配备小轿车，4~12 人配备面包车，13 人以上分别配备 19 座、25 座、33 座、45 座、55 座车，其费用按车型、车价和使用的天数及距离计算。也有的豪华团，10 人要求坐 25 座车，16 人要求坐 33 座车。这种情况，车费要按实际用车的情况而定。

即：车费/人＝区域内总车费/人数

（3）房费

房费指旅游全程的住宿费。其费用根据星级酒店的合同标价，是否单男、单女的补差，以及有否加住、加床与延时等费用组成。

（4）餐费

餐费指旅游一日三餐的费用。早餐一般含在每日房费中，不必计算。正餐，即午、晚餐的费用按旅游天数的顿数与标准计算，还要考虑是否包含各地的风味餐。

即：餐费＝餐费/人·餐×用餐次数

(5) 门票

门票指游览参观的门票费。包含计划内的景点门票及景区内的专用车、观光索道等,但通常来讲,旅行社只包含首道门票,其余由客人自理,并在旅游行程单上有详细的注明。

(6) 导游服务费

导游服务费根据提供的服务不同,主要分为全陪劳务费和地陪导游费。

全陪劳务费,指跨省市的全程陪同的服务费,其费用按旅行天数与团队的人数及具体标准综合计算。全陪的差旅费仅是大交通费和半价房费。国内团全陪房费一般住二星级以下予以减免。

即:全陪劳务费＝总劳务费(服务费和差旅费)/人数

地陪导游费:按旅游天数与人数计算。

2. 旅游线路报价的计算方法

旅游线路报价＝大交通费+房费+餐费+车费+门票+导游服务费

三、旅行社产品的促销方法

旅行社促销是指旅行社为了激励顾客购买自己的旅游产品,运用各种推销方式和方法,将旅游产品的有关信息及时传递给潜在的旅游消费者,从而实现旅游产品价值的活动。旅行社产品的无形性和不可转移性的特点使旅行社促销具有自身的特点。

(一)旅游广告

广告是指企业用一定的费用,通过一定的媒介,把有关产品和企业的信息传递给广大消费者的一种非人员推销的促销手段,其目的是为了促使消费者认识、偏爱和购买本企业的产品。旅游广告则是由旅游目的地国家或地区、旅游组织或旅游企业以付费的方式由媒介发布经过选择和加工的有关部门旅游信息,以达到提高影响和知名度,树立旅游企业和产品形象,促进旅游产品销售的目的的一种广告形式。旅游广告属于传统的直接推销手段。

1. 旅游广告的分类及特点

(1) 根据使用媒体的不同划分的旅游广告的类型

①报刊广告。利用报纸和杂志。

②电波广告。利用广播和电视。

③户外广告。利用广告牌、灯箱、条幅等各种室外展示物。

④自办宣传品广告。招贴、地图、手册、音像材料、文化衫等。

(2) 旅游广告主要有四大特点

第一,公众性。作为高度大众化的信息传递方式,旅游广告影响到的受众面很广；

第二，渗透性。旅游广告可多次重复同一信息，便于人们记忆；

第三，艺术性。旅游广告能对文字、音像、色彩进行艺术化处理，从而对潜在消费者产生强烈的视觉震撼；

第四，非人员推销。旅游广告只是单向把有关信息传递给潜在的旅游消费者，而不是像人员推销那样双向沟通信息。

2.旅游广告的作用

旅游广告能够树立旅游目的地、企业或产品的长期形象，也能够在短期内促进销售。旅游消费的弹性较大，在可自由支配的收入和余暇时间既定的情况下，人们可以去外地旅游，也可以在当地休闲；在旅游目的地，旅游者既可以选择消费甲项目，也可以选择消费乙项目。旅游消费弹性越大，广告的劝说诱惑功能也就越大。另外，旅游购买决策通常是在旅游者并未亲眼见到旅游产品的情况下作出的。人们对所欲购买的产品知道越少，广告推荐介绍、提供信息的功能就越大，旅游者将更多地依赖旅游广告进行选择性购买决策。所以旅游广告能对旅游业有巨大促进作用。

拓展知识 3—2

中国各城市经典旅游宣传语

1. 北京市：东方古都，长城故乡
2. 上海市：上海，精彩每一天
3. 重庆市：世界的重庆，永远的三峡
4. 广州市：一日读懂两千年
5. 福州市：福山福水福州游
6. 银川市：塞上明珠，中国银川
7. 长沙市：多情山水，天下洲城
8. 成都市：成功之都，多彩之都，美食之都
9. 桂林市：桂林山水甲天下
10. 苏州市：人间天堂，苏州之旅
11. 无锡市：太湖美景，无锡旅情
12. 大连市：浪漫之都，中国大连
13. 宁波市：东方商埠，时尚水都
14. 厦门市：海上花园，温馨厦门
15. 深圳市：每天给你带来新的希望
16. 珠海市：浪漫之都，中国珠海

17. 汕头市:海风潮韵,世纪商都
18. 三亚市:天涯芳草,海角明珠
19. 曲阜市:孔子故里,东方圣城
20. 咸阳市:中国金字塔之都——咸阳
21. 宜昌市:金色三峡,银色大坝,绿色宜昌
22. 邯郸市:游名城邯郸,品古赵文化
23. 承德市:游承德,皇帝的选择
24. 洛阳市:国花牡丹城——洛阳
25. 北海:滨海人居,生态北海
26. 丽江:七彩云南,梦幻丽江
27. 沈阳:新沈阳,新环境
28. 日照:黄金海岸,激情日照
29. 诸暨:西施故里,美丽诸暨
30. 哈尔滨:冷酷冰城——哈尔滨
31. 义乌:小商品的海洋,购物者的天堂
32. 漳州市:水仙花的故里
33. 武夷山市:东方伊甸园,纯真武夷山
34. 中山市:伟人故里,锦绣中山
35. 扬州:诗画瘦西湖、人文古扬州
36. 昆明市:昆明天天是春天
37. 烟台市:人间仙境,梦幻烟台
38. 海口市:椰风海韵,南海明珠
39. 杭州市:爱情之都,天堂城市
40. 金华市:风水金华,购物天堂
41. 江门市:侨乡山水风情画
42. 三门峡市:文化圣地,天鹅之城
43. 南通市:追江赶海到南通
44. 常熟市:世上湖山,天下常熟
45. 嘉兴市:水都绿城,休闲嘉兴

(资料来源:百度文库)

(二)人员推销

旅游人员推销是通过销售人员与旅游者的直接沟通来达成交易,是一种最直接的促销活动。旅游人员推销是最古老的一种促销方式,也是成本较高的一种方

式。旅游人员推销在消费者购买过程的某些阶段(如引起注意阶段和从信任发展到购买阶段)是最有效的手段。

1. 旅游人员推销的特点及作用

（1）旅游人员推销的特点

①推销的针对性强。人员推销通过推销人员直接面对潜在顾客销售旅游产品，是旅游消费者和旅行社之间最直接的桥梁。由于人员推销针对性强，能够充分利用推销人员对产品的熟悉程度，并根据旅游消费者的不同欲望、要求、动机和行为，采取不同的解说和介绍方法，促成旅游消费者购买。

②有利于加强旅游服务。旅游产品是无形性产品，具有生产和消费同一性的特点，这就使旅游消费者在购前难以确切了解产品情况。采用人员推销，旅行社往往要为推销人员提供必要的旅游宣传品，培养他们的推销技巧。这样，可以让推销人员在推销产品的同时做好一系列服务工作，从而创造更多的销售机会。

③推销的成功率较高。由于人员推销事先拟订了推销方案，研究了旅游产品的市场动态，确定了推销对象，因而可以把精力有选择地集中在真正可能成为现实旅游购买者的顾客身上，使可能的失败率降到最低，从而提高推销的成功率。

④有利于信息反馈。人员推销的双向沟通方式，使得旅行社在向顾客介绍旅游产品、提供信息的同时，能及时得到消费者的信息反馈，从而确保旅行社及时掌握市场动态，修正旅游营销计划。

（2）旅游人员推销的作用

①传递信息。旅游人员推销是推销者与旅游中间商和潜在旅游者的直接交流。通过面对面的交谈，能够详细地介绍自己的产品和服务，及时反馈信息并回答询问，易产生亲切感和信任感。

②销售产品。旅游人员推销的最终目的是将旅游产品卖给旅游者，同时，推销人员有责任解答旅游者提出的问题。

2. 旅游人员推销的程序

（1）寻找旅游者

旅游推销人员利用各种渠道和方法为所推销的旅游产品寻找旅游者，包括现有的和潜在的旅游者。通过调查了解旅游者的需要、支付能力，筛选出有接近价值和接近可能的目标旅游者，以便集中精力进行推销，提高推销的成功率。

（2）接近前的准备

旅游推销人员在推销之前，应尽可能地了解目标旅游者的情况和要求，确立具体的工作目标，选择接近的方式，拟定推销时间和线路安排，预测推销中可能产生的一切问题，准备好推销材料，如景区景点及设施的图片、模型、说明材料、价格表、包价旅游产品介绍等资料。在准备就绪后，推销人员需要与目标旅游者进行预约，用电话、信函等形式讲明访问的事由、时间、地点等。

(3) 接近目标旅游者

旅游推销人员经过充分的准备,就要与目标旅游者进行接洽。接近目标旅游者的过程往往是短暂的,在很短的时间里,推销人员要充分发挥自己的聪明才智,灵活应用各种技巧,引起目标旅游者对所推销产品的注意和兴趣,达到接近目标旅游者的最终目的。

(4) 产品介绍

接近目标旅游者与产品介绍是同目标旅游者接触过程中的不同阶段,但两者之间没有绝对的界限。接近目标旅游者侧重于让旅游者了解自己,沟通双方的感情,创造良好的推销氛围;而产品介绍侧重于推销产品,需要推销人员利用各种面谈方法和技巧,向目标旅游者传递旅游产品的信息,强调给旅游者带来的利益,强化旅游者的购买欲望。

(5) 处理异议

在产品介绍过程中,旅游者会对旅游产品提出各种各样的购买异议,如价格异议、产品异议、服务异议等。这些异议是旅游者的必然反应,它贯穿于整个推销过程之中。推销人员对各种异议,应采取不同的方法、技巧,有效地处理和转化,最终说服旅游者,促成交易。

(6) 达成交易

达成交易是整个推销工作的最终目标。经验丰富的推销人员,要密切注意成交信号,把握成交机会,采取有效的措施,促成交易,并完成成交手续办理。

(7) 售后服务

要让旅游者满意并使他们重复购买旅游产品,售后服务是必不可少的。达成交易后,推销人员应认真执行所保证的条款,做好服务,妥善处理可能出现的问题,从旅游企业的长远利益出发,与旅游者建立和保持良好的关系,树立旅游者对旅游企业及产品的信任感,促使他们重复购买,同时利用旅游者的宣传,争取更多新的旅游者。

☞ 案例分析 3—5

深度挖掘旅游文化内涵,开展旅游品牌营销

我国旅游业品牌建设的精髓应在于悠久的历史和厚重的文化,但目前我国旅游业的品牌营销对旅游产品的文化内涵挖掘还远远不够,致使旅游产品的生命周期不能有效延长。因此,必须首先深度挖掘旅游文化内涵,才能使旅游产品立于不败之地。比如,河南开封的清明上河园主题公园,是宋代著名画家张择端《清明上河图》的再现,这个主题公园正是因为很好地挖掘了历史文化的内涵,在全国主题

公园旅游处于低谷的情况下,它却能以年均效益1 500万元以上的规模发展。同时,要注意深度挖掘是一个循序渐进的过程,又是一个需要不断融入创新因素的过程,不是一成不变地在原有基础上的延续。其次在深度挖掘旅游文化内涵的基础上开发设计的旅游产品要走品牌化道路,要塑造和传播品牌形象,这是品牌营销的主要任务。另外,旅游公共部门(政府及各旅游行政部门)也要发挥一定的作用,在营销方面主要集中于对地区、省和全国的整体性促销上,从而带动旅游业有序健康的发展。

分析与提示

现代企业越来越重视品牌的建设,以品牌为核心进行营销也成为现代企业竞争的核心。旅游品牌营销依据旅游本身文化特色,策划具有自身特色的品牌形象,赋予旅游产品品牌强大的生命力,然后根据成功地塑造品牌目标形象的要求、目标市场状况以及自身的综合条件等各种因素,科学、合理地选择和组合传播的方式,所选择和组合的传播方式要能够全面、准确、直观地表现出品牌的目标形象特点来,同时也要充分考虑到企业自身经济条件,要注意对投入与产出效益的研究,尽量花最少的钱而取得最大的效果。

(资料来源:网络营销教学网站)

(三) 网络营销

旅游网络营销是借助联机服务网络、计算机通信和数字交互式多媒体等来实现旅游营销目标,实质是以计算机互联网技术为基础,通过与潜在旅游者在网上直接接触的方式,向旅游者提供更好的旅游产品和服务的营销活动。

旅游网络营销是在传统营销基础上产生的新的营销方式,它利用网络这种手段来实现营销。但它并非是虚拟营销,而是传统营销的一种扩展,即传统营销向互联网的延伸,所有的网络营销活动都是实实在在的。

网络营销是旅游企业整体营销战略的一个组成部分,它不可能脱离一般的营销环境而独立存在,网上营销和网下营销是一个相辅相成、互相促进的营销体系,网络营销的优势明显。

1. 旅行社开展网络营销可以打破时间和空间的限制

网络营销不像传统营销那样被束缚在固定的办公地点,而是打破了空间的限制,利用网络这个虚拟的市场进行全球性的营销。网络营销也不像传统营销那样有专门的营业时间,而是打破了时间上的限制,利用网络进行全天候的营销活动,一天24小时,没有下班,没有节假日,这就能体现随时随地服务的优势。这样无论旅游者何时何地想要查阅旅行社的旅游产品信息,都可以直接登入旅行社的网站进行查询,而无须一定要在旅行社营业时间内到旅行社的办公地点进行咨询,为潜在的旅游者提供了便利。

2. 旅行社开展网络营销能节省大量的人力、物力和财力

旅行社开展网络营销可以极大地减少电话和传真等费用,从而降低成本,节省物力、财力,增加企业盈利。而且一名工作人员可以同时在网上和多个潜在旅游者进行旅游产品的介绍,较之传统的"一对一"营销方式可以节省大量的人力资源。

3. 网络营销更形象、直观、全面

旅行社开展网络营销,通过文字、图片、图像、声音等多媒体技术向潜在旅游者介绍旅游线路、景点特色、食宿菜肴等,让这些潜在的旅游者能够更形象、更直观、更全面地了解所需的信息,增加旅游者出游的欲望,使潜在的旅游者转变为现实的旅游者。

4. 增强旅行社和消费者的互动式沟通

以网络为信息传播媒介和沟通工具,使得旅行社和消费者可以充分、自由、双向、持续地进行信息沟通和交流。一方面,旅行社营销人员以企业网页内容、网络广告等方式发布旅游产品或服务信息的同时,通过提供电子调查表、电子邮件、聊天室等交互式工具,建立起双方进行接触和联系的信息渠道;另一方面,消费者由被动的营销承受者和信息接收者,转变为主动的参与者和重要的信息源。

案例分析 3—6

东莞旅游网,千岛湖女岛主征集令

东莞旅游网创始人段小姐是一个恬静而浪漫的人,最开始在一家东莞旅行社做前台,后来接触的散客多了,开始了艰苦的创业。段小姐想到了搜索引擎营销,搜索引擎营销因为其独特的精准对话特点,能让潜在客户找上门,不用那么辛苦去找客户。虽然段小姐对网络营销较有信心,但因为对网络营销概念一无所知,操作起来谈何容易。

通过调查分析,段小姐确定了"东莞旅游""东莞旅游网""东莞旅行社""东莞旅游线路""东莞旅游酒店"等几个关键词作为主推方向,围绕这些关键词挖掘出一些相关词和长尾词。因为准备充分,各项计划都顺利推进。通过3个月的不懈努力,"东莞旅游线路"和"东莞旅游酒店"稳坐百度首页第一、第二的交椅,"东莞旅游网""东莞旅行社""东莞旅游"都在百度前三页。

"千岛湖女岛主"评选活动备受瞩目,"千岛湖女岛主征集令"活动是由千岛湖风景旅游局、千岛湖旅游集团联合主办,网易、天涯、腾讯、爱情公寓、POCO等主流媒体全程支持的大型网络选秀活动。活动从5月初开始并将一直持续到8月,整个网络报名参赛人数近2万,总投票数已突破100万,活动影响力辐射全国,受到众多网友热捧。

分析与提示

一个聪明的企业在发展自己的品牌同时会找专业推广公司帮忙,以取得更好的回报。选择正确的网络推广方式可以让企业得到事半功倍的效果。网络营销可以说是目前企业品牌推广必用的手段,随着互联网信息产业的飞速发展,网络软文将逐渐替代传统广告登上主流营销舞台,软文推广成为目前最重要的推广方式。作为传统行业的旅游业也同样需要做网络推广。

(资料来源:东莞旅游网)

第四节 旅行社外联函电

旅行社外联人员很多时候是利用通信工具与国内外客户进行业务洽谈和信息交流。旅行社在通信洽谈中常使用的通信工具主要有:函件、电话、传真和电传等。

一、电话与传真

(一)电话

电话是最有效、最迅速的一种洽谈工具,也是旅行社外联人员与客户联系最常用、最广泛的方式。然而电话只能作为一般联系和口头洽谈之用,最后的协议达成要用传真、函件或电传确认。由于用电话联系不能留下书面凭证,所谈内容一方容易发生漏记、错记,引起不必要的麻烦。

电话销售就是电话销售代表通过电话与客户沟通,运用专业的销售技巧将产品卖出并保持不间断的客户服务的过程。电话销售的定义其实很简单,是在传统销售的基础上增加了重要的沟通工具——电话。

(二)传真

传真是一种通过传真机经通信线路传递图像及文字、图像及文字能按原貌展示的沟通形式。传真机具有自动接收和发送功能,不需专人守候。目前传真已成为旅行社外联业务中进行业务联系和交易确认的主要手段,它是一种既迅速又方便可靠的通信方式。

1.传真机的特点

①传真机可以收发图像、文字,尤其是亲笔手迹、签名和印章等。

②传真机具有自动接收与发送功能,无须专人守候,特别是与时差较大的地区通信联络更为方便。

③传真机的不足之处是传真件不宜长期保存,它是用感光纸热敏而形成的,一

一般可保管一年左右,如有重要传真件需长期保存,必须将传真件复印保管。

2.传真件的编写格式

传真件的格式,根据文件的不同内容可以用普通书信格式编写,也可以用旅行社专用的传真格式纸。具体格式如下:

收件人旅行社:	发件日期: 年 月 日
收件人姓名:	共 页 第 页
发件人旅行社、传真号:	发件人姓名:
传真内容:	

二、函电往来

旅行社函电往来有很多种(如询价函电、委托代办函电等),外联人员收到后应处理和管理好各类函电。

(一)函电的处理

1.阅读

注意:函电由何地发来、客户名称、发函电人是谁、日期(发电日期和回复日期)、是否是老客户;确认函电类型,是询价函电还是委托代办函电。

2.询价函电办理的程序

排:按函电要求的线路安排、服务标准、住宿档次、用餐标准及其他一些特殊事项排出"旅游行程表"。

算:计算车费、餐费、景点门票、交通费、综合服务费、附加费等各种费用。

报:将以上旅游行程及每位旅游者购买该产品的价格报给客户。得到确认后,根据确认的旅游行程、服务等级及客户特殊要求写接待计划单交给经办部门,以做接待准备。

以上函电要根据函电要求及时处理,一般在48小时内明确答复对方。

(二)函电管理

整体函件存档一般有如下三种方法:

1.按客户建档

将函电按客户名称建档存放,档案封面标明客户名称、地址及通信号码,这种方法有利于随时掌握各个客户情况。

2.按旅游团建档

将函电按旅游团队建档存放。将已报价或已成团的函电按团队名称建档,档案封面标有团队名称、编号及月份,这种做法有利于外联及时安排各团计划。

3. 按确认与否建档

将所有"已确认"与"未确认"的函电分别存档,档案封面标明"已确认"或"未确认"。

(三)旅行社外联函电案例分析

[案例]某旅行社收到北京春晖旅行社询价传真:

收件人旅行社:哈尔滨蓝田旅行社	发件日期:2011年10月12日
收件人姓名:冰城先生	共1页 第1页
发件人旅行社、传真号: 北京春晖旅行社 010—66924773	发件人姓名:奥运女士
冰城先生:您好! 　　我社组织的旅游团一行22人,将于10月20日乘T17次火车次日早9:12到哈尔滨,10月27日乘K216次返北京。北京往返的火车票已订妥。请安排哈尔滨、齐齐哈尔、五大连池、牡丹江、长白山、延吉六地九日游,按内宾标准团接待,请将日程安排及每人的接待价格报给我社。 　　谢谢!	

蓝田旅行社收到该传真后按下列步骤处理:

1. 阅读

①传真由北京春晖旅行社传来,发件人:奥运女士

②日期:2011年10月12日

③旅游团人数:22人

④服务等级:标准

⑤线路:哈尔滨、齐齐哈尔、五大连池、牡丹江、长白山、延吉

⑥饭店:二星级或三星级

⑦要求:无特殊要求

⑧10月21日9:12抵哈,10月27日11:00离延吉。往返火车票由对方订妥。

2. 安排

D1:早9:12抵哈尔滨。游览中外闻名的太阳岛风景区(游览时间大约2.5小时),包括太阳石、太阳门、松鼠岛、水阁云天、室内冰灯展(自理110元)、中日友谊园、鹿苑,游览世界上最大的东北虎养殖基地——东北虎林园(游览时间大约1小时,自理90元),游览远东地区最大的东正教堂——圣·索菲亚教堂还有俄罗斯商品城,游览具有"欧式建筑艺术长廊"之誉的百年老街——中央大街步行街,车游哈尔滨标志性建筑——防洪纪念塔还有土特产商场。午后乘车赴齐齐哈尔。住齐

齐哈尔。

D2：早餐后，车游黑龙江省西部地区最大的佛教寺院——大乘寺（外景）。后乘车赴国家4A级景区——扎龙自然保护区（游览时间大约3小时），抵达后观湿地风光，登上望鹤楼欣赏一望无际的芦苇荡，用高倍望远镜寻觅野生丹顶鹤的足迹（自理5元），于观鹤区观赏丹顶鹤的仙姿，观看丹顶鹤放飞表演（定时放飞），欣赏群鹤起舞、百鹤争鸣，与吉祥长寿的丹顶鹤合影留念。午餐后，乘车赴五大连池风景区。游览南北饮泉（游览时间大约1.5小时，国水国宝，神水圣水），观药泉湖、益身亭、神泉旧址、长寿廊、北苑赏苔。住五大连池。

D3：早餐后，游览黑龙山景区（游览时间大约3小时），包括山巅火口、熔岩石海、岩浆溢出口、桦林沸泉、桦林幽静。游水晶宫和地下冰河（自理50元），游览龙门石寨（自理50元），包括龙门云顶、兴安桧柏、云杉。午餐后，乘车返回哈尔滨。住哈尔滨。

D4：早餐后，乘车赴中国第一大高山堰塞湖——镜泊湖景区。乘船（自理80元）游览镜泊湖、毛公山、湖心岛、元首楼、抱月湾、地下电站等。晚餐后，入住酒店。住镜泊湖。

D5：早餐后，参观中国第三大名瀑布——吊水楼瀑布、黑龙潭、玄武岩石壁等。乘车赴长白山，途中观赏大自然的田园风光、婀娜多姿的美人松、亭亭玉立的白桦林、原始森林、垂直景观带，引您走进林海世界，感受大自然的美丽。住二道白河。

D6：早餐后，乘车赴长白山，换乘景区环保车进入长白山自然保护区。自费乘倒站车（自理80元）或步行沿天池长廊（自理20元）登上长白山主峰。游览三江之源——长白山天池，观聚龙温泉群。自费沐浴火山温泉（自理80元），自费品尝温泉鸡蛋。游览风光旖旎的小天池、地下森林等。视时间情况可自费观赏东北虎林园或峡谷浮石林及参加长白山第一漂流。住二道白河。

D7：早餐后，乘车返回延吉，途中观赏生态沟，沿途参观梅花鹿养殖基地，观亚洲最大的人工养熊基地——熊乐园，游览韩国商品城、延吉农贸市场。中午乘K216次列车11:00返回北京。住列车。

3. 算

（1）用房：元/人（如出现单男或单女，客人自补房差）

①哈尔滨：二星：70元/人；三星：100元/人/天（含早）

②五大连池：双人标间：75元/人/天（不含早，无空调）；120元/人/天（含早，有空调）

③齐齐哈尔：二星：65元/人/天；三星：85元/人/天（含早）

④二道白河：准二星：80元/人/天（含早）；准三星：110~130元/人/天（含早）

⑤镜泊湖：准二星：80元/人/天（含早）；准三星：110~130元/人/天（含早）

⑥延吉:准二星:85元/人/天(含早);准三星:110~130元/人/天(含早)

(2)用餐:十二正六早

早餐:10元/人/餐　5元/人/餐

正餐:20元/人/餐　八菜一汤/十人一桌

15元/人/餐　八菜一汤/十人一桌

长白山上中餐为路餐或盒饭,桌餐为25~30元/人

(3)用车:分段用车

哈—齐—五—哈—牡—延—长白山—哈

33座:11 000元/台　45座:13 000元/台　55座:15 000元/台

(4)门票:景点第一门票

哈尔滨段:太阳岛:30元

五大连池段:一个景点全价,两个景点9.5折,三个景点9折

黑龙山:80元　南北饮泉:20元　龙门石寨:50元

地下冰河+水晶宫:50元(7、8、9月全价)

齐齐哈尔段:扎龙40元/人(如价格调整,客人应按门市价自补差价)

牡丹江/镜泊湖段:镜泊湖:80元

延吉/长白山段:长白山:100元,环保车:45元

(5)导服:优秀的导游服务:35元/人

(6)保险:旅社行责任险

(7)报:将以上行程、每人接待费用报给北京春晖旅行社

案例分析与思考

盘点2016年十大经典旅游营销案例

2016年是旅游界营销转型最大的一年,层出不穷地展现着各大营销手法以及营销策略,使得很多新词逐渐涌现,比如"全域旅游""网红旅游直播"等等。每一次营销的背后都是一次运营大数据的变化。不管你是旅游行业的从业者还是喜爱旅游的背包客,都不容错过其精彩的改变。

一、2015秦岭生态旅游节专创主题歌曲《美丽中国走起来》亮相猴年春晚

从2016年猴年春晚至今,有一首新神曲火遍大江南北,在中央电视台多个频道循环播出,它就是大家耳熟能详的《美丽中国走起来》!这首歌是2015秦岭生态旅游节专创主题歌曲。由著名歌手、CCTV青歌赛亚军获得者周澎亲自作曲并演唱,陈维东、周澎联合作词。继2016年猴年央视春晚以开场后第一曲、全国五地同唱的形式,由"玖月奇迹"和"凤凰传奇"两大组合的联合演绎后,又被选为央视元

宵晚会开场歌舞的"主题曲"。

早在2015年4月下旬,由陕西省旅游局、商洛市人民政府主办,商洛市旅游局、柞水县人民政府、牛背梁国家森林公园承办,德安杰环球顾问集团策划创意的"秦岭最美是商洛,美丽中国走起来"2015秦岭生态旅游节隆重开幕,商洛籍著名青年歌手周澎在开幕式当天推出了2015秦岭生态旅游节专创主题歌曲《美丽中国走起来》,抒发了对家乡的情和爱,并一炮打响。歌曲对于传播秦岭文化、提升品质旅游起到了积极的促进作用。

自2010年以来,中国秦岭生态旅游节已举办五届。以"秦岭最美是商洛"为主题,将概念营销和务实营销相结合,将商洛旅游文化特点、优势旅游资源特色、重点市场营销需求相捆绑,促进商洛市旅游业快速提档升级、突破发展,实现旅游美誉度大提升、经济指标大突破、旅游与文化大融合、旅游产业档次大跨越,使"秦岭最美是商洛"的旅游品牌深入人心。

二、2016年开年,旅游首条"讲故事"朋友圈广告,听黑龙江讲故事

抛开传统的美景刷屏模式,黑龙江省旅游局这次讲了一个有关冰雪的人生故事。将五个重要的人生节点——儿童、少年、青年、壮年、老年中发生的重要事件,结合黑龙江的冬日风光,还原成五个与冰雪相结合的人生场景,简单的故事、简单的布景,传递的却是一种源自黑龙江冬天的温馨。

与此同时,黑龙江省旅游局还推出了一系列"爽爽虎"的创意:《跟着"爽爽虎"去旅行》H5,"爽爽虎"系列表情包、玩偶……将这位故事的"主讲人"进行了全方位的演绎。

旅游行业的发展使其竞争日趋激烈,各地景点的营销招式也是花样迭出,但是如何明确自身定位,找准自身独特性,在竞争趋同的当下走出自己的路子,增强品牌识别度,是当下每个营销从业者需要思考的。黑龙江此次的"讲故事"模式,将全年的品牌营销变成了一场趣味且节奏清晰的"故事会",温情脉脉间将品牌诉求一一展露。

三、年收入4.62亿元 古北水镇如何成为一匹"黑马"

目前古镇旅游面临着承载压力过大、保护相对滞后、旅游产品偏少、景区管理不善等现实问题。然而北京密云古北水镇采取古镇形态主题公园模式,大获成功。

近两年,有"北方乌镇"之称的古北水镇以其古式的建筑、典雅的环境、独特的历史文化、厚重的人文内涵以及浓郁的民俗民风,吸引了成千上万的游客,成为密云、北京乃至中国旅游行业的一匹"黑马"。在备受青睐、拉动经济的同时,也为古镇旅游走出了一条特色新路。

这两年,古北水镇也像某些主题公园一样,在营销推广上做足了文章。比如,不断充实景区内容,加快推进商铺招商工作,拓宽销售渠道,增加地铁广告、互联网

广告投放,继冬季的温泉、冰雪等项目以后又推出新的游览设计和夜游票方案,加强同OTA的合作,承接《奔跑吧兄弟》《真心英雄》等多个综艺节目的录制,等等。这些卓有成效的措施,使得古北水镇内部参与性、娱乐性不断增强,景区知名度和影响力有了较大提升,团队占比也提升至30%。

四、11位模特把江西美景穿在身上,惊艳了整个高铁车厢!

2016年9月13日上午,11位身着江西风景服装的模特在G633次列车上大放异彩,上演时尚、精彩的高铁模特秀,成为了车厢里一道流动的风景线,引得乘客频频拍照,用特殊的方式展现了独好的江西美景!

此次活动由江西省旅游集团德安杰营销策划公司独家策划,是江西乡村旅游提升年系列活动之"画乡景"大型创意营销活动的第三阶段,活动主题为"全民画乡景 高铁模特秀"。

来自专业组、民间组、儿童组的百余幅画作汇集在南昌西站大厅,吸引着不少来来往往的乘客驻足欣赏。据悉,"画乡景"活动持续至今先后收到200多幅画作,收效颇丰。画作在展示江西各地秀美风光的同时,也反映了江西乡村旅游的蓬勃发展之势。

五、贵州旅发委:为浙江G20免门票 精准营销创新高

贵州一直都是中国乃至国际的重要旅游目的地。在中国西南旅游区域云贵川作为大目的地,一直吸引着全国乃至海外市场的眼球。2016年,贵州的旅游营销也突破了以往的传统格局,创新思路,不断冲击业内和消费者的视野。

贵州省委、省政府一直重视旅游业发展,把旅游业作为全省"三块长板"之一来加以打造,全力培育"山地公园省·多彩贵州风"品牌。贵州旅发委围绕"多彩贵州·山地公园"的定位,不断培育和完善以高速交通为依托、以山地资源为支撑、以景区景点为载体、以山地和民族为特色的旅游产品体系;用贵州的"美"征服世界,用诚意征服合作伙伴,并且积极在境内境外做旅游宣传和推广等。

贵州针对杭州G20的一次精准营销,又一次让大众对贵州的营销高度有了新的认识。据贵州省旅发委消息,去年,贵州省副省长卢雍政带队赴浙江杭州举办"多彩贵州"携手"诗画浙江"喜迎G20峰会(杭州)旅游推介会,并送上了超级大礼包:G20峰会期间,贵州省内景点对浙江游客全部免票,航空、公路、铁路等多方面也有优惠政策。

六、80岁"花样奶奶"春游龙虎山 秒杀一切"网红"

细数过去一年的优秀旅游营销案例,江西龙虎山景区的"花样奶奶"成为旅游界的一大亮点。2016年4月26日,江西著名景区龙虎山官方微博一条标题为"八旬花样奶奶龙虎山春游照"的微博相继被央视新闻、中国新闻网、环球时报等多家重量级媒体官博转发。

从微博上可以看到，龙虎山景区官博在网上晒出了一组潮范十足的八旬奶奶春游照，照片中的"花样奶奶"气质逼人，几乎秒杀所有青春正盛的网络红人，引得众多网友纷纷惊叹。微博话题#别跟奶奶比时髦#曝光量达500.1万，其中主推的单条微博曝光量高达300.7万。此外，全程有超过200家海内外媒体，通过微博微信客户端、报纸和电视报道《八旬花样奶奶龙虎山春游照堪比明星》的新闻。话题持续在网络上发酵，吸引不少网友和各大媒体的眼球。

七、5A典范——常州中华恐龙园荣获江苏省唯一"景区营销创意奖"

去年7月，中华恐龙园以官方微博单次话题累计阅读量1.6亿的佳绩，抢占用户关注制高点，创造了旅游神话，开启旅游营销新模式，成为旅游界全国典范。中华恐龙园在主题公园经营上，创造性地提出了主题公园"5+2"发展模式，最终形成了中华恐龙园在汹涌的主题公园浪潮中傲然屹立的核心竞争力。科普与娱乐联姻的5+2发展模式即"主题展示+主题游乐+主题演出+主题商品+主题环艺+配套的游客服务+管理维护设施"。

1. 全面的整体营销规划

首先将龙城旅游控股集团旗下的"中华恐龙园""龙城旅行社""龙汤温泉"等资源整合起来，形成系统的旅游产业链；其次将营销重点定位为以江浙沪市场为主，再以中心辐射周边；再者是恐龙园本身年度的营销规划，对具体单个目标、各团队指标以及全年各阶段的主题活动配合以何种营销手段等都做了明确的规划指示。

2. 有效的体验营销

首先针对恐龙科普主题，将主题文化贯穿全园，大到恐龙馆的建设，小到恐龙园的一草一木，每个景观带都有恐龙造型的点缀，让游客仿佛置身于恐龙生活的时代；其次围绕恐龙主题，针对市场实际情况，按照全新的娱乐章节，充分糅合恐龙元素设计全年活动，让游客有全新的体验；此外恐龙园每天都有鲁布拉路人秀、卡通恐龙路人秀等，也有专门的设计团队，创作与恐龙园主题相符合的旅游纪念品。

八、因为你们，珠海长隆被国家点名了！

2016年12月12日上午，从人力资源和社会保障部、国家旅游局在北京联合举行的全国旅游系统先进集体、劳动模范和先进劳动者表彰活动上传来消息，包括珠海长隆投资发展有限公司在内的81个单位，从全国10多万家旅游企业、院校中脱颖而出，被授予"全国旅游系统先进集体"荣誉称号！

1. 延伸营销——长隆大马戏

长隆国际大马戏是广州"全球整合，中西互补，高举高打"文化的典型代表，已经成为广州文化名片和广州夜游首选。通过延伸产品内涵的方式进行媒介创新，实现从旅游广告到院线广告形式的跨越，这要求企业要具有良好的创新意识，不拘泥于传统的营销工具,在充分了解自身产品的优劣势和受众之后,更大范围、更多角度地寻找可行的传播方式。

2. 媒体营销——考拉文化

长隆所进行的媒体宣传,总是力求将某一个新闻点放大成社会最火爆的新闻眼球事件,引发整个社会的关注。比如:2015 年时长隆对考拉的媒体宣传,从引进考拉、考拉到中国、副市长看考拉,到考拉国宾馆落成、《考拉之歌》创作、考拉博客、考拉 DV 大赛,再到考拉首次生仔、二次生仔、双胞胎等新闻点的挖掘,将考拉题材做到了极致。

3. 跨界营销——营销盛事

打造"营销盛事"是长隆的另一大营销策略。多年来,"三驾马车"节庆活动、公关活动、娱乐活动和会议活动等营销创新策略一直是长隆营销队伍树立长隆新形象的重要创新之举。通过多方合作的方式形成跨界营销,从而增强长隆的品牌影响力。

九、重新定义自驾——漠河极光之旅

2016 年 1 月 16 日,华晨汽车牵手新浪汽车倾力打造的"漠河极光之旅暨网络大 V 漠河行"活动恢宏起航。作为全程车辆支持者的中华 V3 力邀纪连海、董克平等网络名人组成豪华阵容,从历史与美食的角度解读全景漠河。在为期 3 天的行程里,自驾游再不是安稳、舒适的自在乐,而是突破桎梏、挑战极限的自我超越!

活动以"旅游+汽车"的形式,通过最具有特色的极光主题自驾游,打造漠河冬季冰雪主题自驾游目的地的推广。

活动亮点:Online 造势,话题先行预热+嘉宾海报提高热度+短视频精彩活动呈现

Offine 极致体验

文化名人+自驾大咖　全程带队

极致体验+实时分享　突破传统自驾游

围炉夜话　首创旅游营销论坛新模式

活动效果:话题阅读量 1.85 亿、互动量 8.6 万

十、跨界营销,"康师傅"如何打好"上海迪斯尼"这张牌?

2016 年 6 月 16 日,随着上海迪斯尼乐园的正式开园,一场跨界营销热潮也在迅速席卷全国,每个行业、每家企业似乎都想与之扯上一点关系。对于它们来说,借势"迪斯尼"这个热门 IP,植入自家产品,就能得到事半功倍的品牌协同效应。

为了让游客感受宾至如归的热情,"康师傅"还包下了唯一直达迪斯尼园区的地铁 11 号线,在 LED 屏轮番播放"康师傅"饮品广告大片,让每一个细节都能看到"康师傅",让整个游园的过程都能感知到"康师傅"。"康师傅"不仅把自己的产品

融入进了上海迪斯尼乐园,更把自己的品牌融入到消费者心智,影响的不再是一座乐园,而是一种消费习惯。

细心的人已经发现,"康师傅"和上海迪斯尼的合作尽得"融入"之妙。开园时,"康师傅"以"东道主"的身份在园区推出"一瓶迎客茶"活动,同迎八方来客。据悉,"康师傅"此次聚焦华东及上海市场,特意推出了带有上海迪斯尼度假区人偶形象(米奇&米妮)的1公升冰红茶开园纪念装,以最中国的方式一尽地主之谊。与此同时,位于奇想花园景区的"漫月轩"也是由"康师傅"冠名。"漫月轩"以中国建筑风格为基调,配以装饰着山、海、漠、林的象征符号,具有浓郁的中国风。

(资料来源:湖南省旅游局网站)

本章闯关测试

一、名词解释

1. 外联部
2. 直接销售渠道
3. 间接销售渠道
4. 撇脂定价策略
5. 旅游网络营销

二、选择题

1. 旅行社外联部的工作特点是( )。
   A. 综合性　　　B. 复杂性　　　C. 经济性　　　D. 超前性

2. 即便是同一种旅游产品,也是可能通过不同的营销渠道销售。一般来说,旅游产品的营销渠道的类型有( )。
   A. 直接销售渠道　　　　　　B. 间接销售渠道
   C. 单环节销售渠道　　　　　D. 多环节销售渠道

3. 直接销售渠道是一种产销结合的产品销售方式,其优点在于( )。
   A. 简便　　　B. 灵活　　　C. 及时　　　D. 附加值高

4. 除采取直接销售渠道策略直接向旅游者销售产品,还有可供旅行社选择的间接销售渠道策略,主要有三种( )。
   A. 广泛性销售渠道策略　　　B. 特定性销售渠道策略
   C. 选择性销售渠道策略　　　D. 专营性销售渠道策略

5. 旅游中间商的管理包括( )。
   A. 建立客户档案　B. 及时沟通信息　C. 实施客户评价　D. 适当调整客户

6. 旅游产品的价格的构成包括( )。
   A. 旅游者的实际花费　　　　B. 服务费用

C.利润　　　　　　　　D.劳动力价格

7.对于新的旅行社产品来说,研究、制定和选择有效的旅游定价策略,是实现旅游定价目标的重要环节。在不同的生命周期阶段上,旅游企业应该根据不同的市场特征和产品特征采取以下策略(　　)。

A.整数定价策略　B.撇脂定价策略　C.渗透定价策略　D.满意定价策略

8.通过销售人员与旅游者的直接沟通来达成交易,属于一种最直接的促销方式的是(　　)。

A.广告宣传　　　B.人员推销　　　C.网络营销　　　D.派发礼品

三、问答题

1.旅行社产品价格制定的主要影响因素有哪些?

2.旅行社产品定价有哪些策略?应该如何进行选择?

3.旅行社线路报价的技巧有哪些?

4.分析旅游产品销售渠道类型及其特点。

5.如何考察(或选择)旅游中间商?

第四章 旅行社的计调管理

引 言

本章通过对旅行社计调部门的阐述,使学生了解计调部门的有关概念、业务、内容、机构设置以及计调在旅行社采购环节中的工作任务和工作流程。

学习目标

1. 了解计调的概念和职能特点以及基本素质要求。
2. 掌握计调的工作原理以及接团、发团管理。
3. 掌握集中采购与分散采购、退订与增订的关系。
4. 通过本章的学习与阅读,掌握计调的工作原理,学会降低成本、增加旅行社的利润的技巧和能力。

案例导读

计划安排不周,影响游客利益

2016年6月,西安的导游员赵小姐接待一个住在唐城饭店的旅游团。该团原计划在西安的活动为:第一天下午看城墙、大雁塔、小雁塔;第二天去乾陵、昭陵、华清池;第三天上午参观兵马俑,下午乘飞机去桂林。第二天晚上11:00,赵小姐突然接到全陪打来的电话,说该团次日去桂林的飞机改变了航班,起飞时间改在第三天上午7:00多钟。赵小姐得此消息后非常焦急,因为航班一改,将牵扯到游览、用餐、行李、送机和通知游客等一系列问题。而那时大部分游客已经入睡,司机也早回家了。这件事究竟该如何处理呢?她马上与旅行社联系,得知情况属实,并让她到社里取机票。赵小姐质问计调人员为什么不及早通知她。计调人员说,也给她的手机打过电话,但没联系上。赵小姐没有继续与其争辩,忙请他帮助联系第二天的旅游车、行李车、退餐等事宜,又请全陪通知客人第二天早晨出运行李和出发的时间,再与饭店联系有关早餐、出行李、退房等事宜。那时,旅游团的随员和全陪正在等着她,等一切都落实后已经是凌晨1:00了。

第三天凌晨5:00,该团就由饭店出发赶往临潼机场。赵小姐见大家的脸色都很难看,忙向大家解释改航班的原因:"最近去桂林的航班很紧张,而且据天气预报讲,桂林今天要下雨,大家在那里也只停留一天,旅行社为了你们以后的行程,所以想尽办法为大家搞到了咱们团去桂林的飞机票,昨天晚上临时通知了大家,还请诸位多多见谅。至于大家没有看到兵马俑,确实很遗憾,这属于我们安排上的失误。我会向旅行社反映,让他们将以后的行程安排得更合理些。不过兵马俑博物馆最近正在维修,只开放小部分俑坑,况且,今天西安要下大雨,即使今天不改航班,我们也准备更改一下游览线路。不管怎样,对今天的事我都要向大家道歉。"大家听完赵小姐的解释并没有发火,他们仍对赵小姐这两天的导游和服务表示非常满意,鼓了掌,并对旅行社的安排表示理解。然而,赵小姐心里仍不是滋味,因为万一天气预报不准,游客到桂林后晴空万里,而西安又没有下雨,兵马俑博物馆也只是进行小规模维修的话,岂不是要怀疑我欺骗他们吗?在从机场回来的路上,西安下起了大雨,此时桂林也正在下大雨。虽然游客不会怀疑她欺骗他们,但赵小姐的心情仍和雨天一样阴沉,始终因客人们没能参观兵马俑而感到不安。

分析与提示

旅行社计调人员在安排计划和准备工作方面起到关键性的作用。没有计调人员的协助和配合,工作在第一线的导游,就不可能顺利地完成任务。因此,计调人员一定要精心安排好计划中的每一个环节,遇到计划变更的情况要及时通知导游,并为其安排好所有的辅助措施。本案例中的计调,虽然通过手机联络了导游,但在得不到回音后并没有进一步联系,致使该团的接待工作出现了麻烦。如果他进一步与导游要去的饭店联系或留言,一定能将航班时间变更的消息及早通知到导游,使她赢得准备时间及与客人沟通解释的时间。因此,在这个案例中,计调部人员没有及早采用多种渠道通知地陪赵小姐,造成了赵小姐工作的被动,是本案例的焦点;再则,赵小姐的解释工作应做在客人上车之前,否则客人会拒绝上车。在这个案例中,游客虽未做出异常反应,但这只能说这批客人实在是太好了!或者说是地陪赵小姐前两天的工作做得很好,客人谅解了她。

(资料来源:中国旅游出版社.《旅行社OP计调手册》.熊晓敏著.)

第一节 计调概述

计调是旅行社的基本岗位,也是中心岗位,假如说旅行社是串联旅游各行业,是一个核心的话,那么计调部则是串联旅行社各部分,是旅行社的一个中央,计调人员的素质直接决定了旅行社的运营管理程度,也决定着旅行社的利润和效劳质量。

一、旅行社计调定义及分类

(一)计调的定义

计调,顾名思义,就是计划调度的意思。在旅行社行业有时也称从事该工作的人为计调员、线控、团控、担当等,业内简而通称"计调";在从事国际旅游业务的旅行社通常又称为OP(OPERATOR),意为"操作者"。如今,为了明确身份,我们称为计调。

简言之,旅行社的计调业务对外就是代表旅行社同旅游服务供应商建立广泛的协作网络,签订采购协议,保证提供游客所需的房、餐、大交通和当地用车、景区讲解等各种服务,并协同处理有关计划变更和突发事件;对内就是做好联络和统计工作,为旅行社高层进行业务决策和计划管理提供信息服务。

(二)计调的分类

从业务范畴划分,计调人员分为组团类计调、接待类计调、批发类计调、专项类计调四种,而这四种计调又可细分为几个类别。

1.组团类计调

组团类计调按游客对象出行目的地又可划分为中国公民国内游计调、中国公民出境游计调。

(1)中国公民国内游计调

中长线计调;短线计调(又称为周边短线汽车团计调)。

(2)中国公民出境游计调

出境游计调根据出境地区及语系可划分为欧美澳加地区计调、德法西葡地区计调、非洲地区计调、东南亚地区计调、日韩地区计调、俄罗斯北欧地区计调、伊斯兰中东地区计调、中国港澳台地区计调、印巴南亚地区计调、拉美地区计调。

2.接待类计调

(1)国内游接待计调

国内游接待计调,即国内地接计调,按组团游客对象活动区域可分为纯一地旅游接待计调、学生冬夏令营活动计调、中转联程旅游接待计调、商务会展活动接待计调。

(2)国际入境接待计调

入境接待计调,即入境地接计调,是指专营外国游客进入中国的接待安排。根据入境地区及语系可划分为欧美澳加地区计调、德法西葡地区计调、非洲地区计调、东南亚地区计调、日韩地区计调、俄罗斯北欧地区计调、伊斯兰中东地区计调、中国港澳台地区计调、印巴南亚地区计调、拉美地区计调。

3.批发类计调

国内游专线同业批发计调。

出境游专线同业批发计调。

4. 专项类计调

商务会展计调,学生游计调,老年游计调,特种游计调(包括修学游、摄影游、探险游等),机酒类计调,签证类计调。

二、计调的业务范围

旅游计调的工作内容比较繁杂,基本业务范围如下:

(一)设计行程和报价

1. 地接

向外地即将来本地旅游的团体和散客提供线路设计及报价,如南京的某旅行社计调负责设计由山东青岛某旅行社组织的来南京旅游的20人团队的行程和报价。

2. 组团

为本地有外出旅游意向并向本社进行旅游咨询的客户和本地旅游分销商同行设计外地的旅游行程,并作出相应报价。比如,大连某旅行社计调负责安排某学校教师暑期去云南昆明、大理、丽江6天双飞汽车品质团旅游的一切事宜。

3. 实时更新报价

要负责为社里每周的报刊广告提供最新报价,并及时更新公司网站上的线路和报价。同时在最早的时间更新房价及机票信息,以备报价所需。

以上的行程设计首先要以客人的需求为前提,在合理范围安排下要达到旅行社的利润最大化。若客人有特殊需求(安排宴请、招待会,为旅游团预订文艺演出票,负责安排专项访问等)要及时和客人沟通,并妥善做出相应的接待方案。

(二)向供应商做相应的采购,并监督团队接待情况

若为地接团队,则需提前根据客户要求预订宾馆、车、餐厅及导游、返程火车票/机票/船票;若为组团赴外地旅游,则需提前与游客即将去的目的地城市的地接社洽谈和安排接待的一切细节,并做好传真确认,同时向航空售票处订购好往返程的大交通票。

无论地接还是组团都要根据安排好的行程和出发时间,做好以下工作安排:

①挑选适合本团队的导游带团。

②向导游详细交代工作计划,应把所带团队的各方面具体情况、特殊要求及注意事项分别详细地告知。

③对于此团在外旅游过程中有可能出现的问题,要作全方位的考虑和预警,以防出现差错。掌握旅游团取消、更改情况及突发的人为状况或自然灾害,并及时通知有关人员做好调整接待。

④在团队旅游的整个过程当中,监督团队的运行情况,认真听取导游和客人的

反馈意见,发生任何问题要及时处理。

⑤制订出接待计划,并在登记表上及时标出所有接待团队的编号、人数、带团导游服务等级、订房情况、抵离日期、航班/船班/车次时间等。

(三) 当好管家

在每次旅游团体或散客旅游结束后,导游报账时,要严格把关,并与财务仔细核对每一个账目,确保准确无误。认真看游客填写的"意见反馈单",如有问题,通知相关部门协调,下次改进。

(四) 信息收集整理

①旅游过程中及结束后认真听取客户对服务是否满意的反馈信息,如有问题做好安抚及解决问题的工作,为社里维护客户利益。对客户反映的社里工作有纰漏的地方,及时调整,以杜绝后患。

②广泛收集和了解不断变化着的旅游市场信息及同行业务动向,并及时反馈给旅行社里有关部门以供参考。

③向旅行社的决策层及时提供所需信息及资料分析报告。

④定期统计社里操作过的旅游团的接待信息,制作列表并存档;制作全社旅游业务月、季报表。

三、计调的职业意识

有人认为,计调人员成天坐在办公室里接打电话、收发传真,既轻松又惬意,根本不需要太多技能。这种看法其实是错误的。身为计调人员,不仅要求具备一定的专业知识和专业技能的职业素养,还必须具备相应的职业意识、职业道德和职业态度;否则稍有不慎,就可能导致旅游团队不能正常运行,造成接待质量下降。旅行社计调人员的职业态度和素质是相当重要的。那么计调人员应该具备怎样的职业意识呢?

(一) 促销意识

旅行社从事的是旅游销售,因此从业人员必须具备促销意识。促销意识是以计调人员充分理解该业务在旅行社经营活动中的重要性为基础的。旅游销售实际上是一种服务承诺,旅游者购买的只是一种预约产品,旅行社能否实现销售承诺,旅游者对旅游消费是否满意,很大程度上取决于旅行社计调工作做得好坏。

计调业务通过对外采购和协调,保证旅游活动顺利进行,是旅行社做好销售工作和业务决策的前提。一旦计调工作出现失误,势必造成旅游服务链的断裂,引起旅游投诉,不仅会使旅行社蒙受一定的经济损失,还会影响旅行社的声誉,影响今后的市场促销。因此,计调人员促销意识的重点,是树立质量意识和品牌意识,通过对每一个旅游团队的优质服务,争取更好的市场口碑,以获得更多的客源。

（二）全局意识

旅行社是一个有机整体，由众多的部门组成，各部门担负着不同的职能，但每个部门都围绕着旅游服务展开工作，所以各部门工作既有分工，又有密切的联系。

计调部门是旅行社的核心部门，计调拥有全局意识尤其重要。只有时刻以旅行社的工作大局为重，加强与各部门的联系与合作，才能实现部门效益乃至旅行社效益的最大化和最优化。

（三）服务意识

计调工作是旅行社服务工作的重要组成部分。计调人员应具备良好的服务意识，主动为客人提供优质旅游产品，为相关部门提供业务信息。

计调部门的业务范围依旅行社的规模和发展不同而不尽相同。一般来说，对外采购包括变更后的采购，以及对内提供信息，都是旅行社计调业务的基本内容，计调部要按照旅游计划，代表旅行社与交通运输部门、饭店、餐馆和其他旅行社及其相关部门签订协议，预订各种服务，满足旅游者在食、住、行、游、购、娱等方面的需求，并随着计划的变更，取消或重订服务；计调部门要及时把旅游供应商及相关部门的服务信息提供给销售部门，以便其组合旅游产品；同时要做好信息统计工作，向决策部门提供有关旅游需求和供应信息的分析报告。要做好这些工作必须具备服务意识。

（四）质量意识

质量意识是指旅行社计调人员在物质上、精神上满足旅游者需要的主观自觉性。强烈的质量意识是确保旅行社员工提供高质量旅游服务的先决条件，在服务过程中，计调人员要提高对服务质量的重视程度和自觉程度，树立"服务就是客源，质量就是效益"的观念，增强保证质量的责任感、使命感和紧迫感。

（五）协作意识

计调部门在日常工作中经常要与有关部门直接发生各种联系，搞好与各方面的关系是计调部门业务工作展开的基本前提。在旅行社内部，计调部门需要与接待部、票务部、销售（外联）部、财务部等部门发生频繁的业务往来，必须注意工作的协调；在旅行社外部，计调部门还要与交通部门（航空、铁路、轮船、汽车）、宾馆、饭店、旅游景点、商场等单位合作。因此，计调人员必须树立较强的协作意识，要善于与各部门、各单位合作，善于与他人沟通和交往，以便赢得各方的配合和支持。

（六）效率意识

旅行社业务具有较强的时效性，计调部安排团队接待计划时应周密部署，及时完成各项业务预订工作，及时处理团队运行中的改订业务。旅游业务繁忙之时，计调部门往往同时面对多个旅游团队接待任务，因此工作中必须规范操作，环环相扣，注重效率，才能避免差错，使每一个旅游团队都能享受到保质保量的服务。

四、计调人员的素质要求

一个管理严格、完善的旅行社,会对计调人员的素质提出以下要求:

(一)业务熟练,具有精确的预算能力

计调人员必须对团队的旅行目的地情况、接待单位的实力及票务运作等都胸有成竹。一般来说,旅行社计调人员多是做过几年导游的,有着较丰富的带团实践经验,对计调部业务轻车熟路。

必须要做到成本控制与团队运作效果相兼顾。也就是说,必须在保证团队有良好的运作效果的前提下,能在不同行程安排中编制出一条最经济、能把成本控制到最低的线路出来。要多问几个为什么,为什么人家旅行社能做下来,而我们做不下来呢?

(二)具有敬业精神、认真细致的工作态度

计调人员必须热爱旅游事业,计调工作其实是很枯燥的,是由无数琐碎的工作环节组成,没有敬业乐业的精神,是无法把这份工作做好的。

旅游是个一环紧扣一环的活动,而负责将这些环节紧扣在一起的工作便由计调人员去完成。如果没有认真负责的工作态度,票务、用车、接送团队等其中一环没扣好或没扣上,就会出现一着不慎、满盘皆乱的失控局面。

(三)有一定的地理、历史知识及文案写作能力

旅游市场千变万化,计调人员必须要懂得不断学习的重要性,不断向经验丰富的导游人员和计调人员学习;要认真了解旅游市场、各旅游目的地的变化、各地接待单位实力的消长情况等,还要根据学习的收获,不断对工作进行创新,跟上时代潮流的发展。

中国传统的六大行政区域或旧经济协作区如何大致区分,国际几大板块的划分,国内外热点旅游城市的分布,自然景观的地域特性,人文景观的历史渊源以及相应的地理、历史常识,这些都是计调人员必须掌握的业务知识。设计行程时,恰如其分的辞藻修饰比干瘪无趣的行程单更加生动、更能激发游客在看到行程时的参团欲望。合作单位往来间的公文交流等同样要求计调人员具备一定的文学修养和文案写作能力。

(四)具有良好的人际关系和较强的交际应变能力

计调人员大部分时间会与旅游者和旅游相关部门打交道,善于人际协调和沟通是做好计调工作的基本条件。在与有关部门、单位的协作中,要善于配合、谦虚谨慎、广交朋友,同时注意维护本旅行社的声誉。譬如,计调人员在与合作单位洽谈时,既要合作愉快,又要频繁地讨价还价,为旅行社取得优惠的协议价格,争取最大的经济效益。这就要求计调人员须具有较高的谈判水平,善于人际沟通,才能既获得最大利益,又不伤和气,乃至实现双赢。

对于团队运作中出现的突发事故、紧急事件,计调人员要有应变和及时处理的能力,重大问题要及时请示,解决团队问题,保证团队旅游质量。

(五) 具有较强的法制观念、良好的计算机应用能力

要严格遵守财务制度和单位的各项规定,自觉维护国家和集体利益,绝不谋取私利。

网络化操作时代,计调人员必须具备良好的计算机应用能力,要能熟练打字和运用各种办公软件。MSN 和 QQ 作为办公辅助软件合理应用于工作中,可为旅行社节约电话费用,有利于控制操作成本。

第二节 计调的作用及其职能

一、计调在旅行社中的角色及所起作用

(一) 计调的重要性

计调在旅行社的整体运作中发挥着极其重要的作用,在旅游行业中,一直就有"外联买菜,计调做菜,导游带游客品尝大餐"的说法。可见,外联、导游、计调各司其职,都是旅行社业务中十分重要的角色。而当人们把目光集中到导游与外联身上的时候,往往对旅行社的幕后英雄——计调关注过少。其实,计调人员犹如饭店里的厨师一样,其素质与水平的高低,直接决定着旅游行程的服务质量,所以有人把"计调"比喻为"旅游行程中的命脉"。

1. 计调是旅游行程中的命脉

在旅行社的经营管理中,销售部、计调部、接待部构成了旅行社具体操作的三大块,与财务、人事等后勤部门组成了整个旅行社的运作体系。外联人员和旅游团队取得联系后,接下来就是计调部要发挥作用的时候了。计调部会根据团队客人的特点和要求,进行用车的调配、行程的安排、饭店的落实、票务的预订、景点的确认等,然后交给接待部门,派导游去执行。可以说,旅行社是通过计调人员的有效运作,使各部门形成完整、互动的经营体系的。

许多业外人士,甚至部分旅行社经营管理人员有一种误解,认为在有关旅行社的服务质量投诉中,很大部分是由于员工的素质及服务态度造成的。但据有关资料分析,旅行社发生的服务质量问题,其根源可追溯到计调人员的操作程序上去。

比如,一个旅游团队按计划下周一要去雍和宫,计调人员就要把行程提早做出来,并要进行准确的确认。如果遇到一位不负责任的计调人员,想当然地认为周一雍和宫永远是开门迎客的,为了省事而不去进行再确认,结果,那个周一雍和宫因故而没有开门,此时,游客就会把气撒在导游身上,以致影响到旅行社的信誉。

在计调安排的行程计划书中,游客的用餐时间、用餐地点,导游一般不能随意改动,所以计划书的细致与周到,直接影响着团队的服务质量。一位导游员讲了这样一件事情,有个外宾团早上到北京,导游员准时在8:30将游客接到了宾馆,并安排吃了早餐。由于旅途劳累,游客吃过早饭后已经是上午10:00了,而按照此团的行程计划书,12:00进午餐。刚用过早餐的客人不愿意在那么短的时间内再吃一顿,要求午餐时间后延,但导游员没有权力更改用餐时间,这种情况就属于计调人员对行程安排不合理。没有完整、清晰、准确地向接待部门阐明接待的细则和要求;对行程松紧安排不当;对交通工具监控不力;对住宿酒店了解不足等,都是计调人员易发生的失误。

案例分析 4—1

计调一味追求高标准的住宿就能满足客人的要求吗?

计调人员未就团队中客人的构成,客人对行程首站、末站的要求等事宜与销售人员进行充分沟通,没有充分了解客人的要求,便在操作中过分地掺杂个人主观,甚至是想当然的东西,总以为这样安排,客人通常都不会有意见。结果菜是做出来了,却不合客人的口味。例如,有个旅游团的线路是去内蒙古和山西,团队价位报得有点高,计调部经理想安排好一点,因此决定,在内蒙古安排住豪华蒙古包,即二人一包,和星级饭店一样有独立卫生间;在山西省则住太原的四星级饭店。结果团队对住房并不满意。他们说在内蒙古还不如住六人一包的普包,这样才像住蒙古包,大家济济一堂,那才热闹,有来到内蒙古的感觉;对于在太原安排住四星级饭店,他们并不好受,因为他们是教师团,与饭店进进出出的客人格格不入,显得穷酸,故而,他们宁愿住在平遥古城,第二天早晨也不必赶时间,又能在平遥古城好好逛逛。

分析与提示

这算不算"赔了夫人又折兵"呢?真是出了钱还未能达到客人满意,这就是计调人员没有与销售人员很好沟通、不了解游客心理需求所造成的后果。

(资料来源:自编)

计调对旅游行程中的服务质量所起的作用是至关重要的。计调人员丰富的操作经验、灵活的调配能力及细心、周到的人性化服务理念及超强的责任心,都是决定服务质量的关键,决定着旅行社所做的每道"菜"是否适合游客的"口味"。

2. 计调人员是旅游活动的幕后操纵者

对计调部而言,成本控制与质量控制是两大核心工作。成本控制,是指计调部要与接待旅游团队的饭店、餐馆、旅游车队及合作的地接社等洽谈接待费用,计调部能够控制旅行社的成本。所以,一个好的计调人员必须要做到成本控制与团队运作效果相兼顾,也就是说,必须在保证团队有良好运作效果的前提下,在不同行程中编制出一条能把成本控制到最低的线路。在旅游旺季,计调人员要凭借自己的能力争取到十分紧张的客房、餐位等,这对旅行社来说,相当重要。质量控制,就是在细心周到地安排团队行程计划外,还要对所接待旅游团队的整个行程进行监控。因为导游在外带团,与旅行社唯一的联系途径就是计调部,而旅行社也恰恰是通过计调部对旅游团队的活动情况进行跟踪、了解,对导游的服务进行监督,包括代表旅行社对游客在旅游过程中的突发事件进行灵活应变。所以说,计调人员是旅游活动的幕后操纵者,是旅行社完成地接任务、落实发团计划的总调度、总指挥、总设计。可以说,计调事无巨细,大权在握,具有较强的专业性、自主性和灵活性,而不是一个简单重复的技术性劳动。

(二)计调的作用

计调在旅游行业处于一个特殊的地位,旅行社的发展往往取决于旅行计划的实施,而计划的实施在于计调人员的贯彻和执行。计调人员对上要配合旅行社发展计划,完成总经理和计调经理制订的工作计划;对中要核算成本、利润、毛利率,在团队旅游开始前向财务支取备用款项,团队旅游结束后整理报账;对下要和前台及销售人员沟通,保证产品线路的销售。

团队运作顺利,说明计调工作尽心尽职;团队出现投诉及质量问题,说明计调在选择接待社及安排导游人选上出现失误,不够严谨;处理投诉及善后事宜,降低损失、维护旅行社声誉及利益取决于计调的应变能力、经验及前瞻性;重大团队谈判成功与否,取决于计调业务知识及谈判能力;工作计划、产品线路和同业的选择一成不变,反映了计调的庸碌无为……培养一名称职的计调人员要花去大量的精力、人力和物力,一个运作班底的组成或者一个新旅行社的开办,首先考虑的人才就是计调。一个尽心尽责的计调可以协助公司的前台、外联收客,让经理放心;一个粗心大意的计调会让所有员工提心吊胆。因此,从事旅游业的人都知道计调的重要性。计调,是旅行社业务开展的命脉。

二、计调部

计调部为了保证其业务能正常开展,必须建立一个科学和合理的组织机构。由于各旅行社的职能、规模和管理方式不同,旅行社计调部的组织构架也有较大的差异。不过,计调部的内部岗位设置也有共性,一般包括信息资料、计划统计、对外联络、订票业务、订房业务、内勤业务和调度变更等岗位。

(一)信息资料

负责收集各种资料和市场信息,为有关部门决策提供参考。
①收集、整理来自旅游业的各种信息;

②将汇编的信息资料下发给有关部门,并编号存档;
③向旅行社的决策层提供所需信息及资料分析报告;
④收集旅游团的反馈信息并制作列表。

(二) 计划统计

负责根据本部门的业务要求编制各种业务计划,统计旅行社的各种资料,并做好档案管理工作。

①承接并向有关部门及人员分发旅游团的接待计划;
②承接并落实各地旅行社发来的接待计划;
③编写本社年度业务计划;
④统计本社旅游业务月、季报表,编写接待人数月、季报告;
⑤向旅行社的决策部门、财务部门提供旅游团流量、住房、交通等方面的业务统计及分析报告。

(三) 对外联络

负责对外联络的信息反馈事宜。

①选择和联络本部门的合作者,对外报价或接受报价;
②传播并反馈各种信息,向上级主管提供各种资料,协调与相关部门的关系;
③做好昼夜值班记录和电话记录,将相关信息准确无误地进行转达与传递;
④对本社的接待计划应做到了如指掌,并在登记表上及时标出接待团的编号、人数、服务等级、订房情况、抵离日期、下一站城市、航班或车次时间等;
⑤掌握旅游团取消、更改情况,并及时通知有关人员做好接待调整工作。

(四) 订票业务

负责旅游团(者)各种交通票据的订购。

①负责落实旅游团(者)的飞机、车、船等交通票据,并及时将落实情况转告有关业务部门或人员;
②在接到各业务部门有关旅游团(者)人数、航班或车次的变更通知时,及时与有关合作单位联系,处理好更改、取消事宜;
③负责计划外旅游团(者)的飞机、车、船票的代订业务,并根据委托代办的要求办理订座或再确认事项;
④根据组团社的要求或旅游团的人数规模,负责办理申请包机/专列手续,代表计调部签订包机/专列协议书,并将情况转告有关业务部门,以便落实具体衔接工作;
⑤负责本社陪同导游和外地组团社全陪的飞机、车、船票的代订工作;
⑥负责与合作单位做好旅游团(者)票务方面的财务结算工作。

(五) 订房业务

负责旅游团(者)的各种订房业务。

①负责与饭店洽谈房价,签订订房协议书;
②根据接待计划中的客房预订要求,为旅游团(者)及陪同预订住房;
③负责住房预订的变更、取消事宜;
④负责包房使用、销售、调剂工作;
⑤负责旅游团(者)住房流量表的制作及其单项统计;
⑥协同财务部门做好旅游团用房的财务核算工作。

(六)内勤业务
负责部门内各种内勤工作。
①与餐馆、车队洽谈并草拟协议书;
②根据接待计划,为旅游团订餐、订车,做好有关餐、车预订的变更或取消工作;
③负责安排宴请、自助餐会、大型招待会;
④为旅游团(者)预订文艺节目票,负责落实专场演出等;
⑤负责安排特殊要求的参观、访问、拜会。

(七)调度变更
负责调度各种交通工具,并做好因各旅行团的变更而带来的协调工作。

三、计调部的机构和设置

计调部的编制定员情况比较复杂,其具体岗位设置主要取决于旅行社的种类、规模、业务范围以及计调部的工作范畴。

计调部业务包括采购、客流调度平衡和统计等工作。中小旅行社一般设有1~3个计调。大的旅行社根据业务量设置计调,有国际部,如欧洲部、美洲部等;国内部则按照线路不同来设置计调中心,如图4-1和图4-2所示。

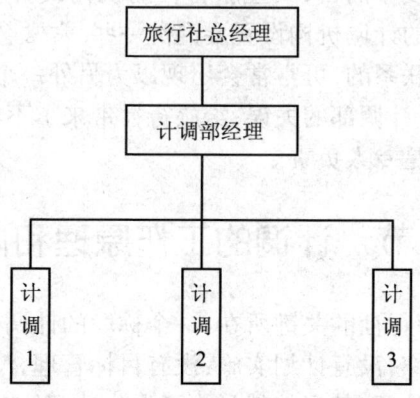

图4-1 中小旅行社的机构设置图

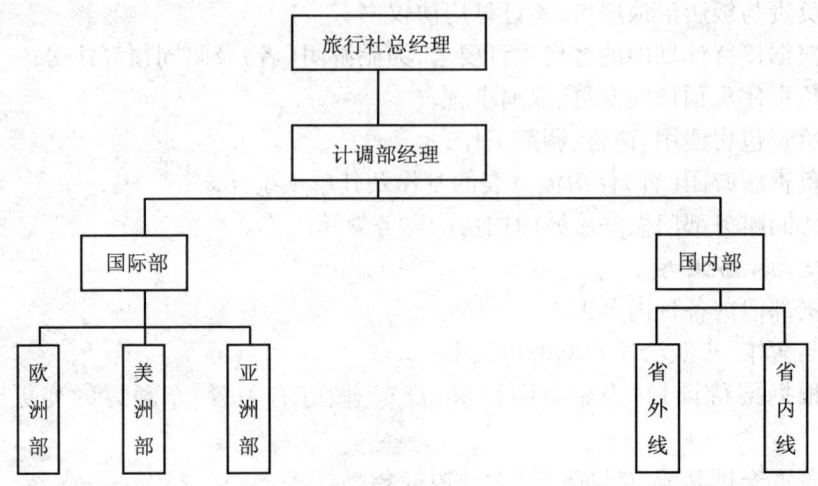

图 4-2　大型旅行社的机构设置图

图 4-1 是中小旅行社计调部的机构设置图。在总经理下设计调部，一般情况下计调部有 1~3 名计调人员。因为在比较小的旅行社，计调人员往往身兼数职，他们既要做业务，又要做计调，还要做导游，有的甚至还要做门市接待。因此在比较小的旅行社同时设有几个计调人员，如果一个带团去了，另外几个还可以在办公室兼做其他二职，这是由中小旅行社人手少所决定的。

图 4-2 显示了一些大型旅行社计调部的机构设置。在总经理下设计调部中心，在计调部中心下又分为国际部和国内部。国际部比较简单，下设欧洲部、美洲部、亚洲部等。而国内部比较复杂，其计调主要是根据旅游线路来设置的，常常分为省内线和省外线。一个计调可管几条线路，负责接团电话、报价、签约、问询等。

就这两种计调机构设置而言，大型旅行社的机构设置要合理、科学一些，它是专人负责。中小旅行社的计调机构设置要混乱一些，常常会发生衔接不好的现象，如一些事情本来是相互联系的，可常常会出现以为另外一个计调做了这件事、其实谁也没有做的情况，造成计调部的失误，给旅行社带来了不必要的损失。比较理想的计调部机构设置应该是专人负责。

第三节　计调的工作原理和内容

众所周知，计调是旅行社的关键所在，一个称职的计调首先要学会制订工作计划。如果只会简单地操作，没有计划实施，没有目标管理，没有对比反思，这个计调绝对不称职。倡导规范计调，其目的就是为了强化计调的工作能力，提高其主动性与责任感，增强其工作的计划性。所以计调必须学会在某一特定阶段制订某一特定的工作计划,以此检验计调职能贯彻的结果。因此,制订工作计划非常重要。

一、计调的工作计划制订

随着旅游市场的细分,计调的种类也越来越多,就目前情况而言,大致可分为组团类计调、接待类计调、会展类计调、特项类计调等。其中组团类又可分为国内组团与出境组团,接待类又可分为国内接待和入境接待。由于分类不同,制订的工作计划也不尽相同,应根据不同的特性制订不同的工作计划。

(一)组团计调工作计划的制订

每个旅行社都希望自己是一个组团社,用旅游界的行话来说"组团是大爷,接团是孙子"。虽说此话不一定正确,但从某种角度来说又无可非议。因为组一个团相当不易,组团社希望地接社价格低、质量好,以争取自己利润空间的最大化。而接待社为了争取团队往往也会配合压低价格以取得组团社的青睐。相对而言,组团社拥有更多主动权。因此组团计调,无论是国内组团还是出境组团,必须在工作计划实施前制订出现阶段的工作计划,否则等团队到来临时安排会显得手忙脚乱、易出差错。计划做得越详细、越标准、越规范,就越有自信和把握。

1.国内组团计调工作计划的准备与制订

组团计调与接待计调最大的差别是视野。由于游客出游的动机及目的各有不同、千变万化,势必让组团计调视野要拓宽。国内组团计调不仅要对本地区的旅游线路了解,还要对全国的旅游线路熟悉,否则无法运用特性对比策划出好的线路产品。国内组团计调应从以下几个方面着手工作准备:第一,划分旅游区域,设定区域团号;第二,策划常规线路,突出主打产品;第三,建立景区档案,编制游览行程;第四,选定出团交通,确立线路成本;第五,甄选合作单位,核准最终报价;第六,设定操作流程,应用规范模板;第七,关注同业信息,对比信息变化;第八,落实操作过程,预警团队失误;第九,细看接待内容,回传确认备存;第十,跟踪团队质量,调整优化组合;第十一,学会用图表说话,遇事冷静对待;第十二,树立收客信心,争当公司核心。

2.出境组团计调工作计划的准备与制订

由于受地域和国境的制约,相对国内组团计调而言,出境组团计调操作要相对简单,但责任更大。国内组团计调一旦出了问题,还便于沟通解决,而出境计调则不同,由于语言、文化和距离的制约,以及目的地国家政策、签证、汇率、交通等因素的限制,一旦出现问题,往往会陷入尴尬和被动,一个细小的失误可能就会导致重大的损失,付出昂贵的代价。因此,出境组团计调在操作上更需严谨,并遵循"七步法则":审核资料,查看要求,选择航班,解析成本,实施操作,全程跟踪,回访归档。

案例分析 4—2

若旅行社无力赔偿,是否适用于质量保证金?

北京某国际旅行社在取得"国际旅行社业务经营许可证"后,便组织出境游——泰港澳十四日游,张某 16 人报名参加。此旅行社因太过匆忙,未对地接社进行比较选择,就随便找了一家香港旅行社。因地接社组织不力,泰段没有地陪,许多景点不能游览。张某回北京后,便至北京这家旅行社提出索赔,该社辩解这不是他们的责任。张某等于是前往旅游质监局投诉,发现该旅行社缴纳的质量保证金只有 60 万元。

分析与提示

旅行社的辩解不正确,因为根据《旅行社管理条例》及相关规定,旅行社组织旅行者出境旅游,应当选择有关国家和地区依法设立的、信誉良好的旅行社,并与之签订书面协议后,方可委托其承担接待工作,旅行社如此草率,是为错误之一;因境外旅行社违约,使旅游者权益受到损害的,组织出境的境内旅行社应该承担赔偿责任,然后再向境外的旅行社追偿,故该社辩解纯属狡辩,是为错误之二。

根据《旅行社管理条例》的规定,国际旅行社经营入境旅游业务者,需缴纳 60 万元人民币质量保证金;经营出境旅游业务者,还需缴纳 100 万元人民币质量保证金,故该社缴纳的质量保证金不足,需补缴 100 万元。另外,根据《旅行社质量保证金暂行规定》及其《实施细则》规定,旅行社因故意或过失,未达到合同约定的服务质量标准而造成旅游者的经济权益损失,旅行社不承担或无力承担赔偿责任时,适用保证金对旅游者进行赔偿,因此张某此次所投诉的旅游事故适用于质量保证金。

(资料来源:中华人民共和国国家旅游局网站 http://www.cnta.gov.cn/)

(二)接待计调工作计划的制订

说到接待,势必想到这是个操心、烦人的细致活。组团好比框架工人,接待好比雕刻大师。好的接待计调可以将粗糙的组团"框架"打造成优良的"艺术品",让游客回味,让组团社放心,这是一个称职的接待计调应该具备的基本素质。所以,无论是国内接待还是入境接待,计调在工作之前必须制订一个实用的工作计划,这是必不可少的工作准备。

当一名称职的接待计调,首先要拥有一批很棒的专职导游员辅助。俗话说:"祖国山河美不美,全靠导游一张嘴。"好导游能帮计调减轻压力,减少和避免麻烦,增加边际效应和团队利润。作为计调要明白,手上无称职的导游,这个计调做得也没有底气。接待计调务必制订好工作计划,确保团队操作得心应手。具体准备应从以下几方面着手:

①建立房源档案(国内主要以三星、二星级酒店为主,适当寻找一些有特色或特价的四星、五星级酒店;国际入境偏重四星、五星级高档次酒店)。

收集团队房信息——可由导游、同业、网络、订房中心提供,也可由酒店推荐或是朋友介绍。

要查看、对比、甄选、签约,确定主攻方向,建立协作关系,最关键的是诚信。

②建立车队档案(以享有客运行驶、省际交通营运资质的大中型车队为主,辅以私人车队)。

收集车队信息——可从景点停车场、团队酒店停车处等处获得或经导游推荐、同行提供、车头介绍等。

须查看车型、车况、司机的驾车年限、行车线路的熟悉度等,以及车头的法律意识。

③建立景区档案(以本地区常规景点为主,周边景区为辅)。

收集团价信息——来源于邀约签单、同行推荐、导游提供。

④建立团餐档案(国内接待以低价团餐为主,入境以特色风味团餐及就餐人员不杂多的定点团队用餐餐厅为佳)。

收集团餐信息——来源于邀约签单、同行推荐、导游提供。

⑤建立购物店档案(分地区归类,按客源归档,以实用易销产品为主)。

收集购物店信息——来源于邀约签单、同行推荐、导游提供,注意其诚信信息,以防被骗。

⑥建立交通档案(主要以火车票为主,适当收集一些具有票务优势的专业人员信息,以备急用)。

收集票源信息——来源于朋友推荐、导游推荐、同业推荐、网络信息等。

⑦建立导游档案(主要以专职导游为主,适当找一些新导游以备急用)。

收集导游信息——来源于导游推荐、同业介绍、学院招聘、上门签约。

⑧建立协作档案(主要以周边城市的协作旅行社为主,质量好、价格低并能调配资金流动的)。

收集协作信息——导游推荐、同业推荐、上门签约、网络对比、会议联系。

⑨建立保险资料档案(主要以国内各大保险公司、保险险种、保险范围为主)。

收集保险信息——保险公司主动联系推销、同行介绍、媒体宣传与信息发布,注意诚信度,以防被骗。

案例分析 4—3

计调部经理不知道我国主要客源国概况是理由吗?

2016年康泰旅行社有一日本团,计调部经理在派车时,只考虑车况还可以,司机也常做外团,因此就派了这辆较新的金龙车。等到地陪上团时,发现该旅游车是一辆黄色的旅游车,而做旅游的人应该知道,日本人是忌讳黄颜色的。其著名案例——可口可乐和百事可乐竞争日本市场,就是因为百事可乐饮料包装盒是黄颜色的,而可口可乐的易拉罐包装盒则是深受日本人喜爱的红色,从而导致了百事可乐进军日本市场的失败,可口可乐取胜。可是,当地陪问到计调部经理时,该经理却怪地陪不早说。可见,她不知道,日本是我国最大的客源国。

分析与提示

作为计调部经理,她应该知道我国主要客源国的概况及其忌讳,可见我们计调部经理素质低下,还有待提高。在向用车单位下订单时,仅就用车时间、接洽地点、座位数进行落实,而忽略了对车容、车貌、车况的了解。在航空票务方面仅对票务中心报了计划,而忽略了对机型、航空公司、航班时间等进行跟踪。

（资料来源:自编）

(三) 同业专项计调工作计划的制订

同业专项计调,介于批量定时接待和组团专项收客之间,既有别于组团社直接面对游客,又有别于接待社全国性接待;既没有组团社直销游客那么劳心,因为其游客是由组团社零散客拼团出发,又没有接待社那么操心,点点滴滴都要自己去操作。实际上是一个旅游中介的角色,行业的"二传手"。因此,同业专项计调只要将选定的线路包装成最有诱惑力的专线产品去鼓励组团社收客,从中赚取差价再交由接待社接待。同业专项计调在制订工作计划时应掌握以下内容:选定产品线路,落实交通航线;建档地接分类,关注组团变迁;定期出团不变,询问核价快捷;收客确认仔细,诚信永远第一;送票收款及时,严防骗子遇见;团队实操归档,组接跟踪几遍;变动及时通知,调整一定道歉;友情若要长久,温馨电话天天。

(四) 会展计调工作计划的制订

由于会务会展是一项多功能接待项目,既有会前准备,又有会展布置,还有会后旅游,因此该项工作计划以及策划工作的准备一定要明晰合理,并有特色。这种带有策划性的工作计划,若没有合理周到的安排,很容易得罪会议主办单位及参会客人,因此在策划制订工作计划时,一定要将会展会务放在首位,根据会展主题来制订工作计划,这样才能保证计划成功。

准备时应把握以下要素:主题+酒店落实+安排贴切+会场氛围温馨+短距离旅游+会后结账。

(五) 特项计调工作计划的制订

1. 老年、学生、拓展团计调工作计划的准备与制订

老年团计调工作计划的准备只需记住"六十字"法则:行程要舒适,节奏要缓慢,饮食要健康,住宿要干净,讲解要尽情,购物要理性,语气要中肯,利益要贴近,护理要及时,行动要跟紧,分组要明确,温暖要关心。

学生团计调工作计划的准备只要关注车队、景点即可。因为它重在外联,操作时应注意安全、准时、配合校方。

拓展团计调工作计划的准备应将参团游客的猎奇、冒险心态融于活动之中,注重寓教于乐和安全。

2. 机酒(机票和酒店)计调工作计划的准备与制订

由于机+酒自由人越来越受青睐,这种活动的参与者往往是年轻人,旅游目的地以度假胜地为主。在准备与制订机酒计调工作计划时应遵循以下准则:关注节假日,机酒早落实;平时重机位,旺时靠酒店;散客拼团走,团体天天有;注意接送车,购物莫勤走;诚信放第一,口碑能长久。

二、计调的采购方法

(一)交通服务采购方法

1. 航空交通服务的采购方法

担任航空交通服务采购工作的旅行社采购人员必须具备有关航空公司使用的各种设施设备、提供的各种服务项目、各种机票价格、国家关于民航运输的有关法律规定及航空公司的各种相关规定等相关知识。

航空交通服务采购分为两种形式,即定期航班飞机票的采购和旅游包机的预订。

(1)定期航班飞机票的采购

飞机票的预订:在预订飞机票之前,必须了解乘坐飞机的旅游者和提供这种服务的航空公司两方面的信息,以便能够顺利地预订到旅游者所要求乘坐的飞机航班及相应的座位。旅游者方面的信息包括旅游者的姓名、年龄、性别、国籍、家庭住址、联系电话、身份证号码、护照及签证有效期以及同行人数等。航空公司方面的信息包括飞行设施设备、机票价格及其他服务信息。

飞机票的购买:购票时,采购人员须持现金或支票及乘机人的有效身份证或旅行社出具的带有乘机人护照号码或身份证号码的乘机人姓名、航班、起飞时间、票价金额、目的地等内容。

飞机票的确认:有时,旅游者事先已自行购买了飞机票。对于这种旅游者,旅行社提供的服务则变成代旅游者确认飞机上的座位。

飞机票的退订与退购:旅行社采购人员在为旅游团队或旅游者预订或购买飞机票后,有时会遇到因旅游计划变更造成旅游团队的人数减少或旅游者(团队)取消旅行计划等情况。遇到此类情况时,采购人员应及时办理退订或退票手续,以减少损失。旅行社退订飞机票,一般按照旅行社事先与有关航空公司达成的协议或口头谅解规定的程序办理。旅行社退购飞机票,则应按照民航部门的规定办理。

补票与机票变更:旅游者有时因各种原因将飞机票不慎丢失,旅行社采购人员应协助旅游者挂失,然后凭机票遗失证明在飞机离开前一天下午到航空公司售票处取票并交纳补票费。如果旅行社在飞机票购买之后,因旅行计划变更而需要变更航班、日期、舱位等级,采购人员必须在原指定的航班飞机离站前48小时内提出变更申请。每张客票只能变更一次。

(2) 旅游包机的预订

当出现需要包机的情况时,旅行社采购人员应立即设法同旅游包机公司或其他航空运输公司联系,通报乘机的人数、日期、前往地点等情况,并询问租赁飞机的费用、所能提供的飞机机型、起飞和降落的地点等信息。一旦条件合适,采购人员应该立即向旅行社有关领导请示,经批准后向所选择旅游包机公司或其他航空运输公司提出包机申请。当包机申请被接受后,采购人员应该立即同对方签订包机协议。

2. 铁路交通服务的采购方法

旅行社采购铁路交通服务的关键在于保证及时购买到旅游活动所需要的各种火车票。

(1) 火车票的预订与购买

在采购铁路交通服务时,应首先向铁路售票处提出预订计划,包括订购火车票的数量、种类、抵达车站名称、车次等,然后采购人员持现金或支票到售票处购票。

(2) 退票

因旅游者的旅行计划变更或取消时,旅行社采购人员应根据铁路部门的规定办理退票手续,交纳退票费。

(3) 车票签证

旅游者如不能按票面指定的日期和车次乘车时,在不延长客票、加快票有效期间和列车有能力的条件下,可办理一次提前或推迟乘车手续。

(4) 变更线路

旅游者在中途站或列车内,可要求变更一次线路,但变更线路时应在分歧站以前提出变更声明,并在客票有效期间内,能达到站时,方可办理。办理变更线路手续时,由铁路有关方面收回原票,换发代用票,补收或退还从分歧站起算的新旧线路里程差额的票款。不足起码里程时,只收不退还,并且核收手续费。退还票款时注明"由到站退款"。

(5) 旅游专列的申请和审批

随着专项旅游产品在市场内的活跃,旅游专列产品在舒适程度、经济实惠、运送人次等多个方面受到旅行社及消费者的青睐。旅游专列的申请和审批程序如下:

①包车人(如几家旅行社或单位同时包用一列车时,应提出一个牵头单位)应不少于25个工作日前向始发站或其上级客运主管部门提出开车要求并填写包车申请表。

②接到开车要求部门应于2日内向上级客运主管部门提交开车申请表。

③旅游专列在京广、京九、京沪、京哈、陇海、浙赣六大干线跨局或跨部控分界口以及跨三局以上运行时,由铁道部审批。除此之外,由开车局与相邻局协商同意后,由开车局审批,报铁道部备案。在局管内开行时,由铁路局审批。须报铁道部审批时,由铁道部运输营运主管部门归口受理,由营运、调度部门制订阶段性方案后批复。

④审批部门自接到开车申请表日起,有固定运行线的,必须于3个工作日内;无固定运行线的,必须于5个工作日内,将申请表以电传形式批复申请部门。同意开车的,包车人必须于开车15日前向铁路局确认,具体开车时间在确认后以调度命令下达。

⑤车站接到批复后,要按照《铁路旅客运输规程》对包车的规定,与包车人签订包车合同并收取相当于运费20%的定金。当日售票的可不收定金。

⑥旅游专列本着质量最佳、效益最佳,同等条件按申报时间先后的审批原则安排开行。

3. 公路交通服务的采购方法

旅行社采购人员在采购公路交通服务时,应对提供此项服务的旅游汽车公司及其他长途汽车公司进行调查,充分了解该公司所拥有的车辆数目、车型、性能、驾驶员的技术水平、公司的管理状况、租车的费用等情况。然后,采购人员将收集到的有关信息加以整理和分析,从中选出汽车车型、驾驶员技术水平和价格均适合旅行社需要且管理水平较高的旅游汽车公司或其他长途汽车公司作为公路交通服务的采购对象。最后,采购人员代表旅行社经过谈判,同这些公司签订租车协议。

4. 水运交通服务的采购方法

旅行社采购人员在采购水运交通服务时,应根据旅游者或旅游团队的旅行计划和要求,向轮船公司等水运交通部门预订船票,并将填写好的船票订票单在规定日期内送交船票预订处。采购人员在取票时应根据旅行计划逐项核对船票的日期、抵离时间、航次、航向、乘客名单、船票数量及船票金额等内容。购票后,如因旅行计划变更造成乘船人数增加、减少以及旅行计划取消等情况,采购人员应及时办理增购或退票手续,保证旅游者能够按计划乘船,同时减少旅行社的经济损失。

(二)住宿服务采购方法

1. 选择住宿服务设施

旅行社采购人员必须严格考察酒店、旅馆、客栈等住宿服务设施,并从中选出一批质量好、价格公道、愿意为旅游者提供优质服务的住宿服务设施,以便能够确保满足旅游者在旅游过程中的住宿需要。旅行社采购人员应该从以下几个方面考察住宿服务设施。

(1) 坐落地点

不同类型旅游者对住宿设施的坐落地点有着不同的要求和偏好。例如,商务旅游者、停留时间长的旅游者或喜欢购物的旅游者偏爱坐落在市区特别是市中心的酒店,短暂停留的过往旅游者则不大关心酒店的坐落位置。

不同类型的住宿设施,经营方向也不一致。有些酒店以散客旅游者为主要客源,有些酒店以会议旅游者为主要客源,有些酒店则以旅游团队为主要接待对象。

(2) 设施设备

采购人员应该考察酒店、旅馆等的设施和设备情况。例如,酒店是否配备会议室、商务中心、多功能厅、宴会厅、健身设施等。

(3) 服务类型

采购人员还要了解酒店是否提供本旅行社产品所要求必须具备的服务。例如,以团体包价旅游作为主要经营产品的旅行社采购人员应特别注意酒店的行李运送服务,以便当团体旅游者到达或离开酒店时,酒店能够及时将他们的行李送到下榻的房间,或将他们的行李从其所下榻的房间取出送至酒店行李处,交旅行社的行李员运走。

(4) 停车场地

采购人员需要考察酒店是否拥有一定面积的停车场地。以团体旅游产品为主要经营业务的旅行社对停车场地尤为重视,因为团体旅游者多乘坐大型客车旅行游览,酒店在门前拥有较大面积的停车场能够为旅游者出入酒店提供方便。

2. 选择预订渠道

组团旅行社预订是指组团旅行社直接向有关酒店提出预订要求。组团旅行社在预订酒店客房服务时,一般采用信函、传真等方式。

(1) 委托酒店预订中心预订

如果旅游者要求住连锁酒店集团所属的酒店,旅行社可以委托该酒店集团预订中心为其预订所需的客房。许多连锁酒店集团都提供这种服务,如希尔顿酒店集团、喜来登酒店集团、洲际酒店集团等。

(2) 委托酒店销售代表预订

委托酒店销售代表订房的主要好处是,酒店销售代表熟悉酒店的各种情况,能够向旅行社采购人员提供有关酒店设施设备、服务项目等详细信息,有利于旅行社采购人员进一步了解该酒店,从而为旅游者选择最佳住所。

(3) 委托地方接待社预订

许多组团旅行社认为最好委托旅游者前往地区的接待旅行社预订住宿设施,将住房和游览参观、交通、餐饮等服务组合在一起,构成全包价旅游产品。

3. 确定酒店房租价格

酒店客房种类很多,采购人员必须熟悉这些客房的价格,以便根据旅游者的要求、旅行社同酒店的合作关系、当地住宿服务市场的供给状况、旅行社提出预订的日期、旅游者入住酒店的日期、在酒店的逗留时间等因素与酒店进行谈判,获得最优惠的价格。

4. 酒店预订程序

(1) 提出租房申请

在申请时,采购人员应提供旅行社的名称,需要的客房数量和类型,入住酒店的时间,离开酒店退房的时间,结算方式,旅游者的国籍、姓名、性别,夫妇人数,随同儿童人数及年龄,旅游者在住房方面的特殊要求等信息。酒店在接到旅行社的租房申请后,如果认为能够按照旅行社提出的要求提供客房,通常会向旅行社发出确认函。确认函里须注明酒店发出的确认号码,即旅行社的预订号码。旅行社所接待的旅游者凭确认函入住酒店。

(2) 交纳预订金

酒店通常要求旅行社在接到酒店发出的预订确认函后的一定时间内,向酒店交纳预订金,以便确保酒店在规定时间内为旅行社保留其所预订的客房。每个酒店都有关于预订金交纳的时间、比例、取消预订的退款比例等事项的规定。采购人员必须熟悉这些规定。如果旅行社未能在规定的时间内交纳预订金,酒店就会认为旅行社取消预订,而将客房出租给其他客户或客人。

(3) 办理入住手续

旅游者在预定时间到达酒店后,即可凭旅行社转交的酒店确认函在酒店前厅接待处办理入住手续。

(三) 餐饮服务采购

旅行社采购人员在采购餐饮服务时应根据旅游者的口味、生活习惯、旅游等级等因素,安排旅游者到卫生条件好、餐饮产品质量高、餐厅服务规范、价格公道的餐厅就餐。旅行社采购人员在采购餐饮服务时,可以采用定点采购的办法。所谓定点采购是指旅行社经过对餐饮设施进行全面考察和筛选后,与被选择的餐厅或餐馆进行谈判,提出有关旅游者就餐的特点、各种旅游者或旅游团队的就餐标准,并要求对方提供详细的菜单。

(四) 游览景点和参观单位服务采购

游览和参观是旅游者在旅游目的地进行的最基本和最重要的旅游活动。做好游览景点和参观单位服务的采购工作对于保证旅游计划的顺利完成具有举足轻重的作用。除少数特殊游览和参观景点外,绝大多数游览和参观景点服务采购由各地的接待旅行社承担。

(五) 旅游购物和娱乐服务采购的方法

旅游购物和娱乐活动是旅游活动的两个要素。旅行社组织好旅游者的购物和娱乐活动不仅能够满足旅游者在这两个方面的需求，提高他们对旅行社接待工作的满意程度，而且能够为当地增加经济收益和就业机会。旅行社采购人员应该重视旅游购物和娱乐服务的采购业务，对当地的商店和娱乐场所进行详细的调查，筛选出一批信誉好、种类齐全、价格合理的商店和一批质量高、具有特色的娱乐场所，并与之建立长期合作关系。

(六) 旅行社接待服务采购的方法

组团旅行社应根据旅游客源市场的需求及其发展趋势，有针对性地在各旅游目的地旅行社中间进行比较和挑选，选择适当的旅行社作为接待社。总的说来，应从以下四个方面挑选接待旅行社：

1. 信誉

接待旅行社必须根据事先与组团旅行社达成的合作协议，严格地按照双方商定的接待标准和组团旅行社的旅游接待计划向旅游者提供接待服务。接待旅行社不得以任何借口拒绝履行合作协议，或者不按照双方商定的接待标准提供服务。接待旅行社如因特殊原因，无法落实旅游接待计划所要求的活动内容，必须及时通知组团旅行社，并在征得组团旅行社同意后，方可改变原先的接待计划。

2. 接待能力

接待旅行社必须具有较强的接待能力，能够采购到组团旅行社委托其采购的各项旅游服务，并提供优质的旅游服务。

3. 合作愿望

接待旅行社必须具有与组团旅行社真诚合作的愿望，积极主动地配合组团旅行社履行与旅游者达成的旅游合同。

4. 收费

接待旅行社的收费不能过高，超过旅游者和组团社的承受能力。接待旅行社不能以各种借口违反事先达成的协议，侵害旅游者和组团社的合法利益。

第四节 计调的采购原则和原理

计调部是旅行社的"供需媒介"，要有效地协调好供需关系，就要做好以下工作。

一、采购原则

(一) 正确处理保证供应和降低成本的关系

保证供应与降低成本，是旅行社采购工作中同等重要的两大任务。正确处理保证供应和降低成本的关系，就是既要保证供应，又要降低成本，听上去有点自相矛盾，因为保证供应与降低成本，本身就是一对矛盾。因此，在实际工作中，旅行社针对不同情况在这两者之间有不同的侧重，或者说，是在不同时期用不同的策略来协调这对矛盾。即在供应紧张时，侧重供应，调动所有关系，全力以赴保证供应；在供应充足时，侧重降低成本，尽可能多地扩大利润空间。

例如在旅游旺季时，机票常常是旅游业务最大的顽敌，报名参团的人数很多，可是机位却迟迟不能确认，业务经理急得像热锅上的蚂蚁，彻夜难寐。此时"交通运输网"的作用就显现出来了，谁的网络范围广泛、合作关系良好，谁就能拿到更多的机位，也就能保证更高的成团率。这不仅能显示自己的运营实力，还能赢得潜在的客源市场。而在旅游淡季时，机位充足，客源紧缩，为了吸引尽可能多的游客，旅行社就要凭借良好的"交通运输网"拿到优惠的价格，降低成本，提高产品的市场竞争力，保证自己旺季不慌、淡季不淡。

（二）正确处理预订和退订、增订的关系

旅游属于预约性交易，旅行社一般在年底，根据其计划采购量，与旅游相关行业洽谈第二年的业务合作。计划采购量一般是由旅行社参照前几年的实际客流量，并根据对来年的市场预测确定的。计划数额与实际需求之间总会有差距，这就要求旅行社有良好的预测、约定和应急能力，能处理好预订和退订、增订的关系。也就是说，在正常情况下，即在没有突发和意外事件时，旅行社要对自己往年的客流量有精确的统计，才能对来年市场的预测有理有据、准确率高。而在与相关行业签订合约时，要充分考虑到各种特殊情况发生的可能性，细致入微地约定好临时退订和临时增订条款，尤其是对非常事件和不可抗力（如前几年发生的"非典"）造成退订的约定，更要详尽明确，合理维护自己的权益，以避免买卖双方发生不必要的纠纷。在实际运作过程中，如果计划预订量大于实际需求量，就需要临时退订，产生退订费用；反之，计划预订量小于实际需求量时，就需要临时增订，产生增订费用。增订一般还会有一定的数额限制。买卖双方因立场不同，对退订和增订的期限、数额和相应的费用，有着截然相反的期望。买方旅行社希望退订的期限越晚越好，增订的限额越高越好，退订、增订的费用越少越好，而卖方则正好相反。总之，退订期限越晚，退订费用就越高，最高可达到销售价格的100%。

一般情况下，如果买卖双方能本着互惠互利、相互理解、相互支持的原则，着眼长久和未来，是能够达成共识，共同解决好预订和退订、增订的矛盾关系的。实际上，买卖双方协商的结果不可避免地要受到市场供求状况的影响。一般说来，供过于求的市场状况有利于旅行社获得优惠的交易条件。此外，双方协商的结果还取决于旅行社的采购信誉。如果在过去几年中旅行社的采购量一直处于稳步增长状态，其计划采购量与实际采购量之间的差距比较小，卖方就愿意提供较为优惠的条件。

(三) 正确处理集中采购与分散采购的关系

1. 采购的概念

这里所说的"采购",是指旅行社的旅游服务采购,是旅行社为了组合旅游产品,以一定的价格向其他旅游企业及旅游相关行业和部门购买相关服务项目的行为。有人会问,服务是无形的,如何进行采购呢?旅游服务是一种无形产品,既然是产品,无论有形与否,都是可以进行采购的。

旅行社类似一个中介机构,它销售的旅游产品大部分不是自己生产,而是由其他旅游服务企业提供的,或者说,旅行社向其他旅游服务企业采购旅游产品,经过组合加工之后,转手出售。就我国的旅行社而言,旅行社在所出售的旅游产品中,除导游服务外,其余的几乎都是从外面采购进来的。旅行社的采购对象涉及饭店、餐馆、航空、铁路、车船公司、景点及娱乐场所等相关单位。

2. 采购的目的

采购的目的就是保证供应和降低成本。

旅行社能否满足其顾客在食、住、行、游、购、娱等方面的要求,很大程度上取决于其能否采购到所需要的服务。如果不能,就无法兑现已经销售的产品;如不能使旅游者乘上计划中的航班、住上预期的饭店、欣赏到旅游协议中的景点、品尝到销售时所推销的菜肴等,就会引起旅游者的不满甚至投诉,势必影响旅行社的声誉和客源。又如旺季时,因采购业务量大,所需服务常常处于供不应求的紧张状况,如果旅行社的采购工作不得力,预订不到足够的机(车)票、客房等服务,就会失去很多业务。如果已经成行的旅游团因此而退团,那么造成的经济损失就会更加严重。

总之,旅行社采购工作的目的,就是保证提供旅游者所需的各种旅游服务,这是旅行社业务经营中一个非常重要的环节。我国旅游业发展历史较短,基础薄弱,在客流量大幅度上升的情况下,常常会出现某些旅游服务供不应求的紧张现象,要确保按质按量地提供各种服务,实在不是一件容易的事。因此,采购工作不容忽视。

在旅行社的产品成本中,直接成本占绝大部分。因此,旅行社降低成本的主要着眼点应放在决定直接成本高低的关键性因素——采购价格上。目前,我国旅行社业的价格竞争很激烈,以致旅行社的利益呈不断下降的趋势。在此情况下,如果某家旅行社的采购价格比别的旅行社低,就可以争取到更多的客源,反之就会失掉许多客源。由此可见,降低采购价格对增加旅行社的营业额与利润有越来越重要的意义。另外,由于我国正处于价格改革和经济高速发展的过程中,所以常常会因为国家调整某些产品价格,或因通货膨胀等原因造成某些旅游服务的涨价。旅行社出售的产品,特别是系列产品,从报价到成交有一个时间差,少则数月,多则一年以上,如果在报价与成交价之间某些旅游服务价格大幅度上涨,就会给旅行社造成困难。假若随之涨价,将导致消费者不满而流失客源;若自行消化上涨的价格,又会降低利润甚至亏本。因此,如何尽可能保持产品成本的稳定,是采购工作的一项重要任务。

采购是旅行社至关重要的工作,欧美国家的旅行社一般都把采购列为仅次于争取客源的重要环节来对待。而我国的旅行社对此还不够重视,一般都将采购称为后勤工作,不少人对"采购"这个词还很陌生,更有旅行社只将采购当作一项一般性的事务工作来对待,或者只看到它在保证供应方面的作用,而对它在降低成本和提高经营效益方面的作用估计不足。随着我国"入世"后所带来的机遇与挑战的日益明显,以及旅行社进一步向效益型转化,我们更应该赋予采购工作以新的内容与意义。

3. 集中采购与分散采购

按照商业惯例,批发价格低于零售价格,批发量越大,价格也就越低。因此,旅行社作为中间商,应把旅游者的需求集中起来向旅游服务供应企业采购,也就是说,应该集中自己的购买力以增强自己在采购方面的还价能力。这种采购叫批量采购,也叫集中采购,通常有两种方式:

把本旅行社各部门和全体销售人员接到的订单集中起来,统一以一个渠道对外采购。

把集中起来的订单尽可能集中地投向一家或尽可能少的供应商进行采购,便于以最大的购买量获得最优惠的价格。

但是,在供过于求的情况下,分散采购可能更易于以较低价格获得旅游者所需的服务。究其原因,是因为集中采购数量虽然很大,但其中远期预订较多,具有较大的不确定性,实际采购量比计划采购量可能会减少很多,所以计划量虽大,但其中含的水分也高。因此,卖方对买方计划的可靠性缺乏足够的信心,不一定愿意将价格定得很低。反之,由于分散采购多是近期预订,预订时一般都有确定的客源,因此,采购的可靠性高于远期预订。卖方迫于供过于求的压力,常常愿意以低价出售。

目前有些旅行社依然实行分散采购或各自为政去采购,没有集中力量统一对外。这样的弊端很多,如减弱了谈判的优势,容易滋生采购人员私取回扣、佣金的行为,且日后纠正这种做法的阻力较大。

案例分析 4—4

"互联网+"真的是旅行社需要的吗?

近两年来,国内传统旅行社过得并不轻松,他们一方面受移动互联网大环境下

OTA的市场挤压，另一方面还有旅行社之间穷追猛赶的压力。为了适应时代的需求，传统旅行社转型升级之路势在必行。

在"互联网+"热潮下，不乏"互联网+旅行社"的声音，一时间反倒使许多旅行社更加迷茫。笔者认为，在过热的市场环境下，不妨冷静下来思考一下——这个时期旅行社需要什么？"互联网+"真的是旅行社需要的吗？

2014年底，携程巨资收购华远国旅，不难看出OTA巨头们已经看准了机会，迈向对传统旅游行业的创新改造之路，该行为实则为"互联网+"。相对而言，像旅行社这种有传统行业背景的团队主动寻求转型，进入互联网的"赛道"中，改造原有的模式格局，整合原有的资源，例如众信旅游开始发力于互联网渠道等，此为"+互联网"。

OTA加快了前进的脚步，由于旅行社在实际业务操作过程中涉及到的人为因素多、行业机制受旧体制的影响大、互联网信息化程度相对较弱、内部资源的管控、员工管理、用户管理等方面得不到技术的支撑，都使得传统旅行社在对行业的把握和对资源的整合能力上所积累的行业优势如今正在被慢慢"蚕食"，难以适应互联网商业战场。另外，传统旅行社的互联网营销能力较弱、资源库存难以管理、业务操作上容易出错、分销渠道杂乱等问题也亟待解决。

分析与提示

旅行社应该顺应时代的大趋势，积极地融入互联网的世界，以最快速度提高信息化程度，利用"+互联网"的转型来解决现在面临的问题，做到因势利导，这对于现在面临转型困局的旅行社而言才是一个明智之举。而在这个特殊的时期，对于面临诸多压力的旅行社而言，笔者推荐选择借助"欣欣旅游"ERP系统的互联网解决方案，做到快速有效而且经济效益高的转型。"欣欣旅游"为兼顾不同类型旅行社的需求，组建专项团队进行实地考察、调研，研发出多版本的欣欣ERP系统。

针对介于中间层的旅游专线商，配置了"机位管理"的专线版ERP系统，以其超强的机位控制及优势资源采购的功能，解决了专线商介于地接社与组团社之间而产生的业务尴尬，不仅提供供应商、分销商账号，联动供销资源，还实现了机位的实时动态管理和信息标准化管理，支持多航段自由组合机票套餐、单点控位、一位多售（绑定多团期）、自动高效控位，提高了资源调配的效率，实现效益最大化的同时更避免了出错的麻烦。

而面向组团社，欣欣则为其配置了"门店管理"及"官网展示"的组团版ERP系统，更专注于利用信息化的手段提升旅行社门店的工作效率、品牌的竞争力、移动分销能力，以及总社协同管理门店的能力。在计调操作系统、财务管理等模块的基础上加入了品牌官网建设（PC版+APP版）、门店收客等符合组团社实际需求的功能，帮助旅行社在互联网时代提升企业竞争力！

对于有强资源管理需求的地接社,欣欣推出了主打"资源调度"功能的地接版ERP系统,以其全能的酒店、车辆、导游、门票、餐饮等资源调配功能、结团报账的系统性能,在上线不久便受到了广大旅行社同行的青睐。

(资料来源:中国旅游研究院网站 http://www.ctaweb.org/)

(四)计划变更的采购调整

旅游计划的变更及突发事件的发生,都会影响到旅游活动的进程,并影响到原先的采购,这就需要对采购工作进行调整。一般来讲,计划变更后的采购工作,应遵循以下三条原则:

1. 变更最小原则

将因计划变更所涉及的范围控制在最小限度,尽可能对原计划不做大的调整,也尽量不引起其他因素的变故。

2. 宾客至上原则

旅游计划是旅游活动的依据,旅行社一旦同旅游者约定后,一般不随便更改,尤其是在旅游活动过程中。对于不可抗拒因素引起的行程变更,应充分考虑游客的利益,争取他们的谅解。

3. 同级变通原则

变更后的服务内容应与最初的安排在级别、档次上力求一致,尤其是在饭店设施和服务方面。

知识拓展 4—1

境外旅游怎么选保险?天数、目的地消费水平定保额

出境旅游是一件开心事,但也可能遭遇银行卡盗刷、航班延误、意外伤害等。如何选择合适的保险产品、为旅游加一道"安全栓",成为不少人旅游前的必备课。境外旅游保险有哪些种类?能提供哪些保障?在购买过程中需要注意哪些问题?

首先要保障旅行安全,需选择境外旅游意外伤害险。这个险种属于短期的单次旅行保险,可选保险时间期限不等,游客需要在每次境外旅行启程前投保。各公司推出的保险条款不尽相同,选择时要注意不同国家、地区医疗险的保额,因为有些国家要求申请人签证时,需要递交的材料里包括购买的医疗保险,而且保额要确保能承担可能发生的医疗费用,一般来说,保险金额不得低于 30 万元人民币。如果去没有强制要求保险的国家,游客在选择时可以考虑出游天数和旅行目的地的消费水平等因素,消费水平越高的国家,保额也要选高一些。游客可以在保险公司网站和旅游网站上购买。

一般情况下,推出境外旅游意外伤害险的公司都与国际紧急救援机构有合作,建议游客可以搭配购买境外紧急救援险,购买前先了解合作的国际救援机构服务水平、机构网点等,险种最好包括紧急救援和医疗垫付两项功能。一旦发生意外情况,可以拨打救援热线寻求紧急帮助。

其次还有航班延误险。目前大多数航空公司制定了相应的赔偿额度,大多在几百元范围内,各家公司理赔的标准不尽相同。业内人士建议,选择产品时要重点关注赔付标准和理赔的便利性,优先选择起始赔付时间短的,航延险最好选择延误2小时起即可开始赔付,且无须机场、航空公司出具延误证明,满足赔付条件可自动快速赔付的。

银行卡盗刷险的保障范围比较全面。无论持卡人是否设定了刷卡密码、是通过POS机刷卡还是网络交易,盗刷险都可以给予保障。需要注意的是,银行卡被盗刷后,一定要及时向银行挂失,只要在被盗7天之内挂失,银行卡盗刷险都可以理赔。

(资料来源:中国旅游网站 http://www.cntour.cn/)

二、采购原理

(一)建立广泛的采购协作网络

旅游产品是以服务形式表现出来的产品,是各单项旅游产品的有机组合,也就是说它是旅游目的地地区的食(餐饮)、住(饭店)、行(交通运输)、游(游览景点)、购(旅游商品)、娱(娱乐设施)等产品的组合。旅游产品中任何环节出现纰漏,都会影响整个产品的完美实现。旅游产品还有强烈的季节性,会随市场的变化而变化。旺季供不应求时,往往拿不着机位,订不上房间;淡季时又供过于求,客源不足。

计调部的核心工作,就是通过与旅游相关行业签订合作协议,统筹计划,协调安排,使旅游产品的食、住、行、游、购、娱各个环节的服务供给得到保障。因此,与旅游相关行业建立广泛的协作网络,是计调部管理工作的重点,也是旅游服务采购的基础。

高质量采购协作网络的建立,是旅游产品采购的保证。旺季时,能以最合理的价格拿到客房、订到机位;淡季时,也能通过同业合作招徕客人。它的建立,具体是指旅行社通过与其他旅游企业及旅游相关行业或部门就合作内容与合作方式达成共识,签订合作协议,明确双方的权利、义务及违约责任,以法律手段保障旅行社所需服务的供给。

根据旅游产品的组合性,旅游采购协作网络的建立可从以下几个方面进行:

1. 交通运输网(行)

交通运输业是旅游业三大支柱产业之一,它包括航空公司、轮船公司、铁路公司、汽车公司和租车公司等。现代旅游者外出最关心的事之一就是能否安全、方便、舒适、快捷、准时地抵达旅游目的地。因此,旅行社必须与这些公司保持密切协作,以保障旅游行程的顺利进行。

目前,许多旅行社都与各航空公司、轮船公司、铁路公司建立了代理关系,经营联网代售业务。以航空公司为背景的电脑预订系统(CRS)和全球分销系统(GDS)的不断完善与迅速发展,大大简化了旅游作业流程,提高了作业效率,节省了人力和物力。近年来,电脑预订系统除了航空订位作业外,还逐渐加入了订房、租车、订火车票、订团等各种非航空(Non-air)作业,旅行社与其建立代理销售业务关系是非常必要的。同时,航空公司也愿意与旅行社合作,以求在激烈的行业竞争中寻找稳定的客源,从而在市场中占领一席之地。

2. 游览景点网(游)

游览景点是旅游行程中的核心内容,也是某一旅游地旅游资源的集中表现。某一旅游地的旅游资源,是指能够激发旅游者旅游动机并进行旅游活动的各种自然资源、人文资源和社会活动的总和,是旅游地吸引力和竞争力的核心,是旅游产品的核心组成部分。随着旅游业的发展,各地新的旅游景点也如雨后春笋般层出不穷,与其保持良好的协作关系是开发新的旅游产品的关键。因此,为了满足不同层次旅游者的多样化旅游需求,旅行社与各旅游地的名胜古迹、寺庙园林、名人故居、民宅村落、各类博物馆、传统工艺品工厂以及各种娱乐机构等保持良好的协作关系是非常重要的。

3. 饭店网(住)

饭店是一个国家或地区旅游接待能力的重要标志。俗语说,饭店是旅游者的第二个家(Home away from home)。选择不同星级标准和地理位置的饭店,满足不同旅游者的多样需求,也是旅游产品组合中至关重要的环节。

如今,在许多旅游活动、商务活动集中的城市里(如上海),地理位置和接待质量好的饭店非常抢手,尤其是在旅游旺季,如果没有良好的协作关系,旅行社很难拿到价格合理的房间。在此类城市里,饭店业完全是个卖方市场。因此,旅行社必须与相关饭店建立长久、稳定、互利的协作网络。

4. 餐饮网(吃)

"民以食为天"、"吃饱了不想家",都说明了餐饮服务在旅游产品中至关重要的地位。均衡的营养搭配,色、香、味、形的感观刺激,清洁、优雅的用餐环境,专业到位的用餐服务,都会给旅游者特别是海外旅游者留下深刻的记忆,更是其旅途中莫大的享受与难忘的体验。

计调人员在选择餐饮网点时,首先要考虑到地理位置的多样性,应根据行程的不同,就近用餐,还要考虑不同客人的不同饮食习惯和饮食口味。因为对一个现代旅游者来说,独具风味的异地美食是旅途之必需。旅游餐饮网点选择的好坏,会直接影响到旅游者对所购买的旅游产品的最终评价。餐饮采购是旅游服务中选择余地较大,又是最敏感、最受人为因素影响的一项采购,因此要给予高度重视。

5.旅游商店网(购)

人们每到一个地方旅游,总要买些有当地特色的纪念品,或赠送亲朋好友,或留作收藏以示纪念。没有购物的旅游是极少的,也是不完整的。合理的购物安排还能为国家创汇。因此,为了使购物活动(如购买珠宝古董、书画印章、土特产品等)成为旅游活动中丰富多彩、不可缺少的一部分,也为了方便旅游者购物并免遭不良商贩及黑店的蒙骗,旅行社必须选择质量与信誉上乘的旅游商店作为定点商店,并与之建立相对稳定的合作网络。

6.娱乐设施网(娱)

旅游是相当消耗体力的活动,白天的观光游览结束后,适当地安排一些晚间娱乐活动,非常有助于解除疲劳,同时也能给旅游产品增姿添色。目前,旅游产品中的娱乐活动,主要有杂技、马戏、京剧、民族歌舞、古装歌舞、中国功夫等。这些娱乐活动为旅游者进一步了解当地的民俗文化提供了良好的契机。因此,旅行社与各娱乐机构保持良好的协作关系,便于丰富旅游产品的多样性。

7.保险网(财务)

为了保护旅游者和旅行社的合法权益,减少旅行过程中因各种意外事故造成的经济损失或人身伤害,国家旅游局规定,旅行社组团旅游必须投保"旅行社责任险",游客的"人身意外伤害险"由游客自愿投保。

旅游保险是旅游活动得到社会保障不可忽视的重要因素。因此,旅行社与实力强、信誉好的保险公司建立合作网,也是非常必要的。

8.地接旅行社网(地接)

旅游产品是跨地区的,这就需要旅行社与各旅游目的地和旅游胜地的旅行社建立广泛的地接合作网络,它的建立是满足不同旅游团特殊需求的保障。地接社的甄选要有严格的标准,全面、综合地对其服务质量进行不定期的考查和定期考核,实行末位淘汰制。受到一次投诉的,口头提醒;受到两次投诉的,书面警告;受到三次投诉的,取消地接资格。

9.同行合作网(同业)

如今,旅游市场的竞争日趋白热化,旅行社的数量多如牛毛,旅游市场已完全变成了一个买方市场。在没有同业合作之前,因不够成团的条件而不能成行的情况经常发生,让许多客人请了假、交了款,却不能出游,真是高兴而来失望而回。因此,单靠一家旅行社的招徕,常常不能满足组团的人数需求,只有各同类旅行社联合招徕游客,才可形成团队批量,降低价格,组成团队旅游,也才能及时满足客人的出游需求。

旅游产品的组合特点决定了旅行社业务合作的广泛性,也决定了旅行社与旅游相关行业建立网络关系的必要性。那么,如何与这些网络保持健康、稳定、发展的合作关系呢?这就要求合作双方约定"游戏规则"。在市场经济条件下,旅行社与旅游相关行业之间的关系,应该是在互利基础上有法律制约的经济合作关系。在旅游产品消费过程中,为了满足旅游者食、住、行、游、购、娱等各种需求,旅游相关行业之间必须互惠互利、真诚合作。我们要建立游客不仅是各旅行社自己的客户,也是所有旅游相关行业的客户的概念。合作者之间要相互支持、相互体谅、换位思考,不计较一时一事的得失,着眼未来,顾全大局,双赢互利。

旅游产品还具有不可储存性和季节性,计调部要对以上这些网络进行实时追踪、实时更新,以保证各协作网络的时效性和持续性。

(二)加强采购合同的管理

目前,一些大的旅游公司或旅游集团成立了专门的部门,如营运管理部,来承担采购合同的管理工作。由此可见,采购合同的管理工作在旅行社工作中占有非常重要的地位。

合同,也叫契约,是当事人双方(或多方)为了实现某一合作目的,依法订立的有关权利、义务的协议,对当事人双方都具有法律约束力。签订合同,是当事人为避免和正确处理可能发生的纠纷而采取的行为,目的在于确保各自经济利益的实现和不受损害。旅游采购不是一手交钱、一手交货的简单交易,而是一种预约性的批发交易,是一次谈判、多次成交的业务,谈判与成交之间既有时间间隔,又有数量差距。旅游采购的这种特点,使旅行社与协作部门为预防各种纠纷的发生而签订经济合同显得更为必要。

采购合同的基本内容有以下六个方面:

1.合同标的

合同标的是指合同双方当事人权利、义务所指向的事物,即合同的客体。旅游采购合同的标的,就是旅行社购买和旅游相关行业提供的旅游服务,如餐饮、住宿、景点游览、交通运输等。

2.数量与质量

由于旅游采购合同是预约契约,无法规定确切的购买数量,只能由买卖双方商定一个计划采购量,或是规定一个采购和供应的幅度。至于质量要求,可由双方商定一个最低限度。

3. 价格和付款办法

合同中应规定拟采购服务的价格。由于价格常常随着采购量的大小而变动，而合同中又没有确定的采购量，因此可商定一个随采购量变动的定价办法，还要规定在合同期内价格可否变动及变动的条件。在国际旅游业中还要规定交易所用的货币以及汇率变动时价格的变动办法，此外，还要规定优惠折扣条件、结算方式及付款时间等。

4. 合同期限

合同期限是指签订合同后开始与终止买卖行为的时间。旅游采购合同一般是一年一签，也有的旅行社每年根据淡、旺季签两个合同。

5. 违约责任

违约责任是指当事人不履行或不完全履行所列条款时所应承担的责任。按照我国《经济合同法》规定，违约方要承担支付违约金和赔偿金的义务。

6. 采购合同的存档

为了方便查找，计调部要将所有的合同分门别类地进行整理存档并随时更新，以备不时之需。采购合同的存档也为再次续签合同、协商价格、控制成本、把握商机和掌握主动提供有效依据。

案例分析与思考

括号的代价！

2011年7月21日，宋某报名参加某旅行社组织的黄山双卧五日游，在所附的行程表中约定的住宿及参观景点的标准分别为："山下住双人标间（独立卫生间），景点大门票（缆车65元/次，环保车20元/人）。"后因旅行社未支付缆车费用，宋某遂以欺诈的名义，将旅行社投诉到质监所。

旅行社辩称，合同中并没有约定所交纳的团费中包含缆车费用，旅行社在景点大门票后面，用括号将缆车及环保车的价格标出，是为了提示游客，是出于好意，游客如果需要乘坐缆车游览，费用需要自理，旅行社并没有欺诈游客。

质监所经过调查，发现同等价位的该类旅游行程一般均不包括乘坐缆车及环保车费用，旅游报价通常都只含有景点的大门票。但旅行社在行程表中的语句表达方式有误，属于我们通常所说的"病句"。如在双人标间的后面，用括号将独立卫生间括住，实际意思就是双人标间里面含有独立的卫生间，括号里面的内容是对前面内容的解释和补充。同样的道理，旅行社在景点大门票后面，用括号将缆车及环保车括住，给人的理解就是景点大门票包含缆车及环保车的费用，也就是说旅行社提供的服务里面有乘坐缆车的项目。由于旅行社未能给游客提供该项目,属于旅行社擅自减少旅游项目,质监所责令旅行社赔付游客乘坐缆车的花费 65 元。

分析与提示

本案是由于旅行社书面表达不准确而引发的投诉。从字面上通常都可以理解为,括号内的内容是对前面所表达内容的解释和补充;并且,旅游合同一般均为格式合同,根据《合同法》的相关规定,"对格式合同的理解发生争议的,应当按照通常理解予以解释。对格式条款有两种解释的,应当作出不利于提供格式条款一方的解释",所以判定旅行社支付游客乘坐缆车的费用是合适的。

那么,是否属于游客所说的欺诈呢?所谓欺诈,是指故意欺骗他人、使人发生错误的行为。欺诈首先在主观上须有欺诈的故意,这种故意包含两层意思:第一是使相对人发生错误的故意,即行为人明知自己所表示的事情不真实,并且明知相对人有发生错误的可能;第二是有使相对人发生错误而作出意思表示的故意。这两种故意从根本上妨碍了被欺诈人意思形成的自由。其次,须有欺骗他人的行为,欺诈行为是故意把不真实的情况表示给别人。

本案中,旅行社并不存在欺诈的故意,也没有实施欺诈行为,只是在表述上出现错误,如果严格按照《合同法》的相关规定理解,属于减少旅游项目的违约行为。这也给旅行社敲响了警钟,在给游客提供的旅游项目中,一定要将团费包含的项目表达清楚,在需要游客自费的项目中,需要明确写明"自费",以免产生歧义。

(资料来源:中国国家旅游局官网)

本章闯关测试

一、案例分析

遗漏景点、降低服务标准,谁该负责?

黄某等 20 名游客报名参加了某旅行社组织的北京—宜昌—三峡—成都旅游团,双方签订了"国内旅游组团标准合同"。在旅游过程中,因组团社与地接社发生团款纠纷,造成重庆红岩村等景点的游览项目被迫取消。

旅游结束后,黄某等游客向旅游质量监督管理部门投诉,称组团社与地接社的纠纷殃及无辜的游客,旅行社应当承担违约责任并赔偿全部旅游费。

被投诉旅行社辩称,此次旅游景点的遗漏,完全是由地接社的原因造成的,组团社并没有过错,不应该承担责任。但是,考虑到游客的实际利益,同意先退赔遗漏景点门票费每人 32 元。如游客还有其他赔偿要求,应向有过错的地接社提出。

案例分析讨论:

1. 遗漏景点、降低服务标准,谁该负责?

2.该案例对旅行社计调工作的原则和技巧有何启示?

[资料来源:周晓梅.计调部操作实务(第2版).北京:旅游教育出版社.]

二、思考题

1.简述旅行社计调的重要性。

2.旅行社计调业务的主要内容有哪些?

3.你认为计调人员应具备怎样的素质?

4.如何处理集中采购与分散采购的关系?

第五章 旅行社组团业务流程

引言

组团业务在旅行社的整体运作中发挥着极其重要的作用。在旅游行业中,一直就有"外联买菜,计调做菜,导游带游客品尝大餐"的说法。可见,外联、计调、导游各司其职,是旅行社业务中十分重要的角色。人们常常关注的是导游,往往对旅行社的组团业务流程关注过少,而实际上能否组团将旅行社生产的产品卖出去,直接决定着旅行社的经济命脉。

学习目标

1. 能根据季节的变化、旅游目的地的特点和不同企业(单位)的需要,做出相应的组团计划。
2. 能发挥旅游企业自身特色,顺利完成组团业务流程。

案例导读

组团社与旅游者之间的旅游纠纷

某国内旅行社组团到某著名景点旅游,旅游广告称组团标准有豪华A等、豪华B等、普通游等团队。旅游者尹女士选择了豪华B等旅游团,并交纳了旅游团款。旅游合同约定,旅游团全程由豪华空调中巴接送,住二星级饭店。但实际旅游时,一个晚上住的饭店没有星级,另一个晚上住的客房没有窗户。在景点旅游期间,尹女士乘坐的车辆均为当地景点提供的普通中巴车。因此,尹女士投诉该组团社。

分析与提示

旅行社操作过程中存在明显的违规和违约行为。首先,广告用语必须规范、明确,但该广告却使用含混不清、使人误解的用语;其次,住宿的饭店也存在严重质量问题,无从体现豪华游;再次,旅行社安排的旅游交通同样名不副实,"全程豪华中巴"的理解应当是,在旅游行程中,只要是旅游者参加的旅游活动,旅行社就必须安排豪华中巴,而不是乘坐景点中巴。经过协商,旅行社向尹女士补偿300元。运用"豪华游"等辞藻的旅游广告,至少会给旅行社带来两个不利后果:第一,没有相关部门对"豪华"出具权威论证,意味着假如旅游者向有关部门投诉,或者向人民法院提起诉讼,旅行社无法举证,存在败诉的风险;第二,提高了旅游者的期望值,无形中降低了旅游者的满意度。旅行社如此做广告实在是得不偿失。

(信息来源:《旅游纠纷经典案例》)

第一节 组团业务概述

组团是反映一个旅行社业务能力和水平的重要指标。目前旅游市场竞争激烈,如何根据当地特点,要求自己的营销人员推广自己的旅游产品是每个旅游职业经理人需要认真对待的问题。

组团业务是旅行社的主导业务,它是运用各种方式将招徕的团队或散客输送到经过选择的国内外相关的地接旅行社,并通过与这些地接旅行社的相互配合顺利完成合同的规定,为旅游者提供满意的旅游体验,从而获得企业利润的全部过程。

根据中国旅游研究院、国家旅游局旅游促进与国际合作司2011年发布的《中国出境旅游发展年度报告2011》显示,2011年我国旅游业发展氛围浓厚,出境旅游市场继续保持两位数增长,全年增速可达13%,出境旅游花费有望突破500亿美元大关,达到550亿美元新高。中国旅游研究院院长戴斌教授说,我国公民出境旅游消费强劲,在有效拉动目的地国家和地区消费的同时,也使我国旅行社的出境旅游业务利润率大幅领先国内游和入境游业务。数据表明,2009年全国出境游组团社只占全国旅行社总数的4.94%,组团人次数占总规模的9.78%,但出境旅游业务收入达384.34亿元,占全国旅行社旅游业务营业收入的22.02%。出境旅游业务毛利润为25.25亿元,同比增长28.99%,远高于同期入境旅游业务与国内业务毛利润增长速度。

我国组团社目前受环境、价格、客流等多方面因素的影响,在组团业务方面取得一些成绩和利润的同时,也面临着危机和挑战。在国内旅游市场竞争中,物价上涨、员工紧缺等都是当前组团社面临的难题。例如,全国景点门票大规模涨价(如乐山大佛景区门票价格由70元/人上调至90元/人;云南石林门票从140元/人上调至200元/人;大足石刻今后实行淡旺季差价,并计划将大足石刻的宝顶和北山两大主要景区的联票价格从现在的120元/人上涨至230元/人),大部分涨幅在20%~30%,有的甚至高达90%,如此惊人的涨幅让人瞠目结舌。由于景区门票价格上涨,不仅影响游客流量,而且同时对旅行社经营也会造成较大的冲击。据测算,从旅行社组团来说,如果景区门票上涨15%,旅行社组团就会下降30%。虽然现在国内的旅游呈爆炸性增长,但实际上大部分人还是会考虑旅游价格和成本。如果支出的增长超过预期,很多游客就会止步。同时景区价格上涨以后,旅行社只好跟着提高报价,还有的旅行社被迫将一些涨价幅度过大的景点从整体线路中剥离出去,这都会让旅行社的业务受到很大影响,并可能导致毛利率进一步下滑。从长期来看,这势必会导致游客的减少,从而对当地酒店业、购物、餐饮、娱乐等旅游产业链带来不良的负面影响。与此同时,受金融危机的影响,近年来,我国入境旅游陷入低增长格局。国家旅游局为此全面启动了一系列市场营销努力,以确保三大旅游市场平衡发展(如2011年由中国国际航空公司、杭州市旅游委员会、上海市旅游局、中旅途易等单位共同组织了为期6天的"2011百家欧洲组团社来华考察"项目,来自俄罗斯、德国、奥地利、比利时、荷兰、瑞士、法国、西班牙、英国等地的旅行商,从北京搭乘京沪高铁,一路向南,感受现代化中国的发展步伐,体验新兴的高铁网络在促进中国旅游行业方面起到的积极作用。中旅途易首席执行官施耐德预计,2020年我国入境游客将达到6 000万人次,中国将拥有成为全球领先旅游目的地的绝对潜力。此次百家欧洲组团社的考察表明了中欧旅游界对我国入境旅游市场走出低迷、恢复强劲增长的信心;同时也有助于欧洲组团社更好地规划符合欧洲游客需求的中国旅游产品,有效地促进欧洲旅华市场发展)。

☞《旅游法》链接5—1

《中华人民共和国旅游法》:景区门票涨价提前6个月公布

2013年4月,中国首部旅游法以150票赞成、5票弃权,表决通过。《中华人民共和国旅游法》将于2013年10月1日起施行。该法律规定,今后景区提高门票价格应提前6个月公布,而且门票是否该涨还须举行听证会论证。

(信息来源:新京报)

第二节 组团业务流程的规范操作

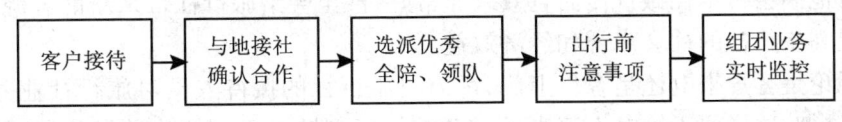

一、客户接待

旅行社经营是否成功,与产品设计、产品推销、产品咨询、产品价格、产品服务质量等息息相关,而在旅行社组团业务流程中,客户接待是首要环节。它不仅决定着旅行社在激烈的市场竞争中能否立于不败之地,同时还掌握着旅行社的经济命脉。面对激烈的市场竞争,旅行社的接待人员应做到用良好的服务意识、专业的旅游知识与客户进行沟通,争取用真心、诚心、耐心留住每一位客户。

(一) 咨询

1. 客户来电

这类客户往往是通过媒体或网络了解到本旅行社的旅游信息,对于旅游产品已经有了初步印象,想深入了解,从而来电进行详细的询问。

客户的需求特点:一般有很强的出发意愿,他们对旅游产品已经接受,关键是想了解旅行社的经营资质及报名参团的基本信息。

接待技巧:由于这类客户对旅游目的地的旅游环境或者价格已经做了初步的了解,所以在实际销售的时候客户会有顾虑以及疑问。面对这样的客户需要的是耐心和专业的回答技巧,让客户觉得在本旅行社报名旅游会很放心,因此不能随便应付。可以向客户阐明当地的旅游情况,得到他们的信任,这样会大大增加成交的概率。同时还可以利用电话、利用MSN/QQ、转给旅行社相关人员或让专线操作人员对客户的不同提问进行有针对性的回复。

2. 客户上门

这类客户对旅游感兴趣,往往是路过,顺便问问或已经参加过本旅行社的旅游,对本社的服务、产品有良好的印象,愿意再次到本社报名旅游。

客户的需求特点:他们一般关注旅行社对于旅游产品是否有优惠、是否有特价旅游线路或新的特色旅游线路。

接待技巧:旅行社工作人员在面对客户的时候,应把客人的资料收集齐全,以备作为日后销售的潜在目标客户,当淡季来临的时候,一些特价的线路也有了,此时把他们的资料拿出来,逐一地去咨询、销售淡季优惠的特价旅游线路,也许这类客人就会成为旅行社真正的客户。此外,还可以用优惠的旅游套餐或者实际有效看得见的优惠价格锁住客户,让客户觉得自己是旅行社的熟客,可以得到与别的客人不一样的价格优惠。对于这类客户,旅行社接待人员应尽可能地把他们的姓名记住,让客户有被尊重的感觉。对于旅行社长期发展来说,这类客户非常重要,因为有时他们会帮本社做宣传而且效果非常好,甚至会给旅行社带来新的客源,从而可以提高旅行社的社会声誉和经济效益。

无论是客户来电还是客户上门,都需要旅行社的接待人员对旅行社业务了解详细、透彻,这样便于给客人清晰的讲解与答复。针对不同的旅游目的地,要提醒出游客人携带必要物品(如伞、衣物、药品、相机等)。对于旅行社安排的出游车辆及住宿、用餐条件等,不能在不了解实际情况的状态下随意承诺客人或是刻意隐瞒客人。最主要的是接待客人一定要真诚,旅行社要想经营长久,真诚待人是最主要的。接待工作做得好,旅行社就等于成功地给客户留下了美好的第一印象,以后才会有更多的合作机会。

表 5-1 旅游报名表

旅游线路及编号_____旅游者出团时间意向_____			
姓名	性别	民族	出生日期
身份证号码		联系电话	
身体状况	(需注明身体情况是否适宜出游、有无突发病史、有无药物过敏史;是否身体残疾,是否为妊娠中妇女,是否为精神疾病等健康受损情形,旅行社在接受旅游者报名后在合理范围内给予特别关照,所需费用由双方协商确定。)		
旅游者全部同行人名单及分房要求(所列同行人均视为旅游者要求必须同时安排出团):_____与_____同住,_____与_____同住,_____与_____同住,_____与_____同住,_____与_____同住,_____与_____同住,_____为单男/单女需要安排与他人同住,_____不占床位,_____全程要求入住单间(应当补交房费差额)。			
其他补充约定:			
旅游者确认签名(盖章):		年 月	日
备注	(年龄低于18周岁,需要提交家长书面同意出行书)		
以下各栏由旅行社工作人员填写			
服务网点名称		旅行社经办人	

(二)产品报价

旅行社产品的价格是旅行社营销活动中一个十分敏感、十分重要的因素,对价格的管理关系到旅行社营销的成败。旅行社产品需求弹性较大,它的价格高低既影响旅游者的购买行为又影响旅行社的销售量及利润。同时,价格又是一种重要的竞争手段,尽管近年来非价格因素对旅游者选择产品时产生的影响日益突出,但价格仍然是双方最具理性的行为指标,决定了旅行社的竞争能力。

旅游产品和其他产品一样,其价格组成简单地说是由成本加利润构成的。同一产品不同价格,原因有多方面(如虽然同是昆一大一丽双飞六日游,但住宿标准、餐标、进店数量不同,价格便会相差甚远;此外二级成本不同,虽然昆一大一丽双飞六日游同质,即游程成本相同,但各旅行社因地理位置导致房租不同,其二级成本也不同,就会报出不同价格)。总的说来,旅行社的定价没有统一标准,加之季节性强、变化性大,所以同一产品在市场上往往会出现不同的价格。

1. 常规产品

目前在旅游市场中,旅行社最普遍的旅游产品是常规旅游线路,表现为将各种单项服务(食、住、行、游、购、娱)和导游服务有机地组织在一起的一种稳定型产品。客户可以根据自身需要通过旅行社整体购买,从而免去了查找旅游路线、安排旅游行程的烦恼。

对于常规旅游产品的报价,旅行社一般可以根据购买旅游产品的人数给予一定的优惠。

拓展知识 5—1

桂林—漓江—阳朔—象山　传奇山水精华二晚三日游

D1　下午接贵宾—前往游览木龙湖—晚上观看《象山传奇》演出

下午接客人,前往游览【东盟园-木龙湖】。环水绕的木龙湖,整个景区周边自然景观优美,不仅有得天独厚的漓江、叠彩山优美的自然生态环境,还有历史久远的古宋城等众多历史文化遗迹。欣赏【东南亚风情剧场】,领略美丽的东南亚风情。晚上欣赏大型超媒体奇幻山水实景演绎。【象山传奇】就是以象山景区为载体,用全新的科技手段和文化创意,营造的一个与白天景致完全不同,闻所未闻、见所未见、美轮美奂的魔幻奇境。创意及综合表现形式为世界首创。

用餐:敬请自理

住宿:住桂林唯美四季酒店(铁西店)或同级

D2　早餐后—前往兴坪码头—乘船欣赏漓江风光—月亮山—大榕树—银子岩—西街

早餐后乘车前往阳朔兴坪码头(约2H),游览漓江的精华部分——【兴坪风光】(船票已含,约90~120分钟),体会"桂林山水甲天下,果然佳景在兴坪"的漓江兴坪佳境,欣赏20元人民币背景图案——"黄布倒影""渔村风光"等景点。游船折回兴坪,乘车返阳朔。前往游览电影《刘三姐》中当年刘三姐和阿牛哥订终身的地方【大榕树】景区,观看【月亮山】,感受月亮山阴、晴、圆的奇妙变化。前往荔浦游览世界溶岩奇观【银子岩】,它是典型的喀斯特地貌,贯穿12座山峰,属层楼式溶洞,洞内汇集了不同地质年代发育生长的钟乳石,晶莹剔透,洁白无瑕,宛如夜空的银河倾泻而下,闪烁出像银子、似钻石的光芒,所以称为"银子岩"。逛逛流光溢彩、异国风情浓郁的西街。晚餐品尝风味独特的美食"阳朔啤酒鱼"。

用餐:早餐

住宿:住阳朔宝峰大酒店或同级

D3　阳朔出发—前往游览世外桃源—返程

早餐后前往游览人间仙境【世外桃源】,她像一位朴素的村姑静静伫立在城市边上,不张扬也不做作,一派天然,富于真趣。您会感到燕子湖的平静、清澈与深沉,在燕子湖四周,村庄、田野、桃柳平平仄仄,相谐成趣。游毕送贵宾返程,结束愉快的桂林之旅。

(来源:桂林市中国旅行社官网)

2.个性产品

现代社会的不断发展、物质生活的提高进一步助推了旅游个性产品的产生。客户对旅行社的产品要求越来越高,一部分客户普遍对于自然类、休闲类、养生类及度假类的旅游产品感兴趣,更喜欢体验型、参与型和互动型的旅游活动,而人文类的旅游资源或单纯的观光型旅游活动对于他们的吸引力则相对较弱。同时,旅游交通的高速发展对中、高端自由行散客和商务人士的出游产生了积极的影响。

对于个性产品的报价,应考虑针对不同需求、不同类型、不同市场的客户,通过灵活多样的设计、组合,包装出适合客户的"旅游产品点菜单",方便散客按其所需,自由"点单",使客户有充分选择的余地。

拓展知识5—2

南宁市2017全年推出25项精彩活动 月月体验不同旅游主题活动

据了解,南宁月月旅游节作为南宁旅游节庆第一品牌,自2008年举办至今已有9年。2017南宁月月旅游节都有哪些精彩内容及活动?

1月:文化旅游灯光艺术节。

2月:青秀山风景区——第二十三届桃花艺术节。

3月:八桂田园——壮族歌舞节。

4月:2017中国壮乡·武鸣"壮族三月三"歌圩暨骆越文化旅游节。

5月:上林——生态旅游养生节。

6月:大王滩——"2017荔香大王滩"欢乐荔枝节。

7月:南宁万达乐园——夏季狂欢节。

8月:2017年中国(横县)——茉莉花文化节、全国茉莉花茶交易博览会。

9月:南宁·东南亚国际旅游美食节、邕宁壮族八音文化旅游节、2017年西乡塘区香蕉文化旅游节暨绿城歌台主题活动、2017年江南区平话文化旅游节和青秀区第四届文化旅游节。

10月:良庆区将举办"嘹啰山歌"民俗文化旅游节;兴宁区将举办南宁月月旅游节暨中国商埠文化之乡·2017年民俗文化旅游节、良凤江国家森林公园也将举办2017年金秋欢乐节等节庆活动。

11月:中国黑山羊之乡——马山第十一届文化旅游美食节,开展旅游+体育+民俗+扶贫系列活动;还在九曲湾温泉景区举行南宁·东南亚国际温泉养生旅游节。

12月:举行2017南宁购游节,开展南宁旅游产品线上线下大展销、旅游演艺大汇演、移动互联互动。

(信息来源:南宁中国青年旅行社)

此外,旅行社的产品还可以根据客人的不同档次、不同需求、淡旺季等情况进行灵活报价[如:(1)不同档次:经济型客人——想省钱,豪爽型客人——不在乎。(2)淡旺季:淡季位多客人少——薄利多销,旺季位少客人多——略有涨浮]。

(三) 出游确认

出游确认是旅行社客户接待环节的核心,旅行社应根据不同类型产品的特点及客户的需求进行有技巧的商谈,从而为旅行社后面的顺利收款打下良好的基础。首先,对于购买常规旅游产品的客户,他们往往是货比三家,从而希望得到更多的优惠。而旅游市场中,各家旅行社同一类别产品的报价往往并不一致,客户有时会为10元钱讨价还价,如果这时旅行社接待人员不能把握时机,就可能会失去潜在客户,不仅前期的接待工作功亏一篑,同时对旅行社也会造成一定的损失。此时的旅行社接待人员应根据旅行社推出的产品特点及接待标准向客户做认真、详细的解答及与其他旅行社进行优缺点的比较,从而使客户信服,用真心、诚信留住客户。其次,对于购买个性旅游产品的客户,他们的旅游行程往往是根据自身的需求与旅行社反复沟通、多次修改才最后商定的。无论是购买常规产品还是个性产品,旅行社与客户之间在出行前都应签订正规的旅游合同,从而既可以保护双方的权利和义务,又便于在出现旅游纠纷时有法可依。

拓展知识 5—3

团队国内旅游合同

(示范文本)

国家旅游局制定

合同编号:_____

旅游者:____ 等 人(名单可附页,须旅行社和旅游者代表签字盖章确认)

旅行社:

旅行社业务经营许可证编号:

第一章和第二章(略)

第三章 合同双方的权利义务

第六条 旅行社的权利

1.根据旅游者的身体健康状况及相关条件决定是否接纳旅游者报名参团；

2.核实旅游者提供的相关信息资料；

3.按照合同约定向旅游者收取全额旅游费用；

4.旅游团队遇紧急情况时，可以采取紧急避险措施并要求旅游者配合；

5.拒绝旅游者提出的超出合同约定的不合理要求。

第七条　旅行社的义务

1.按照合同和"行程单"约定的内容和标准为旅游者提供服务；

2.在出团前如实告知具体行程安排和有关具体事项，具体事项包括但不限于所到旅游目的地的重要规定、风俗习惯、安全避险措施、应急联络方式；

3.按照合同约定，为旅游团队安排符合《导游人员管理条例》规定的持证导游人员；

4.妥善保管旅游者提交的各种证件；

5.为旅游者发放用固定格式书写、由旅游者填写的载明个人信息的安全保障卡(包括旅游者的姓名、血型、应急联络方式等)；

6.对可能危及旅游者人身、财产安全的事项和须注意的问题，向旅游者作出真实的说明和明确的警示，并采取合理必要的措施防止危害发生，旅游者人身、财产权益受到损害时，应当采取合理必要的保护和救助措施，避免旅游者人身、财产权益损失扩大；

7.按照相关法规、规章的规定投保旅行社责任保险；

8.提示旅游者购买个人旅游保险；

9.应当按照合同约定安排购物和另行付费项目，不强迫或者变相强迫旅游者购物和参加另行付费项目；

10.旅游者在"行程单"安排的购物场所所购物品系假冒伪劣商品时，旅游者提出索赔的，旅行社应当积极协助旅游者进行索赔，自索赔之日起超过60日，旅游者无法从购物点获得赔偿的，旅行社应当先行赔付；

11.向旅游者提供合法的旅游费用发票；

12.依法对旅游者个人信息保密；

13.积极协调处理旅游者在旅游行程中的投诉，出现纠纷时，采取适当措施防止损失扩大；

14.采用拼团方式出团的，签订合同的旅行社仍承担本合同约定的责任和义务。

第四章和第五章(略)
第六章　违约责任

第十六条　旅行社的违约责任

1.旅行社在出发前7日以内(含第7日，下同)提出解除合同的，向旅游者退还全额旅游费用，并按下列标准向旅游者支付违约金：

出发前7日至4日，支付旅游费用总额10%的违约金；

出发前3日至1日，支付旅游费用总额15%的违约金；

出发当日，支付旅游费用总额20%的违约金。

如上述违约金不足以赔偿旅游者的实际损失，旅行社应当按实际损失对旅游者予以赔偿。

旅行社应当在取消出团通知到达日起5个工作日内，向旅游者退还全额旅游费用，并支付上述违约金。

2.旅行社未按合同约定提供服务，或者未经旅游者同意调整旅游行程（本合同第十条第2款规定的情况除外），造成项目减少、旅游时间缩短或者标准降低的，应当采取措施予以补救，未采取补救措施或者已采取补救措施但不足以弥补旅游者损失的，应当承担相应的赔偿责任。

3.旅行社未经旅游者签字确认，安排本合同约定以外的另行付费项目的，应当承担自费项目的费用；擅自增加购物次数的，每次按旅游费用总额的10%向旅游者支付违约金；强迫或者变相强迫旅游者购物的，每次按旅游费用总额的20%向旅游者支付违约金。

4.旅行社违反合同约定，中止对旅游者提供住宿、用餐、交通等旅游服务的，应当负担旅游者在被中止旅游服务期间所订的同等级别的住宿、用餐、交通等必要费用，并向旅游者支付旅游费用总额30%的违约金；如果因此给旅游者造成其他人身、财产损害的，还应当承担损害赔偿责任。

5.旅行社未经旅游者同意，擅自将旅游者转团、拼团的，旅游者在出发前（不含当日）得知的，有权解除合同，旅行社全额退还已交旅游费用，并按旅游费用总额的15%支付违约金；旅游者在出发当日或者出发后得知的，旅行社应当按旅游费用总额的25%支付违约金，旅游者要求解除合同的，旅行社全额退还已交旅游费用；如违约金不足以赔偿旅游者的实际损失，旅行社应当按实际损失对旅游者予以赔偿。

6.与旅游者出现纠纷时，旅行社应当采取积极措施防止损失扩大，否则应当就扩大的损失承担责任。

7.旅行社委托的第三方违反本合同约定，视同旅行社违约，旅行社应当按照本合同约定承担违约责任。

第七章 协议条款

第十九条 旅游时间

出发时间　　　　，结束时间　　　　，共　天　夜。

第二十条 旅游费用及支付

（旅游费用以人民币为计算单位）

成人：　　　元/人；儿童(不满12岁的)：　　　元/人

合计：　　　元

旅游费用支付的方式和时间：　　　　　　。

第二十一条　个人旅游保险

旅游者　　　(同意或者不同意,打钩无效)委托旅行社办理旅游者投保的个人旅游保险。

保险产品名称：

保险人：

保险金额：　　　　　　　　　元人民币

保险费：　　　　　　　　　　元人民币

第二十二条　成团人数与不成团的约定

最低成团人数：　　　人；低于此人数不能成团时,旅行社应当在出发前　　　日及时通知旅游者。

如不能成团,旅游者是否同意按下列方式解决：

1.(同意或者不同意,打钩无效)转至　　　旅行社出团；

2.(同意或者不同意,打钩无效)延期出团；

3.(同意或者不同意,打钩无效)改变其他线路出团。

第二十三条　拼团约定

旅游者　　　(同意或者不同意,打钩无效)采用拼团方式出团。

第二十四条　黄金周特别约定

黄金周旅游高峰期间,旅游者和旅行社对行前退团及取消出团的提前告知时间、相关责任约定如下：

提前告知时间	旅游者行前退团,旅游者应当支付旅行社的业务损失费占旅游费用总额的百分比	旅行社取消出团,旅行社应当支付旅游者的违约金占旅游费用总额的百分比
出发前　日至　日		
出发前　日至　日		
出发前　日至　日		
出发前　日至　日		
出发前　日至　日		

旅游者代表签字(盖章)：　　　　旅行社盖章：

证件号码：　　　　　　　　　　签约代表签字(盖章)：

住　　址：　　　　　　　　　　营业地址：

联系电话：　　　　　　　　　　联系电话：
传　　真：　　　　　　　　　　传　　真：
邮　　编：　　　　　　　　　　邮　　编：
电子信箱：　　　　　　　　　　电子信箱：
签约日期：　　年　月　日　　　签约日期：　　年　月　日
签约地点：
旅行社监督、投诉电话：
省　　市旅游质监执法机构：
投诉电话：　　电子邮箱：　　地址：　　邮编：

案例分析 5—1

女子旅游签合同不看条款惹纠纷　补充协议吃大亏

1. 回访单全签"满意"又投诉

烟台市民郭女士一行7人以每人4 000多元的价格，在国庆期间报了"韩国5天4夜亲子团"，从报价上来看，此团队属于一个高端的"纯玩团"。然而郭女士回国后却和其他游客对旅行社进行了投诉，表示导游未按行程安排游览点，私自安排购物景点。烟台市旅游质监部门受理投诉后却发现，旅行社提交的"团队回访满意度调查表"上，许多游客只是签了字，并未对具体内容作出评价，甚至更有游客全部打钩"满意"，签字后却又进行投诉。

分析与提示

烟台市旅游质监所的工作人员对此进行解答："我们要求旅行社必须为游客提供回访单，这份回访单是处理旅游投诉的一个重要依据，但是许多游客根本不重视，甚至全部勾上满意后又投诉，着实增加了调解难度。"

2. "补充协议"让消费者吃大亏

除了不重视"满意度调查表"，在许多投诉案例中还反映出"游客随意签订旅游合同"的情况。由于《旅游法》规定不得强制游客购物和自费旅游景点，但在协商的情况下可以以游客自愿为前提安排，所以导致许多旅行社在正文合同中并没有安排自费项目或是购物店，但在补充条款中，却将要去的购物店一一列出，并表示绝不强迫购物，游客可自愿选择消费。

分析与提示

烟台市旅游质监所的工作人员提醒，正是这样的"补充协议"让不少消费者吃了大亏。虽说并非旅行社强制要进店购物，但既然安排了购物店的行程，必然会压缩其他景点的时间，许多游客以正常景点游览时间不足、导游私自安排购物景点为由投诉旅行社。但在合同中,对于安排的购物店却有明确说明,游客在签字的情况下即表明接受行程安排,此时再回头进行投诉,旅行社已经保证了游客的知情权,实难追究其责任。

游客在与旅行社签订旅游合同时,不仅要看正文条款,更要注意"补充协议",如果发现补充协议的行程安排并不适合,可以与旅行社进行协商,但一旦签了字,即表示接受了旅行社的安排,增加了后期投诉的难度。

(信息来源:大众网)

(四)收团款及相关证件

由于客户向旅行社购买的是由各种单项服务综合在一起的标准化旅游产品,对该产品的价格一般是认同的,所以签订合同时基本上是收全款,做到一人一结。

1.对于国内游——旅行社除了要收取客户参团所需费用外,还需要客户提供身份证复印件

团队国内旅游费用包括:①交通费;②住宿费;③餐费(不含酒水费);④旅行社统一安排的景区景点的第一道门票费;⑤行程中安排的其他项目费用;⑥导游服务费和旅行社(含旅游目的地地接旅行社)的其他服务费用。

2.对于出境游——旅行社除了要收取客户参团所需费用外还需要客户提供相关证明

一般情况下出国旅游须提交信用卡账单明细、房产证、存折等财产证明,护照、身份证及户口簿复印件,出入境管理部门认为必要时,申请人还应提交境外亲友的邀请或担保信函。

团队出境旅游费用包括:①必要的签证/签注费用(旅游者自办的除外);②交通费(含境外机场税);③住宿费;④餐费(不含酒水费);⑤出境社统一安排的景区景点的第一道门票费;⑥行程中安排的其他项目费用;⑦导游服务费和出境社、境外接待旅行社(简称"地接社")等其他服务费用。

👉 特别提示 5—1

大陆居民赴台湾地区旅游费用包括:①签注费用(旅游者自办的除外);②交通费(含境外机场税);③住宿费;④餐费(不含酒水费);⑤赴台游旅行社统一安排的景区景点第一道门票费;⑥行程中安排的其他项目费用;⑦台湾地区导游服务费和赴台游旅行社、台湾地区接待旅行社(简称"地接社")其他服务费用。

个性产品收款:这类客户一般向旅行社购买的是自主选择的组合型产品,由于目前的旅游市场竞争十分激烈,有时旅行社为了达成合作,签订合同,向客户提出先预付一部分,行程结束后再结全款;更有甚者提出先旅游后付款的优惠条件。虽然当时旅行社的业绩得以提高,但却为后面旅行社回款埋下了隐患。有时还会造

成客户拖延付款时间,甚至于在旅游行程中提出不合理的要求或恶意找碴拒绝付款等。对于购买个性产品的客户,可以采取现金折扣进行付款。其目的是鼓励客户提前付款,便于旅行社尽快回收现金,避免欠款。

例如,客户购买旅游产品的总价为 10 000 元,旅游合同中要标注"5/10 净价 20",意思是:如果在成交后 10 天内付款可享受 5% 的现金折扣,但最后应在 20 日内付清全款。

拓展知识 5—4

出境游门槛大大降低 手机办签已成主流

携程数据显示,随着移动办签的功能的强大,手机端签证办理增长最为迅猛,占所有订单比例已超过五成。一些原本未通过手机端下单的客人,也能在客服人员的引导下,享受移动互联带来的便利。签证办理移动化水平最高的城市是:上海、北京、广州、深圳、成都、杭州、南京、苏州、天津、佛山。

携程签证大数据显示,2015 年签证预订量前十大热门签证(入台证)办理目的地分别为:泰国、韩国、新加坡、中国台湾、美国、马来西亚、日本、澳大利亚、法国、加拿大。办签热门地与出境游热门目的地保持了高度一致,也再次印证签证便利性是推动出境游的重要引擎。

2016 年办签数量上涨最快的目的地是:挪威、伊朗、以色列、爱尔兰、芬兰、波兰、摩洛哥、葡萄牙、冰岛、匈牙利。最快上涨比例达到十几倍,显示了小众目的地的巨大潜力。

从办理城市来看,前十大办理签证最多的城市为:上海、北京、广州、深圳、成都、杭州、南京、苏州、天津、佛山。除了上、北、广、深的一线城市以外,二线城市涨幅出境游继续一路高歌猛进,尤其是长江三角洲和珠三角城市成为中国公民出境游的两大重点区域。

(信息来源:搜狐)

(五)建立客户档案

在旅行社经营的市场化运作中,关系营销已成为旅行社拓展业务的重要手段。如何有针对性地为客户提供优质服务,如何才能保护好有效的客户资源,建立和管理好旅行社客户档案就显得尤为重要。旅行社客户档案,是旅行社经营过程中与旅游者发生业务关系的历史记录。随着旅行社市场化程度的不断提高、对外开放的不断深入,旅行社之间的竞争也更加激烈,建立健全客户档案为旅行社关系营销的推行提供了良好的宏观环境。

> 拓展知识 5—5

旅行社公共关系的建立

旅行社不仅要建立与顾客供应者和经营商的关系,而且要与大量的感兴趣的公众建立联系。旅行社公众关系活动最主要的作用是建立企业的形象和声誉。

1. 利用客户档案

企业对客户,无论是一个信函、一个电话、一个贺卡,都要有针对性的设计。信函、贺卡内容怎么写、写什么,电话怎么说、怎么问候,公关人员一定要了解对方,审时度势,掌握分寸,这样才能产生好的效果。

2. 利用创新手段

20世纪著名美国经济学家熊彼特提出的创新一词,原意指"生产要素的重新组合",包括引入一种新产品,开辟一个新市场,开发一种原料的新来源,采用一种新技术等等。企业利用创新手段,要学习儒商作风,创造文化气氛。要善用借势,推出创新产品,才能满足不同消费者的需求,使消费者得到更多的满足,同时也能给企业创造新的市场需求。

3. 利用名人效应

因名人对公众的影响力比一般的传播效果好,利用名人效应是公共关系常用的手段,名人的光环效应,能增强企业信息的影响力。

加入世贸组织以后,国际知名展览公司进入中国市场是必然趋势。将国际知名的展览公司的品牌直接为我所用,不仅可以提高展会的知名度,还可以学到先进的管理方法和经验,加快旅行社会展业务的发展。

(信息来源:寰宇旅行社)

二、与地接社确认合作

组团社在与地接社确认合作之前,要对其进行深入了解,诸如旅行社规模、经济效益、行业信用度、团量等信息,是否"黑社"更要从严核实,否则就会因图便宜而吃大亏。由于目前旅游市场竞争激烈,组团难度更大,客人要求越来越多,不到迫不得已,组团社一般不会随意更换合作的地接社。

当组团社选择好合适的地接社后,会和地接社达成合作协议。需要将客户出游行程提前与地接社进行电话和书面确认,以保证整个旅游行程接待准确无误。这不仅关系到组团社与地接社共同的经济利益,同时也关系着双方是否能留住客源、提升信誉。

> 特别提示 5—2

组团社应谨慎地接社的八大陷阱

1. 虚假报价

有些地接社先给组团社一个相对较低的报价,组团社按此报价给客人销售成团后,与地接社确认时,地接社却迟迟不给回传确认,打电话过去问,对方说:"对不起,给你报的是××酒店,现在价格下不来了",或"原来那家酒店没有房了,需要换酒店,但得加钱",或"原来的报价按郊区酒店报的,如果住市区要加钱"……

2. 克扣餐标

这在全国来讲是个普遍现象。一是组团社给客人订的以及和地接社确认的餐标是 20 元/人,而地接社实际给客人的餐标是 18 元/人、15 元/人,更有甚者为 12 元/人、10 元/人。二是导游引诱客人吃风味餐,让每个客人加 30~50 元,而实际客人吃的还是原来的 20 元/人餐标。

3. 偷换酒店及标准

地接社往往在宾馆的位置、星级、新旧上大做文章。最不易察觉的是:确认的是四星或三星酒店,而地接社专找酒店有 A、B 区或不同楼号标准不同的酒店,从而降低标准(像黄山的华山宾馆,宁波、北戴河的一些宾馆),获取差价。

4. 用车投机取巧

地接社不用正规旅游车队的车,用黑车、套牌车、套团用车或改变车型、改变车况(报价时组团社问地接社:为什么车费高?地接社经常回答:给你们上的是新车,但是……)。

5. 蒙骗客人更换景点

地接社导游经常忽悠客人,××景点(行程内的)没有意思,我们这里有一个新景点,非常好,不去简直太可惜了(能把沙子说成黄金,能把猫说成老虎,能把猪拱过的水坑说成贵妃娘娘在此洗过脚),门票一样(或让客人加一点)。蒙骗客人签字同意自愿更换景点(实际这个景点有很大的回扣或有回扣的自费项目,像海南、张家界经常发生这样的情况)。

6. 欺骗客人进店

在行程之外,导游或地接社想要加店,经常欺骗客人:我们的车要在前面换一下轮胎(或加水,或我要去给大家取机票、火车票、发票,取上个团客人掉下的东西……),大家先到商店里休息一下,喝点水,上一下卫生间……这个店就在不知不觉中加成了,最起码人头费就进了导游、司机或地接社的腰包。

7. 调侃戏谑或中伤组团社

一旦客人对餐、房或行程不满意,地接社或导游就向客人诉苦:"我们没有办法啊,你们组团社给我们费用太少了,就订的是这样的标准啊……"将所有问题全部推给组团社。客人回来后就会找组团社或销售人员质问,给组团社带来相当大的麻烦。

8.不提供发票或提供假发票

组团社现付团款或银行汇款后,有些地接社故意拖延或告知:"不能提供发票,因为报价太低,再开发票上税就赔了……"或干脆就提供假发票。

☞ 拓展知识 5—6

组团社与地接社间的委托协议

委托方旅行社:　　　　　　　　(以下简称甲方)
法定代表人:
工商执照注册号:
旅行社业务经营许可证号:
联系电话:
受委托方旅行社:　　　　　　　　(以下简称乙方)
法定代表人:
工商执照注册号:
旅行社业务经营许可证号:
联系电话:

鉴于《旅行社条例》《旅行社条例实施细则》的实施,甲乙双方为保证旅游团(者)的服务质量,维护旅游者及合作双方的正当权益,为适应旅游市场的发展需要,本着自愿、平等、公平、互利、诚实信用的原则,在相互信赖及友好合作的基础上,就双方的权利、义务和业务开展事宜达成如下协议:

一、旅游接待委托业务的内容

1.甲方将自组或自己受委托的旅行团(者)(以下简称旅游者)业务交给乙方在当地具体负责安排接待。

2.乙方同意按照甲方提出的接待标准来安排旅游者的旅游活动。

3.具体行程安排及标准费用详见甲乙双方确认的"旅游行程表"及日常往来文件,甲乙双方确认的"旅游行程表"应作为双方每次具体旅游接待业务的必备附件。

二、旅游接待委托合同的期限

1.委托合同的期限为一年,从签订本合同之日起计算。具体为　年　月　日起至　年　月　日止。

2.合同到期后如双方仍有合作意向,应重新签订新委托合同。

三、甲方的权利和义务

1. 甲方有权要求乙方严格按照双方确定的具体行程安排及标准来接待旅游团(者)，并对服务内容和质量、旅游者的安全进行全程的质量监督。

2. 甲方有权在出团前知道乙方全程接待安排的房、车、餐、导游、景点等具体情况，以便向旅游团(者)通报。

3. 甲方有权对因乙方服务质量及标准等问题引起的客人投诉的经济损失(经客人、甲方、乙方三方认可或旅游质检部门确定)实行结算时扣款。

4. 甲方应当根据实际情况组织旅游者前往乙方所属旅游目的地，为乙方提供旅游客源。

5. 甲方应当在旅游者进入乙方所属地域时，提前用书面传真形式向乙方提供"旅游行程表"，必须注明：①接待标准；②行程安排；③旅游者人数；④所需房间数；⑤到达接待地的航班或火车、汽车；⑥其他甲方认为必需的条件。

6. 甲方应确保所提供给乙方的相关资料的准确性、真实性、有效性，就"旅游行程表"事宜告知旅游团(者)，并签订组团合同。

7. 甲方有义务协助、配合乙方共同解决旅游行程中可能出现的突发事件。

8. 甲方的全陪应当给予全程协助、监督，坚决拒绝地陪、司机安排的非行程内的自费活动与购物。

四、乙方的权利和义务

1. 乙方应当按照国家旅游局颁布实施的《旅行社国内旅游服务质量》标准来遵照执行，有义务为旅游者提供持有导游证的导游，有国家认可资质安全完备的旅游设施等条件，以保障旅游者人身及财产安全。

2. 乙方应及时向甲方提供行程报价，乙方应当在接到甲方"旅游行程表"传真件之日起1天内予以确认，并书面确认地陪的姓名及联系方式。

3. 乙方必须严格按照双方确认的"旅游行程表"的标准提供服务，在接待中如涉及车、房、餐需要调整，应不低于双方商定的标准并提前书面通知甲方，在征得甲方同意后方可执行。

4. 乙方有义务使甲方及甲方的旅游者知晓乙方旅游地区的民风民俗和有关规定及注意事项。

5. 乙方导游不得在"旅游行程表"规定外擅自增加购物点。乙方导游不得诱导旅游者涉足色情赌毒场所及强迫旅游者参与行程内推荐以外的自费项目。

6. 乙方应保证向甲方提供真实的操作成本，不得出现零负团费，并以书面的形式分解报价给甲方，分解报价须包含：门票、车费、餐费、住宿费、导游服务费以及所必需的其他费用项目。

7. 乙方应当向甲方提供购物店的确定名称，原则上平均每天最多安排一个购物店。如客人不愿意进店,乙方导游不得以行程上已列明为由强迫客人进店。

8.乙方在旅游接待中,对客人提出的问题,应及时主动尽量解决;如遇重大事件,特别是旅游者人身安全受到伤害时,乙方应在第一时间派出有权作出决定的人员赶到现场,并承担相关责任;作出处理意见后,及时通报甲方处理的情况。

9.旅游者在行程中非因自身原因导致人身意外伤害或财产损害的,如属于乙方责任的,乙方应在当地及时为旅游者处理解决,并承担相应的赔偿责任。如不属于乙方责任的,也应当尽人道主义义务协助处理。

10.旅游者因自身原因受损害或合同外第三人造成的损害以及旅游者自身违反国家法律法规和当地政府的有关规定的,乙方应当立即通知甲方,由此产生的经济损失及法律责任与乙方无关,但乙方应协助妥善处理。

五、具体旅游接待委托业务的确认方式

1.甲乙双方承认以传真形式确认接受每一个旅游团(者);双方确认的传真号码有:

(1)甲方:　　　　　　　　(2)乙方:

2.传真往来的"旅游行程表"及其他文件必须加盖双方认可的业务章和有具体操作人的签名;否则乙方有权拒绝接待甲方该旅游团(者)。双方承认的具体操作人的签名:

(1)甲方:　　　　　　　　(2)乙方:

六、具体旅游接待委托业务的结算方式

1.双方同意采取　　　的结算方式进行团款的支付。

2.甲方如违反上述结算方式,乙方有权拒绝接待甲方该旅游团(者),终止本合同并追回所欠团款。

七、违约责任

1.如甲方违反约定的义务以及因甲方原因造成旅游团(者)延误、更改、取消的,由此产生的经济损失及法律责任由甲方承担。

2.乙方应按照双方确认的行程安排和接待标准为旅游者提供服务。如违反约定义务,由此产生的经济损失及法律责任由乙方承担。

3.因不可抗力因素或合同外第三人造成旅游行程延误、更改、取消的或旅游者人身伤害或财产损害的,甲乙双方均不承担任何责任,但应在事发后尽量采取补救措施,使损失减轻到最低程度。

八、争议的解决

1.甲乙双方因违反本合同或与本合同相关事宜发生争议时,双方可共同协商达成补充协议解决。

2.协商不成,可提交合同双方所在地的人民法院诉讼解决。

九、特别约定

1. 甲乙双方均应提供合法有效的企业营业执照、旅行社经营许可证、当地旅游责任险保单复印件及其他相关材料等作为本合同的附件。

2. "旅游行程表"原件及传真确认件作为本合同不可分割的组成部分,和合同一并具有同等法律效力。

十、合同效力

本合同共 6 页,一式两份,双方各执一份,对双方均有约束力。本合同自双方签字盖章之日起生效。

甲方:(签章)　　　　　　　　乙方:(签章)

法定代表人:(签字)　　　　　　法定代表人:(签字)

日常联系人:　　　　　　　　　日常联系人:

电　话:　　　　　　　　　　　电　话:

传　真:　　　　　　　　　　　传　真:

签字时间:　　　　　　　　　　签字时间:

(资料来源:徐晓波律师 http://blog.sina.com.cn/u/2156796100)

三、选派优秀的全陪、领队

全陪和领队都是组团社的代表,区别在于全陪是国内旅游组团社代表,而领队是具有出境旅游业务经营权的组团社代表。

根据《导游人员管理条例》的相关规定,全陪是指依照相关规定取得导游证、接受国内组团社的委派、为旅游者提供相关服务的人员。一个优秀的全陪应按照旅游合同的约定实施组团旅行社的接待计划,监督各地接待社的履约情况和接待质量,负责旅游活动过程中与旅行社的联络,做好各站衔接工作,协调处理旅游活动中的问题,从而保障旅游团(者)的安全。

根据《中国公民出国旅游管理办法》的有关规定,出境旅游领队人员是指依照规定取得出境旅游领队证、接受具有出境旅游业务经营权的旅行社(组团社)的委派、从事出境旅游领队业务的人员。一个优秀的领队应严格要求自己,诚心对待旅游团。作为组团社的代表,协同和监督境外接待旅行社(接待社)完成旅游计划安排,协助处理旅游行程中的突发事件、纠纷及其他问题,最终为旅游团提供全程的旅途陪同。

由于全陪和领队在全程旅游活动中起着至关重要的主导作用,因此组团社应加强全陪及领队的思想教育和业务培训,建立严格的工作制度和管理制度,从而使自己的员工更加优秀、自信。组团社全陪或领队在工作中的认真、负责不仅对于提高旅行社本身的知名度有一定的影响,同时也会成为一个地区文明的窗口、一个国家形象的大使。

> 拓展知识 5—7

全国道德模范、最美导游——刘萌刚

他曾在海拔 5 200 米的珠峰大本营因高原缺氧彻夜难眠,曾在阿里地区无人区与野狼偶遇,也曾发着烧拔掉点滴赶去带团……他是来自广西桂林的刘萌刚,一名三次援藏的英语导游。

援藏结束后,刘萌刚回到了桂林,当上了桂林市导游协会会长。他说,三次援藏经历送给了他值得一生珍藏的品质——纯净、乐观、无私奉献。

从 2003 年起,国家旅游局决定连续 10 年从国内骨干旅行社中选派 100 名优秀导游员,在西藏旅游旺季开展导游援藏工作。2006 年,刘萌刚从广西约两万名导游中脱颖而出,获得了援藏名额。然而,刚到西藏,刘萌刚就有了高原反应,好几天才消停下来。休整一段时间后,刘萌刚接了第一个团,团员主要来自荷兰、德国等国家。为了接好这个团队,他用了近 20 天去准备,每天花费近 10 个小时踩点和背英语单词。

虽然援藏辛苦,但他却乐此不疲。2007 年,他又报名援藏并再次入选。2009 年,国家希望选拔经验丰富的援藏导游带队赴藏,相关领导又找到了刘萌刚。刘萌刚说,母亲年纪大了,他实在有点不放心。然而母亲却说:"不管怎样,妈妈都会支持你的工作。"于是,刘萌刚第三次走进了西藏,并担任了援藏队队长。

三次援藏,刘萌刚的足迹遍及西藏几乎所有开放的景区,用辛勤的汗水和真诚热情的服务赢得了游客和当地同行的充分肯定和赞扬,也受到了受援单位的好评。刘萌刚三次援藏皆被评为全国"援藏导游员先进个人",还获得了"全国模范导游员"称号。

(信息来源:光明网——《光明日报》)

> 案例分析 5—2

签证被拒 8 000 团费退回 983 元

王先生在 2015 年 9 月 12 日在广州市南湖国旅报团欧洲 6 国 11 天游,出游时间是 2016 年 1 月 29 日至 2 月 8 日。12 月 12 日他把部分个人资料交给南湖国旅办理签证,并于 12 月 15 日准备好房产证和车位证作为固定资产证明。当时工作人员称暂不需要固定资产证明,结果在 1 月 20 日被拒签。王先生要求退团费,支付了 8 000 多元最终却只退得 983 元,理由是旅行社已经出票,扣除掉这些费用和支出只能退这么多。

分析与提示

随着出境游市场的火热,与签证相关的投诉也越来越多。其中消费者被拒签后,旅行社退团扣费不合理成为主要投诉。在各国对华签证不断放松的背景下,一般而言,按照目的地国家要求如实准备好各项签证材料,被拒签的概率不算高。观察这些投诉发现,消费者被拒签多是因为旅行社提交的签证资料不全所导致。明明是旅行社的责任,被拒签后却让消费者承担巨额的报团支出费用,从中获取高额利润。这也提醒消费者,出国游办理签证时要主动、及时提供各项资料,留存与旅行社沟通时的相关证据,提前了解被拒签后退团费情况。

(信息来源:南方日报)

表 5-2　旅行社派团单

旅行社(盖章):			编号:T—××××××××××				
组团社		团号		游客来源		人数	
抵离时间	月　日　时乘　班机　次车船从　抵						
	月　日　时乘　班机　次车船离　赴						
住宿安排	酒店名称:			用车安排		车型及车座	
	房间数:					车号:	
日期	行程安排			用餐标准:早: 午: 晚:		购物点	
				用餐地点			
月　日				早:	午:	晚:	
月　日				早:	午:	晚:	
月　日				早:	午:	晚:	
月　日				早:	午:	晚:	
月　日				早:	午:	晚:	
备注							
计调员		地陪导游		接待部门		全陪导游	

(来源:福建省旅游质量监督管理所)

"派团单"印制说明:

1. 格式化"派团单"应用 16 开纸印制。
2. 标题应标明旅行社名称,使用小二号宋体。表格内容使用五号仿宋体。
3. 编号中 T-××××××××××为旅行社专用代码,后五位为旅行社自行设定的派团单编号。
4. 一式三联,第一联黑色,第二联红色,第三联蓝色。

表 5-3　出团通知书

致:××××贵宾一行 19 人
您们好!
　　欢迎您们参加此次 2010 年 2 月 1 日合肥、黄山四日游。为了使你们能够愉快地度过这段旅游时光,在此有必要将旅途中的注意事项做一下说明。以下几点如果阁下能清楚地了解,对阁下的旅游必然有帮助。
一、行程

日期	行程安排	用餐	住宿
2.1	从天津乘飞机 BK2847(7:00—8:30)赴合肥,乘 BUS 赴黄山风景区,换景区交通车至慈光阁,缆车(费用 65 元/人,可自理)或步行上山(玉屏景区、天都峰、迎客松、莲花峰、百步云梯、一线天、鳌鱼驮金龟、天海景区、光明顶)等。	中晚	黄山山上北海宾馆
2.2	早餐后,晨观"日破云涛万里红"的壮丽日出(天气许可)。游览西海景区、排云亭、飞来石、北海景区、猴子观海、清凉台、梦笔生花、始信峰、白鹅岭等。	早中晚	黄山山上北海宾馆
2.3	步行下山或缆车(费用单程 80 元/人,可自理),返市区,途中欣赏古徽州茶艺表演(购物时间约 40 分钟)。乘 BUS 赴世界文化遗产地桃花源里人家——黟县,游览世界文化遗产"国画里的乡村"宏村,宏村是一个古老的村庄,以独特的"牛形"构思营造整个村庄的形状,获得第 73 届奥斯卡四项大奖的电影《卧虎藏龙》也曾在此拍摄。一条清澈的流水贯穿整个村落,全村风景优美,更有众多的传奇故事可以聆听。返回市区后品茶(购物 45 分钟),游览有"历史文化博物馆"之称的西递古民居。乘车赴屯溪,晚可游屯溪老街。	早中晚	屯溪国脉宾馆
2.4	早餐后乘车赴合肥,游览包公祠。包公祠位于合肥城西南碧水环抱的包公湖畔,是为纪念中国历史上著名清官包拯而建的祠堂。包公的故事在中国可谓妇孺皆知,我国的传统戏曲《铡美案》等都生动描述了这位清官是怎样的不畏强权,执法如山。包拯在北宋时期曾任开封府尹,一生为官清廉,其功德为后人世代传颂。乘飞机返回北京,结束愉快行程! MU5279(13:30—14:55)	早中	——

二、标准
1.住宿:全程挂牌四星级双人标准间。
2.用餐:3 早 7 正,15 元/人/餐(黄山山上餐为 40 元/人/餐)。
3.用车:国产空调旅游车(33 座)、黄山景区小交通。
4.门票:景点第一大门票(黄山进山大门票、宏村、西递、包公祠)。
5.交通:往返飞机(天津—合肥,合肥—北京)。
6.导游:当地优秀导游服务。
7.购物:全程进店 3 家。

四、出行前注意事项

组团社在组织出游前,准备工夫要做得细致完备。为确保旅途的顺利和愉快,应将本次旅游的注意事项告知客户,特别是对于出境旅游团,开一个出游说明会十分必要。会议的内容包括说明行程的安排,目的地国家或地区的天气、民俗和禁忌,应携带的相关证件及解答客户提出的问题。组团社在出行前将注意事项告知客户不仅可以拉近彼此间的距离,使客户对旅行社优质、细致、周到的服务给予认可,同时也提高了客户的团队观念,使他们对此次行程做到心中有数,使出游更方便、更省心。对于国内游,客户只要随身携带好身份证或户口簿及一定额度的现金和信用卡即可。而对于出境游,除了因目的地国家或地区天气原因需要准备随身携带的衣物外,还有以下事项需要特别注意:

证件——备好护照和身份证的复印件,还有护照相片也要准备。万一在境外丢失护照时,凭这些可以到当地中国驻外使馆寻求帮助。

签证——对于出境游,办好签证是决定能否成行的头等大事。签证所需要的资料、程序、费用因国而异,要按各国签证要求提供充足材料,如申请东南亚国家比较简单,通常只需要提供身份证、护照和照片就可以了;而申请欧洲国家就可能需要户口簿、工作证明、工作单位营业执照、人民币五万元以上的定期存单、活期存折往来账单、房产证、汽车行驶证、股票交割单、结婚证、退休证等材料。

电器规格——世界各国的电器规格迥然不同,电源插座的插孔也是不能通用的。如英国、新加坡等国使用三个方头的插孔和插头,德国、法国等则是用两个圆头的。数码相机和摄像机充不了电的郁闷估计谁都受不了,所以,电源转换器虽小,却是一定要带的。

手机——出境旅游,保持通信畅通是必要的,但要先了解清楚不同国家的手机网络情况:如果到美国和加拿大,你使用三频手机即可;如果到日本、韩国,由于网络不同,在中国使用的手机带过去是无法使用的,可以在中国移动指定的租机营业厅租一部日本或韩国的移动电话。比如,你把开通国际漫游的全球通号码与一部租来的日本手机相绑定,在日本就可以轻松接打,发生的费用直接从国内全球通账户上扣除,出行和"煲电话粥"两不误。

保险——目前旅游保险基本上提供三类保险:一是人身伤害保险,二是紧急救助保险,三是财物损失保险。与选购境内旅游保险不同,出境游的游客除了关注能得到多少医疗赔偿金额外,还应着重考察境外旅游保险的紧急救援功能,了解紧急救援服务的内容。

金钱准备——对于出境游应按照《携带外币现钞出入境管理暂行办法》的要求,每人出境可以携带等值5 000美元的现金。如需携带现金等值5 000美元以上,应向银行或外汇局申领"携带证"。同时在境外使用 MASTER 和 VISA 国际信用卡是很方便的:既可以在有 VISA 或 MASTER 标志的商铺刷卡消费,又可以在贴有 VISA 或 MASTER 标志的 ATM 机上提取现金,不过取现的手续费较高,最好的用钱原则就是多刷少取。而在享受信用卡给出行和消费带来方便的同时,应该记下信用卡卡号、卡面上的其他信息和 24 小时全球紧急服务中心的电话号码,万一丢失信用卡,可以在境外马上挂失、享受紧急取现等应急服务。

特别提示 5—3

安全提示告知书

团号: 合同号:

尊敬的客人:

感谢您选择××××的服务!为了确保此次旅行安全顺利地进行,旅行社就旅行中应注意的问题与安全事项,在您参加本次旅行团之前,特别向您进行提示与告知,请您在参团前仔细阅读。

一、签订旅游合同注意事项

1.请如实认真填写合同中的身体健康状况一栏;

2.旅游出行前建议购买旅游者人身意外伤害保险;

3.认真填写报名表,确认姓名和证件号码无误,如因姓名和证件号码有误原因造成机票错误或其他失误,一切损失自行承担,旅行社不承担责任。

4.参加出境旅游,根据出境目的地和客人资料情况,旅行社会要求您在出发前缴纳一定数额的出境旅游保证金,在如期回国后,保证金如数退还,如您发生滞留或未如期回国,则保证金不予退还,请您按规定额缴纳并履行相应手续;否则,旅行社将会按照合同通用条款第八条(三)款处理。

(注:保证金与使馆要求的财产证明无关,与是否获得签证无关)

二、参团前准备事项

1.根据当地气候准备应时衣物用品。

2.提前检查身体,自备药品。

3.安排好家中相应事宜。

4.出团时请带好证件,如老年证、军官证、学生证、残疾证等,提前向导游出示证件以便导游购买优惠门票,如购买门票后再向导游出示,则证件无效。

三、出团注意事项

1.认真阅读出团通知并随身携带备用,记好旅行社通知的集合时间、地点、集合标志、联系人电话,要在规定的时间内到达指定的地点集合。

2.证件机票安全

(1)护照是我们在国外唯一有效的身份证明,丢失护照将有很大麻烦。护照须由自己保管(到某些国家是由领队保管)。如客人自身原因丢失护照,责任自负。

(2)机票一旦丢失须自费补票。

(3)证件和贵重物品,请务必随身携带,一定不要放在托运的行李中。

3.在交通工具上注意事项

按照国际惯例,团队办理登机手续,是按客人姓氏的英文字母顺序发给登机牌。飞机上用餐时应将座椅靠背调直,以免影响他人。如有回民或吃素等特殊用餐要求请提前向乘务员声明。若需服务可按呼叫按钮,不可大呼小叫。出外旅游携带的行李要求轻便,应尽量避免携带贵重物品,行李如需托运,切勿将现金及贵重物品放在托运行李中。搭乘飞机时扣好安全带,不使用手提移动电话等相关电子产品。不要随意走动,机舱内全面禁烟。在火车上打水不宜过满,3/4处为宜。不要在车厢内吸烟。在交通工具上禁止携带易燃易爆物品、管制刀具等危险物品。乘车晕车者请提前跟导游打招呼。旅行社接团人员会到机场、车站迎接各位,注意看管好自己的手提行李,请尽量和团队在一起,避免走失。

4.酒店注意事项

入住酒店时请保管好房卡,检查房间内设施(卫浴设备、遥控器、烟缸、毛巾浴巾等)是否有损坏并及时告知酒店,以免退房时发生不必要的麻烦。在使用房间内物品时,看清是否免费使用,如使用非免费物品请看清标价。勿将洗完的湿衣物披在灯上烤干或在床上抽烟。相应证件、护照、现金等应寄存在酒店保险箱内或随身携带,切勿放在酒店房间内、寄存行李处或旅行车内。沐浴时一定要先把防滑垫放好以防滑倒摔伤。自由活动期间最好结伴而行,事先与领队和导游打招呼,并带上酒店名片以免迷路。如在自由活动期间发生意外,请首先与全陪和导游联系寻求帮助,旅行社不承担责任和由此产生的费用。退房前,请检查您所携带的行李物品,房间内的备品不是免费赠送物品,均不可带出酒店。

5.景区注意事项

抵达景区游览前,谨记导游交代的集合地点、时间、所乘游览车号。团体旅行时不可擅自脱队,如果要脱离团队请征得全陪、导游同意。行程中或自由活动时尽量不参加危险活动项目,如攀岩、高速摩托艇、水上飞机、高速游轮等。如发生意外,我社不承担责任。因无法预测海啸、台风,为避免受到海蜇、鲨鱼袭击,防止溺水等意外发生,旅行社不组织游客参加游泳、潜水等水上或下水项目,如游客执意下水,发生意外,我社不承担责任。搭乘快艇、漂流木筏、参加水上活动,请按规定穿着救生衣,并遵照工作人员的指导。在走山路时靠内侧行走,切记"走路不看景,看景不走路",以免发生意外。不同的景点气候多变,要随时增减衣服,携带雨具。

出游时,老人最好有亲朋好友陪伴,以免生病或发生意外时无人照顾。到少数民族地区请注意民族禁忌,尊重当地民俗。我社郑重提醒旅游者谨慎参加赛车、骑马、攀岩、滑翔、探险、漂流、潜水、游泳、滑雪、滑冰、滑板、跳伞、热气球、蹦极、冲浪等高风险自选活动,若由此造成人身伤亡或财产损失,我社不承担责任。在自由行过程中您自愿参加的一切活动项目,建议您主动购买相关保险。我社对您在此过程中发生的意外不承担任何责任。参加西藏等高原类旅行,请你在出发前将自己的身体健康状况如实告知,严重心脏病、高血压、肺和血液系统疾病患者不宜进藏或上雪山。参加海边旅游,请您不要在非游泳区游泳,不要在水中过分嬉戏,以防止呛水。

6.饮食注意事项

(1)旅游中不光顾路边无牌照摊档,不吃不洁和生冷食品,私自食用不洁食品和海鲜引起的肠胃病旅行社不承担责任。

(2)重视饮食卫生,严防"病从口入"。对各地的风味小吃、土特产食品应以品尝为主,一次不宜吃得太多,更不能暴饮暴食,以免引起消化不良等。

(3)多吃新鲜蔬菜和水果,少食油腻和辛辣生冷食物,最好少饮或不饮酒。

(4)饮食有特殊要求的提前跟导游打招呼,以便导游更好地给您安排饮食。

(5)吃海鲜不宜饮啤酒、不宜与某些水果同吃,且吃海鲜后不要马上去游泳。

7.购物注意事项

(1)切勿在公共场所露财,购物时勿当众清点钞票。

(2)购买商品时请向商店索取完整的发票和购买证明。

(3)在小摊位购买物品时,看好后再与商贩讨价,如无意购买切勿与商贩多做讨价,以免发生争吵。

以上内容请仔细阅读后签字确认,谢谢您的合作,在此代表××××祝您身体健康,旅途愉快!(本附件一式两份,双方各持一份)

本人已阅读上述旅游安全须知及风险提示,并对自己的人身及财物安全负责。

客人(签字): 旅行社(签章):

日期: 年 月 日 日期: 年 月 日

五、组团业务的实时监控

组团社与客户签订旅游合同意味着双方合作的开始,当客户踏上旅程时,贯穿旅游活动中最重要的是实时管理与监控。组团社不仅要掌握整个行程中所涉及的各个要素(如餐厅、酒店、交通工具、景点等)是否符合接待标准,同时还要与全陪保持密切的联络,以便掌握整个旅游过程的最新动态。如遇突发事件时,组团社应协调各方面关系为地接社提供应急支援,避免事态进一步扩大,从而确保整个旅游过程得以顺利进行。

组团社对团队运行质量进行实时管控,不仅可以保证团队的运行质量,同时还可以提升组团社的旅游核心竞争力。

拓展知识 5—8

"电子导游证"将实现全面监管

2017年3月将全面启动的"全国导游公共服务监管平台"具有划时代的意义,这也意味着全国所有导游人员开始申请使用新的导游身份标识。

游客通过 APP 可以看到导游的信息,还可以评价导游服务,点赞或投诉导游。

执法部门通过 APP 可以看到更详细的带团和行程记录,还可查询到导游位置。

监管平台具有的五大功能:

1.导游执业管理——导游通过平台申请领取基于智能移动端的电子导游证,取代原有导游IC卡,更加方便导游领证、执业、保管。

2.导游执业信息全记录——平台是导游执业的"记录仪",归集了导游执业信息、游客评价及奖惩投诉信息、带团实时位置等,实现对导游事中事后监管。

3.导游服务评价和投诉——游客、用人单位等可通过平台或对接平台的商业网站,对导游服务进行评价,使评价成为检验导游服务好坏的"晴雨表"。

4.旅游部门监管执法——旅游执法人员通过平台实时查询导游位置、认证导游信息、核对行程单和电子合同、在线记录导游违法信息等,提升执法信息化水平。

5.其他公共服务——随着平台建设不断完善,将实现导游网上培训、星级评价、信息咨询、突发事件应急管理等公共服务。

电子导游证将成打击非法旅游利器。

1.此次更换电子导游证为导游的自由职业打下基础。电子导游证更换后,在电子平台上能够及时地查阅导游的信息、评价和所带旅游团的信息,便于省市之间的横向沟通和对导游的监管。同时,导游不再受限于旅行社,转向个体化。

2.游客和政府监管部门人员可以对导游进行评价、点赞和排名等。游客查阅导游的电子导游证后,可分辨导证的真伪,方便游客选择的同时,也对优秀的导游进行扶持,使其更为游客提供高品质的服务。除了电子导游证外,导游还将要准备电子行程单,在购买团队票、打折票的同时,景区也将对导游实行监管。

(信息来源:搜狐)

第三节 组团业务的财务结算

一、归团报账

(一)报账时间
团队行程结束后,全陪应在一周内报账。

(二)计调审核
全陪填写"结算单"与原始票据,向计调部报账,经审核无误后,报财务部。

(三)财务审核
全陪持"结算单"与原始票据,向财务部报账。如果出行前有借款,财务应退回其借款单,并根据规定,支付相应的出团补助。

(四)经理审批
全陪持"结算单"、原始票据及导游费领取单报经理审批,由经理签字后回财务结算;同时全陪需要在导游费领取单上签字。

此外,有的旅行社配备了实力较强的财务管理部门,计调部的团队计划须同时报送财务部,最后由财务部进行单团核算,并向全陪支付导游补贴。

二、核算付款

(一)组团社常规付款结算
该付款结算方式适合与组团社首次合作的地接社或是不经常与组团社合作的单位。由于受信誉、服务质量等因素的影响,组团社在与地接社确认后,一般先行支付总团款的80%,剩余20%在旅游团行程结束后,如果无接待质量问题,则根据旅游合同与地接社结清尾款。

(二)组团社定期结算
该付款结算方式适合与组团社长期合作的地接社。由于其信誉、服务质量等因素得到了组团社的肯定与游客的认可,组团社与其建立了良好的长期合作关系,往往在实际操作中,组团社会根据业务情况,定期与地接社进行结算(如一团一结或按周、按月结算),并传真对方汇款单,以保持在合作伙伴中的良好信誉。如果地接社出现接待质量问题,则根据客户投诉处理结果,在支付给地接社的款项中予以扣除,同时决定下一步是否继续选择该旅行社作为合作伙伴。

第四节 后续事宜的处理

一、客户回访

客户回访作为旅行社管理中的售后服务,目前是旅行社的薄弱环节,应该不断加大力度,提高重视程度。

客户回访是维系旅行社与客户之间有效沟通最有效的方法。一般旅行社可以采取电话方式,向已结束旅游行程的客户征求意见,如本次旅游中,对旅行社提供的各项服务是否满意、对旅行社和导游还有哪些建议和意见等。

旅行社的客户回访不仅可以从客户那里了解全部旅游的情况,便于公司今后为客户提供更完善、更合理的线路,同时经常与老客户联系,告知最新的产品,还可以激发老客户的旅游欲望,实现再次与旅行社牵手;还有,通过这些老客户将产品信息传播到更多的客户当中去,从而为旅行社增加经济效益。总之,客户回访既可以为旅行社增添社会声誉,又可以为旅行社与客户的下次合作打下坚实的基础。

表 5-4 游客意见反馈表

尊敬的游客:

　　感谢您参加我社组织的旅游活动,为进一步提高我社导游服务质量,提升企业良好信誉,为广大游客提供更周到的服务,请您真实填写以下意见表,以便我社及时了解情况、改进服务。谢谢合作!

旅行社质量监督电话:×××　　　　旅游投诉电话:×××

×××旅行社

团队编号		团　号			目的地		
旅游时间		出游形式			散客□　团队□		
评价＼内容	好	较好	一般	差	评价＼内容	是	否
游程安排					是否签订旅游合同		
用餐质量					是否有被强迫购物或自费项目		
住宿安排					是否有景点遗漏现象		
车辆车况					导游有否索要小费和私拿回扣		

续表

评价内容	好	较好	一般	差	评价内容	是	否
导游服务					导游（领队）是否佩戴导游证（领队证）		
司机服务					旅游过程中是否有安全提示		
总体评价					是否会再次选择本社旅游		
意见建议							

全陪导游（领队）签名：　　　　　　地接导游签名：

二、处理投诉与表扬

(一) 旅游投诉

旅行社遇到客人投诉是难免的，关键是如何去处理，才能消除客人对于旅行社的成见，这就要求接待人员具备良好的职业道德修养和沉着冷静的心理素质。

首先，不论是谁的责任，旅行社接待人员对客人的投诉都需要耐心倾听，做到站在客人的角度看待投诉，理解客人愤愤不平的心情。

其次，在投诉处理过程中，在明确责任的基础上，尽量避免与客户争吵，因为在服务行业有这样一句经久不衰的话，那就是"客人永远是对的"，旅行社接待人员要以一颗真诚的爱心、热心打动客人，浇灭客人心中的怒火。

最后，在最短的时间内给客人最合理的解释是处理投诉的法宝，这样才能最大限度地化解、减少游客的不满情绪，最终使其合法权益得以维护。

表5-5　旅游投诉记录单

投诉者姓名		联系电话	
投诉收到时间		出游地点	
投诉受理时间		出游时间	
投诉主要内容			
处理结果			
旅行社总经理意见			
经办人		日期	

案例分析 5—3

43人中国旅行团护照瑞典被抢 旅行社将负责赔偿

2016年6月30日,一个43人的中国旅行团在瑞典旅游时,所有人的护照因遭抢劫丢失,导致行程中断。

游客鲍先生提供的4月11日签订的《团队出境旅游合同》显示,此次行程共13天,从6月24日至7月6日,每人交纳15 600元。鲍先生是通过北京青年旅行社报的团,由友创国际旅行社带队出国旅游,"此团还有来自黑龙江、重庆、江西、湖南、四川等多个省份旅游公司的游客",鲍先生说。

6月30日,旅行团的游客在瑞典参观斯德哥尔摩市政厅。中午吃饭时,一个戴着耳机玩ipad的白人男子突然冲上前,将导游身上的包抢走,并迅速跳上餐馆门口的汽车逃走。

同团的另外一名游客说,包里有全团所有人的护照,还有导游的一些现金。众人追出去时,车已经跑远,只看到了车牌号,但经当地警方核实,该车牌号是假的。导游称,因护照被抢,游客不能再继续下面的行程。在与当地大使馆沟通后办理了临时护照,安排游客陆续回国。

鲍先生表示,事发后他找到北京青年旅行社讨要说法和赔偿,但对方表示要等北京大唐国际旅行社(友创国际旅行社)的消息。"我是跟北青旅签的合同,出了问题肯定要找他们,但现在他们一直没有具体的解决方案,担心他们推脱责任。"鲍先生说。

分析与提示

根据《旅游法》第六十三条规定,旅行社因未达到约定人数不能出团的,组团社经征得旅游者书面同意,可以委托其他旅行社履行合同。组团社对旅游者承担责任,受委托的旅行社对组团社承担责任。鲍先生是和北青旅签的合同,而北京大唐国际旅行社(友创国际旅行社)是该次旅行团的供应商。因此鲍先生及其他游客的损失应由北青旅承担,北青旅承担后可向北京大唐国际旅行社(友创国际旅行社)追偿。

(信息来源:中国旅游新闻网)

(二)表扬

旅行社在日常管理中,旅游投诉较为常见,与投诉相对的还有工作在旅游服务第一线的员工,他们用热情、周到的服务,赢得了客人的褒奖与表扬。目前,很多旅行社发生旅游投诉后会对责任员工进行惩罚,而往往忽视了在旅游工作中获得表扬的员工;即便有表扬,大多数也都是用口头表扬一带而过,对员工没有起到激励作用。对员工的表扬,旅行社可以从传统的口头表扬方式向物质与精神的综合奖励制度过渡。

1. 物质方面

①将获得的客户表扬次数进行累计,年终时以颁发奖金的形式予以奖励。

②可以根据受表扬的不同次数,进行区分奖励,比如奖励带薪免费旅游一天、三天、七天等。

2. 精神方面

①寻找合适的时间,和旅行社全体员工共同分享受表扬的原因,谈谈当时自己的想法。

②在旅行社年终开总结大会时,颁发证书,并让其谈一下工作感言。

(三) 定期进行阶段工作总结

旅行社在日常管理中,除了为客户提供优质的服务外,还应重视企业内部管理,定期进行阶段工作总结,这不仅可以加强各部门之间的沟通,还能及时发现问题、解决问题。旅行社的定期工作总结包括员工个人的工作总结和经理(或主管)的定期工作总结。员工的工作总结一般在旅游旺季结束后或年终。而经理(或主管)的定期工作总结既可以是在每次大型或特殊团队接待结束后,也可以在每周(月、季度)进行。无论是员工个人还是经理(或主管)的定期工作总结,目的都是通过总结,发现问题、解决问题并提出合理化建议。一个品牌旅行社应该用专业化的团队、百分之百的努力,为客户提供舒适、贴心、安心的金牌服务。

表5-6 导游工作小结

出团日期		团号	
人数		目的地	
带团小结	(带团主要情况、存在问题及改进方向)		
计调初审意见	(团队操作情况、存在问题及改进方向)		
总经理审核意见	(总体评价)		

案例分析与思考

报团后因游客原因无法成行,能退多少费用?

沈女士等二人在宁波市某旅行社报名参加日本旅游,团费4 500元/人。其二人报名时签订了国家版《团队出境旅游合同》一份,并付清了全部团款。出发当天,沈女士因家中有事,不能按原计划参团出游,要求旅行社退还全额团款。旅行社称其交付的费用已全部发生,无法退还。沈女士对此表示十分不解,多次与旅行社协商未果后向旅游质监部门投诉。

思考: 沈女士应否能够得到赔偿?

分析与提示

游客在行前因工作、家事、学习等原因无法按时参加旅行,临时要求退团的纠纷为目前旅游投诉中的一个主要问题。通常情况下,除了不可抗力等因素外,不论游客出于何种原因,不能按照约定出团,如果不能和旅行社取得协商一致,都是单方解除旅游合同的行为,游客的行为属于违约行为,应承担相应的违约责任。违约责任可能包括违约金的支付和已经产生的实际损失的赔偿等。

本案中,出发当日,沈女士的签证、机票都已经实际发生,同时由于沈女士不能按期旅行,导致其同伴一人成行,出现了单人房差,所以沈女士的住宿费用也等同于实际发生。最后,旅行社提供了上述实际发生的费用凭据,经计算已超过团费70%的比例,因此沈女士按照实际发生的费用承担了相应损失。旅行社将扣除损失后的团费余额退回了沈女士。

(资料来源:《现代金报》)

本章闯关测试

一、选择题

1. 旅行社( ),是旅行社经营过程中与旅游者发生业务关系的历史记录。
   A. 旅游报价　　B. 旅游产品　　C. 账务往来　　D. 客户档案

2. 当客户踏上旅程时,贯穿旅游活动中最重要的是实时管理与( )。
   A. 咨询　　　　B. 报价　　　　C. 监控　　　　D. 线路

3. 团队行程结束后,全陪应在( )内报账。
   A. 一周　　　　B. 三天　　　　C. 24小时　　　D. 一个月

4. ( )作为旅行社管理中的售后服务,目前是旅行社的薄弱环节。
   A. 来电咨询　　B. 市场咨询　　C. 客户回访　　D. 客户档案

5. ( )是旅行社客户接待环节的核心,旅行社应根据不同类型产品的特点及客户的需求进行有技巧的商谈。
   A. 来电询价　　B. 出游确认　　C. 客户接待　　D. 实时监控

6. 在旅行社客户接待中,客户向旅行社的咨询主要来自于( )。
   A. 来电咨询　　B. 市场咨询　　C. 上门咨询　　D. 去电咨询

7. 旅行社组团产品报价包括( )。

A.旅游产品　　　B.常规产品　　　C.个性产品　　　D.旅游线路

8.全陪填写(　)与(　),向计调部报账,经审核无误后,报财务部。

A.原始票据　　　B.结算单　　　C.旅游计划　　　D.工作日志

9.组团社与地接社确认合作之前,要对其进行深入了解,诸如(　)等信息。

A.旅行社规模　　B.经济效益　　　C.行业信用度　　D.团量

10.旅行社的定期工作总结包括(　)工作总结和(　)工作总结。

A.员工个人　　　B.季度　　　　　C.年度　　　　　D.经理(或主管)

二、问答题

1.组团业务流程包括哪些内容?

2.对于客户来电咨询在接待方面有哪些技巧?

3.对于个性产品的报价,应针对哪些方面考虑?

三、案例分析

2015年"五一"期间,王某夫妇参加某旅行社组织的"新、马、泰及我国港、澳地区十日游"旅游团。在临登机时,旅游者发现,该旅游团队是6家旅行社组织的,大家手中的旅游日程各不相同。更让旅游者感到疑惑和不安的是,该旅游团没有领队,而团队中绝大多数游客是初次走出国门。这个出国旅游团在整个旅途中遇到许多困难。在国外如何转机,入境卡怎么填,需要哪些旅行文件,怎样与境外旅行社接洽等都无人过问。在新加坡入境时,因不熟悉情况,旅游团被边检部门盘查一个半小时之久,影响了游览活动。旅游过程中,因没有领队与境外接待社协调,原来的日程安排多次变更。旅游团在异国他乡,人生地不熟,只好听从境外导游的摆布。旅游结束后,王某夫妇以旅行社未提供相应服务、损害其合法权益为由,要求旅行社赔偿其损失。旅行社辩称,组团人数不足,由若干旅行社将旅游者拼为一个团,是旅行社的通常做法,只要按约定准时出游,是否告知旅游者并没有实际意义;此次组团出境旅游,事先双方并没有约定派领队,因此,旅行社未派领队并不构成违约。

请你根据上述情况回答:

1.在本案中旅行社能否擅自将旅游者转给其他旅行社,为什么?

2.本案中旅行社没有安排领队的做法是否违反法律规定,依据是什么?

(资料来源:考试资料网)

第六章 旅行社接团业务流程

引 言

接团业务是旅行社的重要业务之一，其中，地接业务又是接团业务的重要方面。可以预见，今后旅行社要发展，地接业务将在旅行社业务中处于核心位置。各地接社应充分发挥自身优势，合力做优、做强、做大旅行社的地接业务。

学习目标

1. 能针对组团社的要求对整个接待业务流程进行规范操作。
2. 能发挥旅游企业自身特色，用优质的服务寻求更多的合作伙伴。

案例导读

某公司33人在烟台某旅行社报名参加蓬莱、长岛一日游，以公司的名义与旅行社签订旅游合同。旅行社承诺安排的是51座的旅游车，实际上只有33座。另外行驶中司机有不文明言行，在乘客的要求下依然不管不顾。张女士对此极为不满，认为旅行社服务质量有问题，旅游结束后找旅行社理论，旅行社答复当时是公司签订的合同，个人无权投诉。张女士一听更是恼火，第二天将投诉信递交旅游投诉部门。

分析与提示

在旅游质监部门调解下，旅行社赔偿张女士200元，旅游车司机赔礼道歉。

《旅游法》第五十条规定："旅游经营者应当保证其提供的商品和服务符合保障人身、财产安全的要求。"旅行社在组织旅游者旅游过程需选择安全有保障的履行辅助人。本案中旅游者共计33人，旅行社所提供的车辆虽然能满足每名游客一个座位，但与约定不符，且司机有不文明言行，应承担违约责任。《最高人民法院关于审理旅游纠纷案件适用法律若干问题的规定》第二条规定，"以单位、家庭等集体形式与旅游经营者订立旅游合同，在履行过程中发生纠纷除集体以合同一方当事人名义起诉外，旅游者个人提起旅游合同纠纷诉讼的，人民法院应予受理"。虽然当时是公司与旅行社签订合同,但张女士是公司的一员,也确实参加了此次旅游,是可以以个人名义提起投诉或诉讼的。因此,以集体形式签订的旅游合同,参加人在旅游过程中自身权益受损是可以以自身名义维权的。

(信息来源:烟台新闻网)

第一节　接团业务概述

接团(地接)是旅行社实现价值转移和创造新价值的重要途径,由于旅游产品的价值只有通过接待服务才能得以实现,因此接团业务对于旅行社来说就显得至关重要,其服务质量的高低直接影响着旅行社的经济效益。而接团业务具体是指地接社(旅游目的地的旅行社)按与组团社签订的合同要求,利用本地的优势,为旅游者提供接待服务的一种工作形式。

地接与组团的关系——地接与组团,就如同身体的左手与右臂,不分主次,相辅相成。地接是相对于组团而言的。地接,是指旅游目的地承接组团社的业务,在旅游目的地市场,地接社拥有对当地的旅游资源状况及资源的合理最优组合的优势。而组团社则是指游客出发地的旅行社,其掌握客源市场的最新动态与游客的兴趣趋向,拥有及时了解与把握客源的优势。组团社需要地接社不断地提供更新、更合理的资源组合产品,来迎合更多游客的需求。而没有地接社的支持与协作,组团社也就难以获得更大的市场客源。同样,失去了组团社的市场占有份额,地接社也随之失去了业绩上的进一步扩大与再提高。双方既是合作关系的统一体,又各有分工。只有通过发挥各自的优势和特长,互补互助,才能达到双赢。

第二节　接团业务流程的规范操作

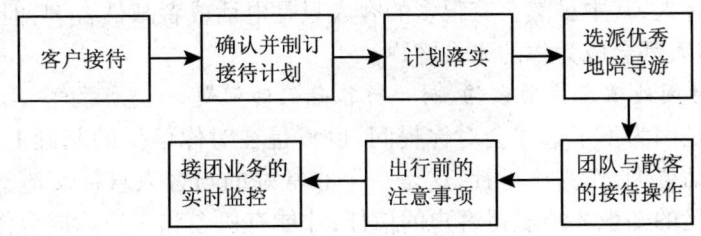

一、客户接待

(一) 组团社

对于地接社来讲,一般都会和几个信誉良好的组团社有业务往来,当组团社向地接社询价时,地接社应按组团社的要求真诚、准确、认真地进行回复,力争用优惠的价格、良好的服务与组团社合作成功。

(二) 本地客户

地接社除了接待来自组团社的业务外,另一部分客源主要来自于地接社所在的旅游目的地。这里的潜在客户由于受时间、路途等因素的影响往往会选择一些一日游或周边游。这样就会常常到地接社进行具体洽谈,其中可能是团体也可能是散客,但无论属于哪种类型的客户,对地接社来说都意味着商机与效益。针对本地客户,地接社应该注重服务需求与服务质量,争取给客户留下完美的第一印象,为将来的再次合作打下坚实的基础。

(三) 互联网客户

随着互联网的越来越遍及各地、中国旅游市场网络用户的不断激增,通过网络来完成旅游交易的也越来越多,互联网带来的商机是不可小觑的,也是不可预测的。有的旅行社网络投资与收益的比例达到了50%左右,由此可见互联网已成为地接旅行社又一个新的淘金地。针对此类客户,地接社应注意价格和个性化需求,一般通过互联网预订的客户,往往是年轻人,他们喜欢货比三家,更喜欢追求具有特色、新奇的旅游体验。

同时地接社在接待网络客户时应注意:

1. 吸引网络客户

既要有属于自己特色的网页,设计要新颖、美观,而且能够将当地特色有机结合起来;同时功能还要齐全,让浏览网站的客人能够很快找到他所需要的信息,处处为客人着想(如在线路的编排上可以用在线交流、在线预订等)。

2. 利用网站进行宣传与推广活动

在各个门户网站搜索引擎根据自己的实力投入一定量的广告宣传。当然,传统的促销也是非常必要的,比如百度的竞价排名及谷歌(google)的右侧排名等,所有这些都能给自己的网站带来一定的流量,而这种流量有很大的比例来自于有出行意向的客人,其中虽然会有很多的客人只是电话或者邮件咨询,但只要自己处理妥当,很多人都会成为你的未来客户。

3. 第一时间处理客户的咨询,耐心解答他们的问题

客户只是因为不了解才会对你提问,也只是在对你信任的基础上才会给你发邮件和打电话咨询,作为旅行社,这是一个非常好的与客人直接交流的机会,只有用耐心与充足的知识才能赢得客户的信任,才能有机会和客户达成合作。

拓展知识 6—1

"千岛湖女岛主征集令"

千岛湖有选择地吸收了旅游网络营销经典案例的可取之处,结合千岛湖拥有1 078个岛屿、绿色低碳的旅游形象,推出了"千岛湖女岛主征集令"活动。利用网络平台上大家喜闻乐见的形式,选出受网友喜爱的、符合千岛湖自然清新气质的女孩,以女岛主的身份进行为期一年的千岛湖旅游网络推广宣传活动。"女岛主"将畅游千岛湖,顺利踏上红地毯,赢得大众关注。千岛湖将在网友的心中建立富有亲和力的形象,针对目标受众为积极的口碑传播做贡献,这无疑是景区和个人共赢的一次盛举,也是传统旅游营销所无法达到的高度、广度。清华大学总裁班特聘营销专家刘东明表示,美女元素、互动征集元素是提升活动影响力的鸡精。

"千岛湖女岛主征集令"在上线伊始,就充分利用网络资源,在开心网上广发生动有趣的宣传信息,引发了网友的大量关注和转帖,为女岛主选拔造势。随着活动的推进,撰写不同的主题帖进行定时发布传播,提高了活动的传播力和影响力。而SNS精准和互动的两个特点,保证了话题针对目标受众完成有效传播、启动良好作用。

小小的"女岛主",却撬动起整个旅游市场板块。如何借助各种网络资源进行有机整合,最终服务到品牌,千岛湖无疑在这里给了我们一个非常美好的憧憬。

(信息来源:学子斋)

案例分析 6—1

网上咨询 态度恶劣

2015年3月8日王先生和几个同学准备趁"五一"放假去云南旅游。因为都没去过云南,所以打算先在网上咨询一下,他们咨询的是×××国际旅行社的在线服务。但没有想到的是×××国际旅行社的在线服务人员对王先生不屑一顾,回答时爱理不理的!因为王先生不懂线路的具体细节,所以想详细了解一下,可是×××国际旅行社的在线服务人员的服务态度让打算出游的王先生决定不去云南旅游了!以下是王先生与客服的部分对话:

王先生:住宿是几人一个房间?
×××国际旅行社:标准间。
王先生:4人的,还是2人的?
×××国际旅行社:什么是叫标准间?你不会不知道吧?
王先生:你能不能好好回答问题?你是什么态度?

×××国际旅行社:你去投诉呀?你又没有参加我的旅游?

分析:从王先生与网上客服人员的对话中可以看出,旅行社的网上客服工作人员没有达到旅游从业者的最基本的道德品质与要求。同时对工作的不认真与不负责直接影响了潜在客户的旅游欲望,不仅给旅行社带来了经济损失,同时也影响了旅行社的社会信誉,甚至于使旅游者对旅游目的地的形象产生了不良印象。

(资料来源:自编)

(四)××旅行社收到××青年旅行社询价传真及处理

收件人旅行社:××旅行社	发件日期:2012年4月5日
收件人姓名:××先生	共 页:1 页
发件人旅行社及传真号:××青年旅行社 010-××××××××	发件人姓名:××

××先生:您好!

由我社组织的旅游团一行21人,将于4月8日乘D1548航班于当日上午8点抵昆,4月14日上午10点乘D1546航班离昆返回北京,往返机票已由我社订妥。请安排昆明、大理、丽江三地六日游,按标准服务等级将日程安排与每人的接待价格报予我社。

××旅行社收到该传真后按下列步骤处理:

1. 阅读

(1)传真由××青年旅行社传来,发件人:××。

(2)日期:2012年4月5日。

(3)人数:21人。

(4)服务标准:标准。

(5)线路:昆明、大理、丽江。

(6)饭店:二星级。

(7)要求:无特殊要求。

2. 安排

(4月8日)D1 8点抵昆,专人接机、送旅游团入住。午餐。下午游西山森林公园、大观楼。住昆明。

(4月9日)D2 全天游"天下第一奇观"石林。当晚乘空调火车硬卧赴大理。住火车上。

(4月10日)D3 6点30分到大理早餐,8点船游洱海、大理古城、三塔、蝴蝶泉,晚上游古城、洋人街。住大理。

(4月11日)D4 大理早餐,乘车至丽江,午餐后游丽江古城、黑龙潭。住丽江。
(4月12日)D5 早餐后游丽江白沙壁画、玉峰寺,午餐后游干海子高原牧场、白水河。乘索道游云杉坪,下午返回大理,晚上乘空调火车硬卧返回昆明。住火车上。
(4月13日)D6 6点30分到昆明早餐,游世博园。住昆明。
(4月14日)D7 早餐后专车送往机场。

3.计算

根据以上日程安排,计算出每位游客的接待价为1 980元/人。

报价含:(1)住宿:二星级或同级饭店四晚;
　　　　(2)昆明/大理/昆明空调火车往返;
　　　　(3)所列景点首道门票,大理游船、三道茶,丽江云杉坪索道、丽江古城维护费;
　　　　(4)6早12正,正餐八菜一汤;
　　　　(5)全程空调旅游车;
　　　　(6)优秀导游服务。

二、确认并制订接待计划

地接社对组团社的询价进行回复,双方再商讨具体细节,最终得到组团社的认可后,这时地接社需要组团社对整个业务安排进行确认。经确认后,地接社开始制订详细的接待计划。

(一)组团社

当地接社接到组团社书面预报计划[包括团号、人数、景点、抵/离机(车)时间及特殊要求等信息]后,应登记在当月接待动态表中。如遇对方口头预报,必须请求对方以书面形式补发计划,或在我方确认书上加盖对方业务专用章并由经手人签名,回传作为确认件。地接社将组团社的接待计划逐一落实完毕后,开始编制接待确认书,加盖确认章,以传真方式发送至组团社并确认组团社是否收到。

(二)本地客户

地接社在积极与本地客户沟通的过程中,如客户对旅行社推出的旅游产品表示满意,双方就可以对业务进行确认、签订合同、交付旅游费用,最终达成合作。这时地接社将根据客户的要求制订详细的旅游接待计划。对于客户提出的要求,地接社工作人员应认真、耐心倾听,并将其标注在旅游接待计划中,这样更利于客户对旅行社的工作态度与服务质量进行积极的评价。

(三)互联网客户

对于此类客户,应注意最关键的就是线路合理,报价适中。在回答客户的咨询中,要做到言语得体、信守承诺,否则会失去客户对地接社的信任。作为提供服务的地接社,应该尽量替客人着想,在行程安排上考虑到他们所不了解的部分并给予相应的提示,报价中不要故意去宰客。一旦业务确认后,地接社要严格按照预定的行程及标准进行操作,任何时候不能以客观理由降低接待标准,这是地接社的信誉之本。从旅行社的长远发展来看,有时利润并不是最重要的指标。

拓展知识 6—2

网上预订旅游被退　同城网称不接待60岁以上老人

律师建议:构成单方违约,服务不到位

主持人:在这个事件当中商家到底是不是应该负法律责任,如果是,应该负什么样的责任?

北京朝阳律师事务所律师胡刚:同城网全名叫苏州同城旅游网络科技有限公司,在这个事件里面是否承担了旅行社的责任,这是比较关键的问题。因为按照我们国家的《旅行社条例》,旅行社经营旅游业务,必须要获得相应的行政许可,也就是说要看收款方是谁,如果是同城网络科技有限公司,它的身份地位恐怕不是很恰当。如果是一个有旅游资质的公司会更恰当一些。合同已经签订了,现构成单方解约,而解约理由就是所谓的年满60岁以上。这样的解约理由是违法的,我国《老年人权益保障法》第四条明确规定禁止歧视、侮辱、虐待或者遗弃老年人。

"经济之声"特约评论员包华:我认为同城网在服务上出现了问题,一方面,当它对于招揽顾客有一些比例、年龄方面的要求时,没有提前告知消费者,在这种情况下应该承担单方面解除合同的责任;另外一方面,销售人员曾经提到过年龄上有一个正常标准,就是18岁以上或者是16岁以上,要是一个成年人都应该可以去旅游。

专家分析:需强化团购网站服务流程

主持人:同城网可能要承担一系列的责任,如果旅行社自己也承担了一定的风险和损失,怎样来强化这个网站的服务流程呢?

胡刚:其实,相关的网站在管理流程上或者服务流程上明显存在缺陷或者瑕疵。同时,服务提供者比较坦率地承认了自己的一些缺陷。

包华:消费者是为了找一种消费的感受,一种旅游的感受。在这种情况之下,旅行社就应该对消费者提供一个足够的提示义务。很多旅行社给消费者的告知书中都会有一系列的提示,包括满足一些身体方面的条件,尊重当地的文化传统,注意自身的相关病症等,一系列的内容都要有充分的提示,而同城网都没有做到。

商家有话说:旅游团有年龄比限制

记者随后拨通了这位回答了两种不同理由的工作人员的电话,对于没有位置的说法他给出如下解释。

客服:因为限制所以才没有位置,这个收费是按一定比例的,如果是3个正常年龄层次的我们可以说有位置,但是老年人加进来的话,年龄比例这边失衡了,所以就造成没有位子。这边收客都有一个收客标准,云南那边对55岁、54岁的老人都有收费标准。54岁就不接待了,或者说要加很多钱。云南这边没法接待,所以我们这边收不了。

商家有话说:付款前未提醒年龄限制是乙方过失

旅行社是在核实完信息之后才让对方付钱的,但是同城网是让对方先付了钱,之后虽然表示退钱,但是也是要在15个工作日之后,吴先生很担心他的钱无法退回。记者再次拨通了同城网工作人员的电话。

记者:有年龄限制为什么之前没说呢?

客服:约定的时候说是三个成人,没跟我说年龄层次。我这边也没有问,以为是正常年龄。

记者:你们的年龄标准是什么?

客服:年龄标准是54岁以下。

记者:付钱之前已经确定位子了,怎么后来又说是年龄失衡取消位子呢?

客服:付款跟名单拿到我这边几乎是同时的,所以我把名单输进去之后发现没有位置。

记者:付款之前为什么不提醒?

客服:这是我的失误,我确实没有跟他说。

(资料来源:http://www.enorth.com.cn)

三、计划落实

一旦确认并制订接待计划后,地接社应及时向各有关部门发送计划书,逐一落实:打印团队计划单—报经理确认—报财务借款签单—报计调安排相关事宜(落实用房、用车、用餐、导游、景点等)。

(一)用房

根据接待人数、要求,以传真方式向协议酒店或指定酒店发送订房计划书并要求对方书面确认。如遇人数变更,及时做出更改件,以传真方式向协议酒店或指定酒店发送,并要求对方书面确认;如遇酒店无法接待,应及时通知组团社,经同意后调整至同级酒店。

(二)用车

根据接待人数、要求安排用车,以传真方式向协议车队发送订车计划书并要求对方书面确认。如遇变更,及时做出更改件,以传真方式向协议车队发送,并要求对方书面确认。

(三)用餐

根据接待人数、要求以传真或电话通知的方式向协议餐厅发送订餐计划书。如遇变更,及时做出更改件,以传真方式向协议餐厅发送,并要求对方书面确认。

(四)地接社

以传真方式向协议地接社发送团队接待通知书,并要求对方书面确认。如遇变更,及时做出更改件,以传真方式向协议地接社发送,并要求对方书面确认。

(五)返程交通

仔细落实并核对计划,向票务人员下达订票通知单,注明团号、人数、航班(车次)、用票时间、票类、票量,并由经手人签字。如遇变更,及时通知票务人员。

拓展知识 6—3

张家界迎来史上最大旅游团 来了 5 200 人坐满 98 辆大巴

2016 年 7 月 20 日,在张家界国家森林公园门票站,核心景区迎来史上最大旅游团,人数达 5 200 人,浩浩荡荡共 98 辆旅游大巴。工作人员小陈"惊呆了",表示"验票 12 年,第一次接待这么多人数的旅行团"。

这是由张家界湘西中旅国际旅行社组织接待的"菁英超团",是张家界接待的目前国内人数最多的单一超大旅行团。近年来,随着"提质张家界,打造升级版"战略的实施,张家界旅游接待能力大大增强,激发了旅游消费新热点和新活力。今年上半年,张家界旅游接待人次、旅游总收入分别达到 2 209 万人次和 196.6 亿元,同比分别增长 37%、43%。

(信息来源:凤凰网)

四、选派优秀地陪导游

作为旅行社重要的接待人员——导游员,是旅行社整个管理工作成败和事业发展的关键。而改善导游待遇和提高导游服务意识、导游服务水平则是关系接待工作质量的关键。

地陪(全称地方陪同导游人员),是指受接待旅行社委派,代表接待社,实施接待计划,为旅游团(者)提供当地旅游活动安排、讲解、翻译等服务的导游人员。

如果地陪能在旅游者心目中树立起良好的形象,对做好导游工作具有极为重要的意义;否则客人会蔑视导游,不愿配合导游员的工作,甚至故意出难题,导游工作起来会非常吃力。除此之外还应用人格魅力去感染游客,给客人留下完美的印象。由此可以看出,良好的形象不仅能使旅游者从这样的导游员身上获得安全感,还能真正感到游有所乐、游有所益、游有所获,把对地陪的崇敬化作对导游工作的支持和配合。

(一)导游人员应具备的基本素质

1.敬业、负责

导游人员应热爱本职工作,不断自省和自励,努力提高服务水平。只有先做到称职,才能向优秀迈进。

2.业务能力强

知识方面——导游人员应具备较广泛的知识,尤其是政治、经济、历史、地理以及国情、风土习俗等方面的知识。

能力方面——导游人员应具备较强的组织、协调、应变等能力。无论是外语、普通话、地方语还是少数民族语言导游人员,都应做到语言准确、生动、形象,富有表达力,同时注意使用礼貌用语。一名优秀的导游员可以针对不同的游客,采取不同的方法,最大限度地激发游客的旅游情趣。

3.具有良好的职业道德与修养

地陪应有良好的职业道德与修养,认真完成旅游接待计划所规定的各项任务,维护旅游者的合法权益。同时还要树立全心全意为客人服务的信念,只有踏实的工作、精彩的讲解才能赢得客人的信任与肯定。

(二)根据旅行社接待客户的类型来分配导游

1.对与地接社长期合作的客户

在委派导游时,应注重导游的服务质量,确保客户满意。

2.对与地接社第一次合作的客户

在委派导游时,应委派经验丰富、业务熟练的导游。

(三)导游接待前应认真研究接待计划和落实接待事宜

1.认真研究接待计划

导游在旅游团抵达之前认真阅读接待计划和有关资料,详细、准确地了解该旅游团的服务项目和接待要求,重要事宜要做好记录。具体包括:

①与对方领队通话,相互记录联系方式,以便联系。

②对旅游团所在地的人文地理及其最近的新闻等信息作简要了解,熟悉旅游团的人数和成员的性别、姓名、职业、宗教信仰和生活习惯。

③接团以前提前向火车站(机场)查询,查明火车(飞机)到达的准确时间。

④掌握该团所乘的交通工具。包括到达和离开本地的时间,所乘坐交通工具

的班次、时间、机场(车站)名称。如果是飞机,要明确该团机票是 OK 票,还是 OPEN 票。接机(车)前需再次向机场(车站)问询处查询航班(火车)有无延误。同时还要与旅游汽车公司或车队联系,确认该团车辆的型号和司机姓名及其联系方式,确定与司机的接头地点并告之活动日程和具体时间。

⑤特殊事项。导游应掌握该团对接待标准有无特殊要求,有无需要重点照顾的客人,有无要到办理通行证地区参观的游览项目,如有则要提前办理相关手续。

2. 落实接待事宜

旅游团抵达前一天,与各部门人员一起落实、检查各种准备事项。

①与旅行社的计调或接待部门联系,核实住房和车辆(旅游车、行李车)的准备情况,了解旅游者将下榻饭店的情况。

②与司机联系,提供活动日程表并作必要的交代,确定去机场(车站、码头)迎接旅游团的时间和停车地点。

③准备好必要物品(如接站牌、小旗、旅游车标志、结算账单、导游证、胸卡、名片、记事本等)。有时,导游员还应准备好扩音器。

④与旅游团领队再次确认本次活动有无变动。

在整个旅游接待中,导游起着举足轻重的作用。有位外国专家曾说过,一个满意的旅客最多会把他的经历告诉两三个人,那就是他的家人;而一个不满意的旅客则会将他的"苦难"经历至少告诉 10 个人,即见人就说。这种情况用我们中国的一句俗语"好事不出门,坏事传千里"来形容,再恰当不过了。地接社选派优秀的地陪导游在接待中进行规范化、标准化操作是对旅行社客户的负责,也是对地接社的负责。

☞ 特别提示 6—1

导游接待计划不周详,影响游客的利益

西安的导游员李小姐在接到旅游团队即将结束行程的时候,旅行社突然打电话说客人去桂林的航班由于天气情况需要更改,时间提前,这样一来客人就没有时间去兵马俑而必须在第二天一早赶到机场。由于之前旅行社一直和李小姐联系都没有联系上,因此李小姐得到通知的时间非常晚。还好由于客人比较满意李小姐一直以来的服务,虽然心里不是很高兴,但也没有说过多的话。

这件事情告诉我们,导游在接待过程中要和旅行社随时保持联系,为下一步行程做好准备,以免在实际工作中处于被动。准备的内容包括:了解和确认游览项目、游客用餐、航班的离开时间,办理离开饭店和去机场的有关事宜。

旅行社的计调人员在计划的安排上起着关键的作用。没有计调的协作和配合,工作在第一线的导游人员就不可能顺利地完成工作。

拓展知识 6—4

小郭来自川东农村,旅游管理本科毕业后到某国际旅行社做了专职导游。由于生长在农村的缘故,小郭的气质风度显得老土,外貌也很平常,每次上团,总让客人感觉失望。小郭因底气不足,服务时畏首畏尾、丢三落四,酿成不少质量事故,多次受到旅行社黄牌警告。就在质检部准备将小郭辞退时,旅行社老总找到小郭,双方进行了一次很诚恳的谈话。老总发现小郭本质不错,学到的知识也扎实,只是经验和自信心不足,导致服务效果打了折扣。老总让小郭学会正确评价自己,扬长避短,大胆面对团队。此后,小郭上团第一句话就如实"暴露"自己的"不足":"各位客人:俗话说,到了北京知道官小,到了广州知道钱少,到了四川你会后悔结婚太早。四川美女天下闻名,来之前大家一定盼望是位美女或者是位帅哥来为自己导游吧? 见到我,大家一定很失望。确实,我其貌不扬,缺少城市孩子的风度和气质,因为我从小生长在农村,家境贫寒。我承认,我的形象不能让您满意,但我相信,我一定会用农民儿子的淳朴和真诚,为您提供最满意的服务!"话毕,掌声四起,客人深受感动,也不再计较小郭形象上的不足了。带团中小郭果然热情周到,让客人十分满意。一年后,小郭成为旅行社的明星导游。

由此可以看出,做导游要善于扬长避短,变被动为主动,以真诚的服务和独特的人格魅力赢得客人的尊重。优秀的导游员应该精力旺盛、知识渊博、谈吐风趣、平易近人,敢于承认自己的过错,勇于承担应尽的责任;其工作应该紧张有序,服务热情周到,处事沉着果断,只有这样才能被游客视为良师益友。

案例分析 6—2

云南骂人导游被吊销导游证　旅行社被罚 10 万元

2016 年 10 月 7 日,有网友上传了"云南康辉旅行社导游阿伟在大巴上训斥游客不购物的视频"。视频中的导游自称"阿伟",对游客不购物的行为颇为不满,并称此前那些不消费的游客为到云南骗吃骗喝的旅游骗子,视频中侮骂游客的言语频出,他甚至表示自己是学法律的,有很多手段对付游客,不要妄想能把他怎么着。

视频中的导游"阿伟"(其身份证姓名为黄伟,曾用名黄艳坤,导游证上名字为黄艳坤),导游证号码为 D-5301-011144。该视频中曝光的旅游团队系由昆明康辉旅行社有限公司操作,该团队行程为 9 月 30 日至 10 月 5 日"昆明—大理—丽江"5 晚 6 日游,两段视频分别拍摄于 10 月 2 日上午楚雄到大理途中以及当晚在大理游览过程中。团队使用的旅游车牌号为云 AL1380。该团队是由昆明中国国际旅行社有限公司永安分公司组织后,转交给昆明康辉旅行社有限公司地接中心操作,团费每人 1 760 元。委派导游黄艳坤(黄伟)带团提供讲解服务。

分析与提示

本案中昆明康辉旅行社有限公司涉嫌违反《旅行社条例》第三十三条"旅行社及其委派的导游人员和领队人员不得有下列行为:第(三)款:欺骗、胁迫旅游者购买或者参加需要另行付费的游览项目"。依据《旅行社条例》第五十九条第(三)款的规定,拟对昆明康辉旅行社有限公司作出罚款人民币十万元的行政处罚;对导游黄艳坤(黄伟)涉嫌违反《旅行社条例》第三十三条第(三)款的行为,依据《旅行社条例》第五十九条第(三)款的规定,拟对导游黄艳坤(黄伟)作出吊销导游证的行政处罚。3 年内不得重新申请导游证。

希望通过此事,再次给广大旅游从业人员敲响警钟,希望各位导游、旅游车驾驶员等从业人员引以为戒,端正服务态度,提升服务质量,坚决杜绝辱骂游客、强迫或变相强迫游客消费等行为。也提醒广大消费者在遇到不合理低价组织游览活动、强迫和变相强迫游客消费等行为时一定要保留证据,及时报警或向旅游热线进行申诉,维护自己的合法权益。

(信息来源:南方网)

五、团队与散客的接待操作

(一)团队旅游的接待运行管理

团队旅游是以旅行社为主体的集体旅游方式。旅行社提供线路,游客选择购买,然后游客在规定的时间、地点、景区,在导游的陪同下,乘坐交通工具,住预订的宾馆,按照规定的线路完成食、住、行、游、购、娱等旅游过程。团队旅游是指由旅行社或旅游中介机构将购买同一旅游路线或旅游项目的 10 名以上(含 10 名)游客组成旅游团队进行集体活动的旅游形式。团队旅游一般以包价形式出现,其业务特点是计划性强、技能要求高、协调工作多,同时还具有方便、舒适、相对安全、价格便宜等特点,但缺点是游客的自由度小。

1. 常规旅游团队

为确保旅游团在旅游目的地参观游览活动的顺利,并充分了解和感受参观游览景点的历史、文化气息,就要求地陪按服务规范做好旅游团在旅游目的地的迎送工作,并严格按照接待计划,做好旅游团参观游览过程中的导游讲解工作和计划内的食宿、购物、文娱等活动的安排,妥善处理各方面的关系和出现的问题。

（1）接待准备要充分

对于地陪来讲，做好服务准备工作能够保证在导游服务过程中掌握充分的主动权，凡事可以做到心中有数、处变不惊，从而有计划、有准备地开展各项工作。服务准备的首要工作就是熟悉接待计划——认真了解旅游团的基本情况（如旅游团名称、领队或全陪姓名、人数、职业、宗教信仰等）、旅游路线与所乘交通工具及团队有无特殊要求等。其次是落实接待事宜——地陪在旅游团抵达的前一天，应与有关部门一起核对日程安排，落实旅行车辆、住房、用餐、行李运送，并与全陪联系，提前约定接团的时间和地点。

（2）接待中要认真

接团当天，地陪应提前到达旅行社，全面检查准备工作的落实情况，如发现纰漏要立即与有关部门联系解决，做到万无一失。在旅游团抵达前，要确认旅游团抵达的准确时间，并与旅游车司机、行李员联络落实接待事宜。在旅游团抵达后，地陪应与领队或全陪一起核对实到人数、清点行李、核对日程安排。在参观游览中，地陪必须认真准备、热情服务、生动讲解。除此之外，地陪还要根据旅游目的地的天气和游览景点的地形、路线的长短，提醒游客带好衣服、雨具等。

（3）接待结束要处理好遗留问题

旅游团参观游览活动结束后，地陪应做到使游客顺利、安全离站，遗留问题得到及时妥善的处理（如协助饭店结清与游客有关的账目、归还证件等）。

2.特殊旅游团队

特殊旅游团队包括政务型团队、宗教型团队、青少年团队、老年团队、残疾人团队和特种旅游团队等客源相对单一的旅游团队。这类旅游团队利润并不高，要求接待人员责任心却很强，稍不注意就会发生责任事故。下面介绍三种特殊旅游团队在接待中的操作。

（1）政务型旅游团队——包括中外政府组织、政治团体组成的旅游观光、考察团队

其特点是团员社会身份地位较高，专业考察性质较强，往往有当地政府官员陪同在侧或宴请活动。对于政务型旅游团队的接待往往选择综合能力较强的旅行社和优秀导游人员为团队服务。能够接待这样的团队，对旅行社或导游人员来讲都是一种荣耀。当然，接待这类团队是不允许出现任何重大差错的。旅行社有关人员在出行前应与对方密切联系，了解对方的要求，制定完整的接待预案，联系相关的对口部门出面接待，聘请一些专家辅助讲解或座谈等。作为接待政务型旅游团队的导游人员，除应按常规团队接待程序做好接待准备和接待服务外，还应该在以下方面多加注意：

①重视礼貌礼节，认可团员的社会身份。在称谓上始终使用尊称："各位领导"

"各位贵宾";旅游线路和节奏应照顾客人的兴趣和身体状况,根据客人意愿适时加以调整;讲解的内容应以介绍景点背景资料为主,突出具体数据(注意数据准确)和本地特色,但不要妄自尊大;对客人感兴趣的内容可以多讲,其他少讲或不讲。

②注意自己的身份。如果团队有地方官员陪同,安排行程时多与他们商量,或请他们代为征求客人的意见;当地方领导与贵宾交谈时,导游可以暂时中断自己的讲解以示尊敬;导游员也不要在车上与驾驶员闲谈,而且不论领导如何欣赏你,也不可贸然与领导同桌吃饭或主动上前敬酒,要注意保持一定距离。

③突出团队的主要领导。导游服务以主要领导为核心,多听取其意见,适当照顾其他团员;讲解也要以主要领导为主,时刻伴随其左右并引领路线;当有记者摄影时,导游应主动后退半步,让团队成员凸显出来;在没有得到领导明确邀请的情况下,导游人员一般不参加团队合影;即使受到邀请,也应陪居末位或站到后排。

④除非合同明确规定,否则一般情况下,导游不得安排政务型团队购物;当客人主动要求购物时,导游可介绍特色商品,帮助客人谈价,但最后与商家定价应由客人自己拿主意;当发现商品质量不可靠或价格明显虚高时,应提醒客人谨慎购买。

(2)宗教型旅游团队——接待宗教型旅游团队要求导游员掌握较多的宗教知识,熟悉宗教礼仪和我国的宗教政策,具有较强的应变能力

导游可按一般团队接待程序提供基本服务,同时又要针对宗教旅游团的特点,提供个性化服务。下面以佛教旅游团为例说明接待中需要注意的是:

①尊敬客人。对已出家的信徒应称"师傅",未出家的信徒称"居士";对德高望重的方丈可称"大师";导游向客人致谢时,应将手掌竖立于胸前,口念"阿弥陀佛";导游讲解姿势以坐式为宜;但导游员不要跟随信徒跪着与大师说话,更不要对大师五体投地表虔诚;个别声望较高的僧人,当信众们都采取跪式伺候时,导游只需微微倾斜身体,压低身姿,表示礼貌即可。

②导游应多向大师傅或当家和尚征求当日活动安排。原则上以信众每日诵课为主,导游讲解为辅。讲解涉及宗教内容时,应多加前缀"这儿的信众认为……"或"本地的民风是这样认识的……",使客人乐于接受。

③尊重客人的宗教习惯和饮食禁忌。导游应了解并熟悉宗教戒条,约束自己的言行,不茹荤腥、不沾辛辣之物等,导游讲解中也不涉及男女之事或杀生行为。

④团队如果想在景点举办对外的大型宗教性法事活动,导游应出面制止,并告诉主事师傅,按照我国宗教政策,这类活动必须事先征得宗教局批准;如果客人要求会见寺庙高僧,导游可事先与寺庙取得联系,征得同意后再予以安排。

⑤导游服务应以团队中的大师傅为中心,对其他信徒的个别要求均不能贸然应允。如果团队表现出捐赠愿望,导游应了解其捐赠目的和受赠条件,积极与有关

方面联系,促成客人捐赠意愿圆满实现。

(3)残疾人旅游团队——此类旅游团队的接待多在残疾人运动会期间出现,平时这类团队并不多。

接待残疾人旅游团队的难度很大,需要的人力物力也比正常团队多得多。作为残疾人团队的导游,应该体质强健,富有爱心,具有较丰富的心理学和医疗卫生知识。如接待智障人团队时,导游就要有耐心,不怕脏、乱、差;接待聋哑人团队时,导游应会哑语,善于揣摩聋哑人心理。应该说,残疾人团队的接待以旅行服务、生活服务为主,景区景点讲解为辅;导游的奉献多于回报。因此,导游一定要有心理准备,针对残疾人旅游团队的生理和心理特征,提供优秀的个性化服务。接待中需要注意的是:

①导游应安排符合残疾人身体状况的旅游线路。行程不能过于劳累,原则上只安排游览道路平坦、通达性较好的核心景区,事先设计好适合残疾人的游览路线、中途休息地点等。注意选择的线路不能有任何安全隐患。

②导游必须为残疾人提供周到的生活服务。包括搬运行李、送水送餐甚至把客人抬上抬下车等。

③对于行动不便的残疾人,导游可事先与接待部门或旅游景区联系,请求给予个性化服务,如提供志愿者、特许团队旅游车开到核心景区、送餐到客房等,让团队体会到社会广泛的关爱。

④树立安全第一的观念,及时提醒游客量力而行,引导客人追求旅游过程的新奇乐而不追求游览景点的数量,只要能较好地亲近自然、融入社会就算基本达到目的。

⑤导游要善于察言观色,发现残疾人微小的心理变化,鼓励他们大胆地讲出自己的要求,以便提供相应的服务;对于残疾人性格、脾气上的怪异表现,导游要学会大度、包容,千万不可斤斤计较。

☞ **特别提示 6—2**

如何接待旅游专列团队

进入 21 世纪以来,已经有很多实力强大的组团社开始采取组织专列出游的大兵团作战方式。所谓专列,是指经向铁道部门申请的专门发往一个或几个目的地的旅游列车,列车车厢一般不少于 10 节,游客人数一般不少于 600 人。如此庞大的旅游团队不论对组团社还是地接社都提出了更高的要求。

地接社要精确掌握组团社以下几个信息:1.专列出发和抵达的确切日期和时间;2.专列的具体人数;3.领队和总领队的姓名和联系电话;4.分组情况;5.有无特

殊游客(需要特殊照顾的如70岁以上的或残疾人或小朋友);6.具体行程(包括住宿、用餐、景点、用车标准,以及如何进店、推荐自费、导游佣金如何分配等具体细节);7.其他需要掌握的细节(港澳专列还应该与组团社认真核对客人的港澳通行证编号以及是否具备有效签注等)。

一、地接社需要做的准备工作

当地接社全面掌握了专列的具体情况后就要对症下药做好接待专列的各项准备工作,归纳起来有如下几点:

1.按组团社的分组要求准备好车辆,要求各车前后显著位置张贴分组编号以便游客寻找(必要时要到车队现场观察接团车辆具体车况);

2.根据组团要求的标准安排好相应的酒店宾馆(对第一次合作的酒店一定要到现场查看酒店房况,做到哑巴吃饺子心中有数);

3.按组团社的分组对应安排好地接导游(将组团社领队/导游和地接社导游姓名、电话制成表格发放给地接社导游以便联络通畅);

4.根据行程里的景点与各景区商谈折扣门票事宜;

5.落实好接待专列的旅游餐厅(对首次合作的旅游餐厅也要做好现场考察);

6.召集地接导游开好地接工作准备会议,这一点尤为重要。会议内容:发放地接导游出团书面计划,讲解接团注意事项。大型专列还应该给首车、中车和尾车导游准备对讲机以保障联络畅通。

二、接团过程中要注意的事项

1.接团导游和车辆应该提前半小时抵达火车站;

2.提前与火车站联系,让接团导游提前进入火车站台在相应的位置等候各自的团队,专列抵达前至少与相应的组团社全陪电话或短信联系一次,专列抵达后立即与组团社全陪接头一起清点人数,将游客迅速带上旅游车;

3.地接社负责人必须亲自到现场督察接站情况;

4.专列团队运行中,各地接导游必须在每天上午12:00和团队下榻酒店后向地接社计调电话汇报团队情况;

5.专列团队运行中,地接社负责人和计调必须与组团社总领队联络畅通,随时沟通并解决突发事件;

6.大型专列团队地接社应该安排协调能力强的计调经理携带专车全程跟团以便随时解决突发事件(如遇游客突发疾病可以在第一时间送往医院抢救);

7.做好因特殊原因无法跟团游客的收容工作(如港澳通行证过期或没有办理签注不能进入港澳)。

(资料来源:同程大学)

案例分析 6—3

"游客组团投诉云南旅游":导游因强迫购物被罚2万

2016年夏天,李先生夫妻二人在某旅行社报名参加云南六日游。行程第三天下午,地接社导游安排全团旅游者到当地一家土特产购物店进行购物,购物店在行程单中是没有的,李先生在这家购物店购买了8 000元的三七和玛卡。离开云南的前一天晚上,旅行社安排全团旅游者入住酒店,入住后,李先生和妻子去酒店外一家购物中心,在这家购物中心,李先生和妻子购买玉石大概2万元,对此旅行社并不知情。返程回家第二天,李先生听朋友说购买的药材和玉石根本不值那个价钱,便心生退货的想法。在与旅行社沟通无果后,李先生进行了投诉。

分析与提示

《旅游法》第三十五条第二款规定:"旅行社不得以不合理的低价组织旅游活动,诱骗旅游者,并通过安排购物或者另行付费旅游项目获取回扣等不正当利益。旅行社组织、接待旅游者,不得指定具体购物场所,不得安排另行付费旅游项目。但是,经双方协商一致或者旅游者要求,且不影响其他旅游者行程安排的除外。发生违反前两款规定情形的,旅游者有权在旅游行程结束后三十日内,要求旅行社为其办理退货并先行垫付退货货款,或者退还另行付费旅游项目的费用。"本案中,李先生购买的三七和玛卡是旅游过程中旅行社擅自增加的购物项目,旅行社并没有与旅游者签订购物协议,违反了《旅游法》第三十五条规定,应当为旅游者办理退货或者先行垫付退货货款。李先生所购买的玉石是在当地商场自行购买的,与旅行社并无关系,旅行社对此无须担责。《民法通则》第十一条规定:"十八周岁以上的公民是成年人,具有完全民事行为能力,可以独立进行民事活动,是完全民事行为能力人。"李先生作为完全民事行为能力人在购买玉石时有一定的判断能力,并非他人强迫或诱骗,完全出于个人自愿。因此,旅游者外出旅游购物属于正常行为。但不论是随团旅游还是自己外出旅游,购物时一定要谨慎和理性,选择喜欢且价位适合自己的产品,切勿盲目和冲动。

(信息来源:人民网)

(二)散客旅游团队的接待运行管理

全部由散客组成的团队称为散客旅游团队。他们往往是外地旅行社发过来的零星客人和本地门市接收的零散客人,有时还有其他旅行社转团的客人。散客旅游团队的特点是成员复杂,接待标准不一,服务内容庞杂,从而使散客旅游团队内部的问题很复杂,比普通旅游团队呈现出更多甚至更尖锐的矛盾或冲突。

如果说接团难,那么接待散客团队更难,要让散客团队满意就更是难上加难了。对于散客旅游团队的接待服务,除严格执行标准程序之外,还要做较多的细节性安排,要求有序、心细、周到、恰如其分,尤其要有承受各种抱怨的心理准备和化解各种矛盾的技巧,避免产生重大旅游投诉。散客旅游团队由于没有领队和全陪,只有地陪全程陪同。因其团员的复杂性和来源地区的广泛性,服务正反两方面的影响都远比常规团队大。因此,做好散客团队的服务工作,应注意的是:

1. 语言规范化

由于客人来自五湖四海,为了使各地游客均能得到满意的服务,导游员应坚持在团队中使用标准普通话,并提倡客人用普通话进行交流。

2. 服务标准化和个性化

首先必须做到标准化服务,同时针对不同地区客人的特点,提供适当的个性化服务。如在饮食方面,南甜北咸,东酸西辣,北方人还喜欢添加一碟酱菜或泡菜,导游员在安排餐饮时就要注意各地客人不同的口味,尽可能让每一位客人都能吃饱吃好。

3. 加强团队自律

严格要求游客在车内不吸烟,不乱丢废弃物,就餐和游览不迟到等。导游还应首先做到在团队中树立起良好的风气。

4. 严格履行合同

要想方设法让客人游好、游足,使每一位客人对合同中规定的旅游项目都一个不落地完成;确因人力不可抗拒的因素必须取消或改变个别项目时,导游一定要向客人说明原因,并提出客人能够接受的补偿方案(更换其他项目或退还相关费用),求得客人谅解。

5. 自费项目要有特色

增加自费项目必须有特色,价格有优势,办理自费项目时最好在客人中选一位服众的代表一同办理。

6. 出现问题及时请示旅行社

出现任何自身不能解决的问题必须马上与旅行社取得联系,费用方面的问题不许擅自做主。除此之外,地接社及导游还应坚持如下接待原则:

(1) 精心化解矛盾的原则

散客团队的导游应具有较强的工作责任心和细致的工作作风,善于预见各种矛盾出现的可能性,尽可能将矛盾化解于萌芽状态。

(2) 服务主导的原则

对于客人的质疑和不满,导游应该给予合理的解释和疏导,但不要过于纠缠。应在人数清点完毕之后,尽快进入讲解状态,以服务为主导,转移客人的注意力,以精彩的服务淡化矛盾。

(3) 服务多样性的原则

散客团队的导游面对的是不同消费层次的同一个群体,他们的游览、住宿、用餐时分时合,导游员一定要注意工作的有序性,对各种消费档次的游客应做到心中有数,合理安排,最好能提前给客人书面说明,让客人对导游工作放心。

总之,散客旅游团队是包价旅游团队中最难接待的团队之一,容易出现矛盾多、问题多、意见多、事故多和满意者少的"四多一少"现象,对地接社和导游人员的业务水平提出了更高的要求。所以善于调动客人的团队意识,创造和谐气氛,才能化解旅游接待中的矛盾,从而提高散客旅游团队的满意度。

特别提示 6—3

某旅行社导游小王接待了一个由安徽、上海、北京等地旅行社零星组织的散客旅游团,其中有 13 位客人来自上海的 3 家旅行社,5 位客人来自安徽的 2 家旅行社,2 位客人来自北京某旅行社。团队主要游览九寨沟、黄龙两处景区。但从第一天早晨出发起,团队矛盾就十分尖锐。

首先是北京客人抱怨不停,因为上车晚,他们的座位被安排在车厢后部,一路颠簸难忍,而他们的接待标准却是团队中最高的:豪华等。途中用餐时,北京客人餐标高,导游安排他们单独用餐;上海和安徽客人都是标准等,18 人安排了 2 桌。但上海客人纷纷挤在一桌,留下安徽 5 人享用一桌,结果出现了上海人不够吃、安徽人吃不了的怪现象。住宿时必须有一位上海人与安徽人住一间客房,但上海人宁可要了间三人房,也不愿与不认识的安徽人住。游览时,上海、北京、安徽客人分别行动,导游很难整队。有时客人会为迟到、抢座位互不相让。更重要的是,由于各地旅行社与客人签订的合同有所不同,如北京客人行程中包括了都江堰水利工程,安徽客人的费用中包含了烤羊晚会。结果安排北京客人游览都江堰水利工程时,上海、安徽客人不愿自费游览,苦苦等了 3 个小时;而当安排安徽客人的烤羊晚会时,北京、上海客人表示不愿参加,小王无奈只好为客人退费,导致安徽客人大骂导游违背合同,吵着要投诉。小王一路都在处理矛盾,一路都被客人埋怨,感觉烦死了。

可见,散客旅游团队成员成分复杂,矛盾很多,对地接社及导游能力要求很高。因此,做好散客团队导游工作,是对导游人员业务能力的严峻考验。由于网络技术的发展,伴随网上预订和网上成团模式的广泛推广,散客旅游团队已成为不少省市重要的客源。如何提高散客旅游团队的接待能力和服务水平,是地接社及导游人员经常面临的业务难题。

拓展知识 6—5

旅游投诉舆情公布　导游不按合同履约投诉多

人民网旅游3·15投诉平台2016年2月旅游投诉舆情今日发布,旅游3·15投诉平台2月共收到有效投诉130条,环比上升27.2%。各省旅游投诉中,云南投诉量仍居首位,在线旅游企业中携程旅行网投诉量列首位。截至3月3日,2月平台综合回复率41.2%,平均处理时长5.3天,帮助网友追回旅游损失15 173元。

据人民网旅游3·15投诉平台统计,2月份涉及旅行社的投诉最多,占比为44.3%,较上月上升10个百分点;其次为景区投诉(17.6%)、酒店投诉(16.8%)、航空投诉(9.9%)和导游投诉(6.1%),航空投诉较上月有明显下降,降低了10.3%。

数据显示,2月投诉主要涉及描述不实、门票涨价、强制诱导购物、服务态度恶劣、退款退货、不按合同履约和高价商品等,其中不按合同履行约定投诉最多,退款退货、高价商品和旅行社服务态度也是投诉的重点。从投诉内容上看,出行前的投诉较少,投诉主要内容多为虚假宣传;旅行过程中的投诉主要围绕旅游服务水平等;旅行结束后产生的投诉最多,主要围绕退款退货和不按合同履约等。数据显示,各省旅游投诉中,涉及云南的投诉最多,占全国各省旅游投诉量的35%,较上个月下降5%。涉及在线旅游企业的投诉占投诉总量的53.8%,其中携程旅行网居在线旅游投诉量首位,占在线旅游投诉总量的27.1%,比重较上月下降10%;去哪儿网投诉量居第二位,投诉量与上月持平。其他投诉较多的还有途牛旅游网、阿里旅行。在回复方面,同程旅游、驴妈妈旅游网和艺龙旅行网回复率均为100%,其他依次为去哪儿网(81.2%)、途牛旅游网(63.6%)、携程旅行网(63.2%)和阿里旅行(44%)。

(信息来源:人民网)

(三) 散客旅游的接待运行管理

现在的旅游者自主意识增强、旅游经验丰富,旅游者中中青年人数在不断增加。现代交通和通信的发展、商务活动的频繁、散客接待设施的完善造就了散客旅游大军不断攀升。有资料显示,自20世纪80年代以来,世界旅游市场已呈现出"散客游"的趋势,目前,欧美各主要旅游接待国的散客市场份额已占到70%~80%,经营和接待散客旅游的能力,已经成为衡量一个国家或地区旅游业成熟度的重要标准之一。在旅游产业发展同样迅猛的我国,近年来,散客旅游的比例也在与日俱增。据权威部门预测,我国散客旅游的比例虽然低于旅游发达国家,但其发展迅速的态势已不容忽视,在一些大中城市和沿海地区,散客出游已占据旅游市场的半壁江山,在旅游业兴旺发达地区,散客出游的比例更大。旅游市场"散客时代"

的来临,将会使以团队游营销模式为主导的旅行社面临巨大的挑战。

散客旅游又称自助或半自助游,是由旅游者自行安排旅游行程、零星现付各项旅游费用的旅游形式。其业务特点是批量小、批次多、预订期短、要求多、变化多、自由度高,但费用较高。

1. 了解散客的基本信息

与散客介绍认识后,应尽快记住散客姓名、体态和容貌,并设法了解其国籍、职业、性格、特征和习惯行为。但不宜直接询问游客,可从与散客的交谈中发现线索。

2. 认真对待散客的需求

对散客吩咐的事情要认真倾听,记录下来,并给予落实。

3. 请客人做自我介绍

散客的特点是散,客人互相都不熟悉,地陪在做完自我介绍后最好让散客们互相做自我介绍,以便于今后散客之间能更好地互相帮助,这样地陪的工作也便利得多。

（四）团队与散客在接待上的区别

1. 行程

团队旅游购买的是由旅行社统一安排的行程,执行的是标准化合同;而散客旅游则是旅游者根据自身需求向旅行社购买部分产品或定制个性化产品。

2. 付费方式

团队旅游采用包价形式,省时、省心、获得优惠幅度大;而散客旅游则是采取零星现付的形式,适应自身需求,但优惠幅度小。

☞ 特别提示 6—4

导游接待团队始末——千万不能马虎

作为导游的吴小姐正在家看电视准备午休,突然接到旅行社打来的电话。原来她中午要送两个客人去机场,客人正在酒店的大厅等待吴小姐。而此时,离飞机起飞的时间只有1个小时。还好后来司机找到客人先奔向机场,吴小姐随后赶到,在旅行社与机场工作人员的协助下客人顺利登机。

吴小姐因为马虎而遗忘了两个客人的旅游团,险些造成游客误机的事故。反过来想,如果是几十人、几百人的大团,估计吴小姐就不会忘记了。因此导游员在接到计划单时一定要仔细地查看和翻阅,不能因为程序的枯燥而放松对自己的要求,产生马虎的行为,否则会给工作带来极大的不良后果。实际上旅游团的大小并不是保证接待质量的关键因素,关键在于有意识的重视。只有真正地重视每个旅游团的计划安排,细致地查看和确认每个工作环节,才能使接待工作顺利地进行。

要注意:1.明确接待任务;2.分析和认真准备计划;3.经常复查计划。如果导游能做好以上三点,即可避免很多的接待事故发生。

六、出行前的注意事项

作为地接社的代表,地陪应做好出行前的准备工作,给旅游团成员留下美好的第一印象。

(一)检查出团单

核实游客领队或全陪、旅游车司机的姓名、电话,熟悉行程与景点、机票(核对航班时间)、导游旗、导游证。

(二)与领队或全陪联系

核实接站时间及地点,将旅游目的地的天气、路况,向全陪进行预告。

(三)通知旅游车司机

核实车型大小、集合时间和地点,并叮嘱其准时到达。

(四)使用闹钟

要有时间观念,避免迟到,尽量在集合时间之前赶到集合地点等候游客,带好必备物品。

(五)把握接站时间以免造成漏接

接站时,应及时与领队或全陪接头,并一起核对人数、行李。

案例分析6—4

酒店未达到三星级 遭投诉

曲女士夫妇二人与烟台某旅行社签订合同去桂林旅游,双方在旅游合同中对住宿标准约定为"准三星级酒店",然而在实际旅游过程中曲女士认为酒店设施过于陈旧,让人感觉酒店并未达到三星级,对此曲女士用手机将酒店布置和设施拍下。在行程的第三天导游向全团旅游者推荐了自费项目桂林山水实景演出《印象·刘三姐》,部分游客与旅行社签订补充协议同意观赏,但曲女士夫妇二人并不想去参观。大巴车司机便将没有参加自费项目的剩余游客关在大巴车内,曲女士对此表示不满,返程后向我们投诉。

分析与提示

根据国家旅游局制定的《中华人民共和国旅游(涉外)饭店星级标准》,饭店等级标准分为一星、二星、三星、四星、五星。任何旅行社在旅游合同中声称的"准几星""相当于几星级"都不是国家、行业标准中规定的酒店等级标准。本案中,旅行社承诺的服务标准为准三星,因其未提供准三星级酒店的标准,需按照三星级酒店提供服务,未达到标准,应向旅游者进行赔偿。旅行社在增加自费项目时应与旅游者签订补充协议,对于不参加自费项目的游客应做到妥善安置。因此,旅游者有权对"准×星""相当于×星""豪华"等模糊约定说不。

根据《旅游法》第九十七条规定,旅行社违反本法规定,向不合格的供应商订购产品和服务的,由旅游主管部门或者有关部门责令改正,没收违法所得,并处五千元以上、五万元以下罚款;违法所得五万元以上的,并处违法所得一倍以上、五倍以下罚款;情节严重的,责令停业整顿或者吊销旅行社业务经营许可证;对直接负责的主管人员和其他直接责任人员,处二千元以上、二万元以下罚款。

(信息来源:烟台新闻网)

七、接团业务的实时监控

地接社与客户签订旅游合同,就意味着双方合作的开始。当地陪出发后,贯穿旅游活动中的实时管理与监控对地接社就显得尤为重要。除了组团社的领队或全陪对地接社的全程接待进行监督外,地接社自己也要熟悉整个行程中所涉及到的各个要素(如餐厅、酒店、交通工具、景点等),并且还要与地陪随时保持联络,以便掌握整个旅游过程的最新动态。如遇突发事件时,地接社能够在第一时间协调各方面关系,为旅游团提供帮助,避免事态进一步扩大,从而确保整个旅游过程的顺利进行。

地接社对旅游团运行质量进行实时监控,不仅可以保证团队的正常运行,同时还可以提升地接社本身的社会地位与声望,从而以良好的口碑和信誉赢得更多的客户资源。

案例分析 6—5

旅游行程中发生不可抗力

2016年,王先生带孩子参加某旅行社组织的蓬莱长岛二日游,双方签订旅游合同,合同中约定出发当天集合地点为市区某广场,当天全天游览蓬莱,当晚住在蓬莱某酒店,第二日上午乘船赴长岛,返程解散地点约定为"烟台市区"。第一天正常游览完蓬莱的行程,第二天突然刮起大风,蓬莱岛—长岛的航线全部停航,无法正常游览长岛的行程。旅行社与王先生等商量后决定直接返程,但表示只按照与景区协议价退还长岛的门票费用80元。大巴车在返程刚进市区便停下车让王先生和孩子等下车,王先生认为应该返程回某广场,但司机和导游以堵车为由拒绝,王先生只能自掏腰包打车回家。王先生对此极为不满,事后投诉该旅行社服务存在问题,要求维权。

分析与提示

《旅游法》第六十七条规定:"因不可抗力或者旅行社、履行辅助人已尽合理注意义务仍不能避免的事件,影响旅游行程的,按照下列情形处理:(一)合同不能继续履行的,旅行社和旅游者均可以解除合同。合同不能完全履行的,旅行社经向旅游者作出说明,可以在合理范围内变更合同;旅游者不同意变更的,可以解除合同。(二)合同解除的,组团社应当在扣除已向地接社或者履行辅助人支付其不可退还的费用后,将余款退还旅游者;合同变更的,因此增加的费用由旅游者承担,减少的费用退还旅游者。"因此,在旅游过程中遇到不可抗力无法继续履行合同时,旅游者和旅行社均可以提出解除合同,合同解除后未产生的费用旅行社均应退还旅游者。本案中旅行社应将第二天长岛没有正常游览未产生的门票、车辆等费用全部退还王先生。

(信息来源:烟台新闻网)

第三节 接团业务的财务结算

一、归团报账

(一)报账时间

团队行程结束,地陪应于一周内报账。

(二)计调审核

地陪填写"结算单"及整理原始票据(如景点门票、餐费发票等),向计调部报账,经审核无误后,报财务部。

(三)财务审核

地陪持"结算单"与原始票据(如景点门票、餐费发票等),向财务部报账。如果出行前有借款,财务应退回其借款单,并根据规定,支付相应的出团补助。

(四)经理审批

地陪持"结算单"、原始票据及导游费领取单报经理审批,由经理签字后回财务结算。同时地陪需要在导游费领取单上签字。

二、核算付款

将涉及该团的相关款项及时登录到"团队费用往来明细表"中,以便日后核对。填制"团队结算单",经审核后加盖公司财务专用章。于团队抵达前将结算单传真至组团社,催收。将全陪签字认可的团队质量评价单传真给组团社,同时要求组团社在团队离开时,将剩余团款汇出或由全陪支付剩余团款。

第四节　后续事宜的处理

一、处理遗留问题

送走旅游团后,地陪应及时认真、妥善地处理旅游团在当地参观游览时遗留下的问题,必要时请示领导后再办理。一方面要按规定处理旅游者的委托代办事项;另一方面要做好旅游团在当地活动期间的总结工作,并填写"地方陪同日志"。

二、总结工作

认真做好陪团小结,实事求是地汇报接团情况。总结经验和不足之处,以便下次扬长避短。当涉及游客的意见和建议时,力求引用原话,并注明游客的身份。旅游中若发生重大事故,要整理成文字材料向地接社汇报。目的是主动解决旅游中遇到的问题,加强与组团社的联系,提高地接社在行业中的信誉。

一方面要根据接团过程中的服务态度、知识水平、处理问题的能力及领队或全陪合作的情况对地陪进行评价,另一方面要根据返回的"游客意见反馈表"对地陪进行表扬或批评。如发生客人投诉,地接社应积极对待,以高标准的要求、人性化的服务来圆满解决,让客人满意、组团社满意。如有客人对地陪提出表扬,地接社应表示感谢,并根据自身企业的实际情况对地陪进行奖励。只有让员工有进取心、荣誉感,才能更好地为旅行社服务,赢得更多的表扬与赞誉。

三、归档

整理该团的原始资料,定期(按周或按月)将团队资料登记存档,以备查询。

☞ **案例分析与思考**

未按时集合　是否担责

2016年春天,市民刘先生一家三口参加某旅行社组织的曲阜、泰山三日游。行程最后一天为登泰山看日出,登山前导游将注意事项和集合时间告知全团游客。大约过了5个小时到了集合时间,刘先生一家没有按时到达集合地点。此时正好降雨,全团游客都在大巴车焦急等待刘先生一家。导游也多次拨打刘先生电话,刘先生回应正在下山,但始终没有见到人,此时距离集合时间已经过了两个小时。由于原定游览完泰山就要返程,最后在全团客人的要求下导游再次联系刘先生后便让司机开车返程。刘先生下山时,发现大巴车和全团游客已经离开,当晚没有返回烟台,第二天自行乘火车返回烟台。回来后便投诉旅行社,要求承担一家损失的10倍5 000元。

思考:请问刘先生的投诉合理吗?为什么?

分析与提示

《民法通则》第十一条规定:"十八周岁以上的公民是成年人,具有完全民事行为能力,可以独立进行民事活动,是完全民事行为能力人。"作为成年人,旅行社事先告知集合时间和地点,因自身原因未履行的旅行社是不需要承担责任的。《旅游法》第十四条规定:"旅游者在旅游活动中或者在解决纠纷时,不得损害当地居民的合法权益,不得干扰他人的旅游活动,不得损害旅游经营者和旅游从业人员的合法权益。"旅游合同不仅需要旅行社完全履行,同样也需要旅游者配合履行,双方是互负义务的。本案中,刘先生未按照约定时间集合,属于违约在先,因此旅行社为防止影响其他同行游客的权益,造成更大损失,没有继续等待刘先生的处置不违反法律法规。旅游合同履行过程中双方都应依法按约定履行自身义务,履行过程中旅游者要配合好旅行社的行程安排,认真履行合同中的自身义务,不能只顾自己而损害旅游经营者或其他旅游者的合法权益,在权益受损时要选择理性维权,依法适度,不能过度维权。

经旅游质监部门调查了解,旅行社导游在登山前已经履行了告知义务,明确告知集合时间和地点,刘先生因自身原因没有按时集合,旅行社也无其他违规和违约情节。旅游质监部门向刘先生解释和说明相关法律法规后,刘先生表示理解和接受,不再要求赔偿。

(资料来源:齐鲁网)

本章闯关测试

一、选择题

1.散客旅游是旅游者根据自身需求向旅行社购买部分产品或定制(   )。
   A.个性化产品   B.标准化产品   C.景点   D.导游

2.团队旅游的付费方式采用(   )形式,省时、省心、获得优惠幅度大。
   A.零星现付   B.包价   C.随机   D.打折

3.(   )对旅游团运行质量进行实时监控,不仅可以保证团队的正常运行,同时还可以提升地接社本身的社会地位与声望。
   A.组团社   B.领队   C.地接社   D.全陪

4.地陪在接站时,应及时与( )或全陪接头,并一起核对人数、行李。
   A.组团社　　　　B.领队　　　　　C.地接社　　　　D.景区导游
5.( )是旅行社客户接待环节的核心,旅行社应根据不同类型产品的特点及客户的需求进行有技巧的商谈。
   A.来电询价　　　B.出游确认　　　C.客户接待　　　D.实时监控
6.接团业务流程中的客户主要包括( )。
   A.组团社　　　　B.本地客户　　　C.互联网客户　　D.外地客户
7.团队旅游一般以包价形式出现,其业务特点是( )。
   A.计划性强　　　B.技能要求高　　C.个性产品多　　D.协调工作多
8.特殊旅游团队包括老年团队、( )和特种旅游团队等客源相对单一的旅游团队。
   A.政务型团队　　B.宗教型团队　　C.青少年团队　　D.残疾人团队
9.散客旅游团队的特点是( )。
   A.规模小　　　　B.成员复杂　　　C.接待标准不一　D.服务内容庞杂
10.接待宗教型旅游团队要求导游员掌握较多的宗教知识,熟悉( )和我国的宗教政策,具有较强的应变能力。
   A.行程安排　　　B.特殊要求　　　C.团员信息　　　D.宗教礼仪

二、问答题
1.地接社在接待网络客户时应注意哪些方面?
2.导游人员应具备哪些基本素质?
3.导游接待前应认真研究接待计划,具体包括哪些内容?
4.接待政务型旅游团队应注意哪些方面?

三、案例分析
1.导游员送站时才发现原订软卧车票改变为硬卧车票,该怎么办?
2.一位来自海南某旅行社的地接导游,针对不同性质的旅游团队应准备哪些材料?
   (1)旅游界业内人士考察团
   (2)来自西北农村的旅游团
   (3)本省中学生旅游团
   (4)来海口演出的某交响乐团

第七章 旅行社综合管理

引 言

旅行社管理是一门综合性很强的应用学科,必须充分发挥其管理的综合作用,真正做到"人尽其才,物尽其用"。本章主要从人力资源管理、质量管理和风险管理三方面来阐述旅行社的综合管理。

学习目标

1. 熟悉旅行社人力资源管理的一般过程,能开展多种形式的人力资源培训,提升员工素质;
2. 掌握旅行社员工的配置、选聘和报酬;
3. 掌握旅行社质量管理的实施过程;
4. 熟悉旅行社风险管理的种类和防范措施。

案例导读

旅行社人员流失现象越来越严重

许多旅游从业人员表示,现在旅行社人员流失情况越来越严重了。据统计资料表明,其他企业正常的流失率为5%~10%,而在旅行社业却高达20%。怎样吸引人才,并留住人才,将直接影响到旅行社自身的生存和发展。

人才流失带走了旅行社的无形资产,这对旅行社的杀伤力极大。人才流失还会使客户对旅行社的信任度降低,中断旅行社与外联和横联团队的协作,造成旅行社内部的混乱,影响员工的心理和情绪,挫伤团队士气。旅行社人才流失的后果是严重的,这主要表现在人才流失后的置换成本很高,它不但包括人才交替成本,即旅行社重新招聘、考察和培训周期内的生产力下降,而且还包括人才使用成本,即员工在旅行社岗位习得的技术和人文知识、掌握的客户关系信息、配合默契而构成的生产力等,以及人才风险成本,即旅行社在培训、使用不熟悉的员工的过程中需要承担的风险等。

因此,旅行社人员危机现象不容忽视,应该引起旅游管理者们的注意。

第一节 旅行社人力资源管理

旅行社人力资源管理包括我们通常说的人事、劳动管理,主要指人力资源的取得、开发和使用等方面所进行的活动,具体包括招聘、录用、选拔、任用、调配、考核、培训、奖惩、晋升、工资、福利以及劳动关系的处理等。旅行社必须充分、有效地管理其人力资源,为旅行社的健康发展服务。

一、旅行社员工的选聘

旅行社员工的选聘是指通过外部招聘和内部选拔的方式选择适合某个岗位的个体的全过程。旅行社选聘员工的基本目的就是要争取以最小的代价获得能够满足旅行社需要的合格员工,具体可分为确定要求、吸引选聘和挑选录用三个阶段。

(一)确定旅行社的用人要求

确定旅行社的用人要求是在旅行社人力资源规划的指导下,根据岗位工作的需要,通过职务分析,确定用人数量、种类和条件,制定工作说明和工作规程,为下一步的工作做准备。

1. 职务分析

职务分析是对各个岗位的任务、责任、性质及工作人员的条件进行分析研究并作出明确规定。一般来说,职务分析主要包括:该职务的工作内容,该职务的工作职责,与旅行社内部其他工作间的关系,该职务所要求的知识、技能,对担任该职务的年龄、经验、资历、教育程度等的要求,工作技能的培养,见习制度,工作环境条件等几方面。

由于职务分析是人力资源管理的基础,旅行社必须切实地做好此项工作,并通过职务分析形成一定的工作成果。这些成果包括:确定该职务所要求的特殊条件,形成工作说明,形成工作规范,形成培训方案。

2. 工作说明书

工作说明书是在职务分析的基础上,用以记载该职务的工作内容、职责、要求及其特性的文件。工作说明书一般要记载以下内容:

①工作识别事项,如工作名称、编号、所属部门等,以此将该项工作与其他工作

区别开来；

②工作概要，包括工作范围、目的、内容等基本事项；

③具体工作，包括工作的具体目的、对象、方法等；

④其他特殊事项，如加班、恶劣的工作环境等事项的说明。

3. 工作规范

工作规范明确规定此项工作的操作规程、标准和具体要求。在实际管理过程中，可以把工作说明书和工作规范合二为一，形成一个文件。

补充资料 7—1

旅行社需要什么样的人才？

这个问题困扰了很多旅游人。旅游这个改革后逐渐兴起的新兴行业，吸引了无数年轻人的目光。随着这个朝阳产业的不断壮大，旅行社如雨后春笋般在全国发展起来，旅行社的大量出现势必为一些热爱旅游的人提供了就业的机会。但旅行社到底需要什么样的人才呢？应该是复合型人才。用某位旅游工作者概括的话讲，旅游人才应该是：

像文学家那样具有渊博的知识；

像艺术家那样具有丰富的表情；

像歌唱家那样唱出动人的歌声；

像科学家那样具有严肃、认真、谨慎、仔细的工作作风；

像运动员那样具有健康的体魄；

像幽默家那样讲风趣、诙谐、幽默的语言；

像政治家那样思维敏捷、反应灵活；

像外交家那样风度翩翩、彬彬有礼；

像军事家那样遇事沉着、冷静、勇敢、果断；

像领导那样具有较强的组织能力；

像小学生那样谦虚好学，不耻下问；

像慈母那样具有一颗善良的爱心……

（二）旅行社的人员选聘

旅行社要想挑选到满意的员工，必须设法吸引人们前来应聘。为此，在选聘人员的过程中，要设法把旅行社的经营目标与应聘者的个人目标统一起来，兼顾双方的利益。

1. 影响旅行社对应聘者的吸引力的因素

包括旅行社的目标与发展前景、旅行社的形象与声誉、旅行社的工资福利待遇

（可以不必非常明确）、招聘的职位类别、旅行社可能提供的培训和晋升机会、旅行社工作地点和条件等。

2.应聘者的来源

应聘者的基本来源可分为内部和外部两大类。两类来源各有利弊，应具体情况具体分析。

外部招聘的优点：有利于减轻偏见，放手使用；有利于缓和、平息内部竞争者之间的紧张关系；有利于给旅行社带来新气象，如新思想、新方法等。

外部招聘的局限性：外聘人员对旅行社的内部情况需要一段时间才能了解，熟悉后才能有效开展工作；旅行社也需要一定的时间去了解外聘人员，甚至可能由于了解不够而选错了人给工作造成不利影响；对于内部人员的积极性可能构成伤害，这是外部招聘最大的局限性。

内部选聘或晋升的优点：有利于鼓舞士气，激励员工更努力地工作，进而为自己创造更多的发展机会；有利于被聘者迅速开展工作。

内部选聘或晋升的局限性：容易引起同事的不满，在被聘者得到提拔的情况下尤其如此；可能造成"近亲繁殖"，不利于创新，甚至可能把某些不良风气延续下去。

☞ 补充资料 7—2

鲇鱼效应

以前，沙丁鱼在运输过程中成活率很低。后来有人发现，若在沙丁鱼中放一条鲇鱼，情况就有所改观，沙丁鱼成活率会大大提高。这是何故呢？

原来鲇鱼在到了一个陌生的环境后，就会"性情急躁"，四处乱游，这对于大量好静的沙丁鱼来说，无疑起到了搅拌作用；而沙丁鱼发现多了这样一个"异己分子"，自然也很紧张，加速游动。这样沙丁鱼缺氧的问题就迎刃而解了，沙丁鱼也就不会死了。

当一个组织的工作达到较稳定的状态时，常常意味着员工工作积极性的降低，"一团和气"的集体不一定是一个高效率的集体，这时候"鲇鱼效应"将起到很好的"医疗"作用。一个组织中，如果始终有一位"鲇鱼式"的人物，无疑会激活员工队伍，提高工作业绩。

"鲇鱼效应"是激发员工活力的有效措施之一。

一是企业要不断补充新鲜血液，把那些富有朝气、思维敏捷的年轻生力军引入职工队伍中甚至管理层，给那些故步自封、因循守旧的懒惰员工和官僚带来竞争压力，才能唤起"沙丁鱼"们的生存意识和竞争求胜之心。

二是要不断地引进新技术、新工艺、新设备、新管理观念，这样才能使企业在市场大潮中搏击风浪,增强生存能力和适应能力。

从不同的角度分析,鲇鱼代表的内容是不同的:

领导可能是鲇鱼,那么你的努力最好和组织保持同方向,不要往后游,否则就有被吃掉的危险,永远充满激情地向上游,也许某一天你也变成了鲇鱼,赶着一群沙丁鱼向上奋斗;

同事也可能是鲇鱼,那就和他比拼比拼,看谁翻腾的能量更大;

下级也可能有鲇鱼,那就在激励下属成长的同时,别忘了给自己充充电,保持强劲的势头发展,否则你也有被下属吃掉的危险。

3. 影响选聘途径的因素

既然内外部选聘各有利弊,所以应从实际出发,充分考虑各种因素,选择更加有利的选聘渠道。对选聘途径的主要影响因素有:

①职务的性质或岗位所处的层次。大部分基层职务或非关键性岗位,可以从内部选拔,也可以从外部招聘;而较高层次的管理人员,应尽量从内部选拔。

②旅行社的经营状况。小型的、新建的、迅速发展的旅行社应多从外部招聘;大型的、较为成熟的旅行社,人才储备也较多,尽可能从内部选拔。

③内部人员的素质。能否从内部选到合格的人员,关键要看候选人的素质,如果内部人员的素质不高,就只能从外部选聘。

(三) 挑选录用员工

1. 挑选录用员工的方式

挑选录用员工的方式主要有两大类:

(1) 履历表挑选方式

该方式通常是根据需要,要求应聘者提交自己的履历表及工作意向、个人特长、学历、学位、工作经验和个人照片,还可以要求提交身份证复印件或者能证明身份和工作经验的材料等。旅行社以此为依据决定是否录用。这种方式只能作为后续方式的辅助方式,或者用来录用普通员工。

(2) 直接挑选方式

该方式一般是通过笔试、面试,直接对应聘者进行较为深入的考察了解,然后决定是否录用。

2. 挑选录用员工的步骤

①按一定规范,对所收集到的应聘者的各种资料进行整理分析,以备挑选。

②将应聘者的情况和条件逐一与工作说明书、工作规范以及旅行社的要求进行对比,经过初步筛选后,把全部应聘者分为三类:可能入选者、勉强合格者和不合格者。

③对可能入选者和勉强合格者再次进行审核,进一步缩小挑选范围。

④对通过审查的应聘者进行笔试、面试及医学、心理学测试,将以上信息进行综合,作出试用或录用决定。

⑤把此次结果通知所有应聘者,不管是否被录用。

3. 面试

面试是挑选员工的一种重要方法。面试为双方提供了一次直接交流的机会。面试通常采取个别面试和分组面试等。几乎所有的招聘选拔方式都会用到面试这种方法。

补充资料7—3

说说求职者面试时的自我介绍

两年前,我在广州某国际旅行社做市场部经理。因为我是该公司首任市场部经理,又是应该公司老板特邀任职的,所以公司授权我全权负责市场部的组建和运作。

上任后我要做的第一件事,就是对部门现有人员和公司资源进行整合,以及对外招聘人员扩充业务队伍。我这里就说说面试时求职者自我介绍的几个环节吧。

经历过求职面试的人都知道,按一般习惯,都是求职者先写好简历,递交给面试官,面试官看完简历后,然后跟求职者对话。对话的方式,一般是面试官问一句,求职者答一句,面试官把所有想了解的都问完了,最后一个环节就是让求职者反问面试官,让求职者了解一些自己想了解的东西,比如,上班时间、工作范围、薪水福利等。整个过程,面试官处于主动,求职者被动。唯一能主动的,就是最后反问面试官的那个环节。按常规,对话的时间比例为面试官占70%,求职者占30%。

面试官喜欢一问一答的自己占据主动的面试方式,因为有太多的面试官喜欢"居高临下"地面对求职者,在他们的潜意识里,求职者跟招聘单位是不平等的,是招聘单位在选你,而不是你在选招聘单位。而求职者也喜欢这种方式,因为这样不必伤脑筋去想问题,只要机械式地回答面试官提出的问题,就行了。至于最后自己会不会被录用,就听天由命了。最重要的是,有太多的求职者,他们的潜意识里,觉得这是自己在"求"人家,而不是人家在"求"自己,我们国家就是不缺人,人才的竞争、找工作的艰辛,导致了这种求职者与招聘单位"不平等"意识的传播。

我就是这样做的,我代表公司以面试官的身份在面试求职者时,一反常态,让求职者主动说话,结果效果堪忧,有些求职者更是闹出不少笑话来。

我的第一个问题是"你好,欢迎你来到我们公司面试,请你先简单自我介绍一下"。这是一个让求职者自由发挥的问题,按我的标准,求职者回答的内容大概包括姓名、籍贯、所受教育、工作经历、工作能力、职务与职位、性格、兴趣爱好、优点与缺点等,回答时间大概为两分钟。因为我招的是营销代表,求职者的社交能力是我的重点考核目标之一。这个问题主要是测试求职者的临场语言组织能力、表达能力、表达方式及反应能力等,通过其语言、肢体动作、表情等洞察其社会交际能力。

这是一件看上去非常简单但做起来并不是那么容易的事。对于小部分人来说,这是一个难得的表现自己的机会;而对于大部分人而言,这恐怕是个很大的压力。于是,那小部分人被录用了,大部分人被淘汰了。

那些很流利地介绍自己的人,我就不废话了,不理想的情况却很多,但有各种不理想的情况,总结一下,大概就下面两种。

第一种,能说几句,但效果不理想。他们能简单说几句,比如"我叫谢炳成,广东乐昌人,今年27岁,曾经做过××工作",等等。再比如"我叫谢炳成,1978年出生,性别男,家住广东乐昌×××村",等等。

这类求职者,虽然说得很吃力,甚至连"性别男"都说出来了,但他们能一句凑一句地说下去,当然,他们心里很紧张。

第二种,根本不会说话。这种情况遇到的最多。他们说了自己姓名、年龄等后,就说不下去了,"我……我……"了几下后,干脆指着我手上拿着的他的简历说:"那上面写着呢,你自己看吧。"

不用说,这两种人都是被淘汰的。也许有人会说,不能单凭一个如此简单的问题,就否定一个人的能力的。话是这么说,只是我想,一个营销代表如果连自我介绍都说不好,如何与客户沟通交流呢?连自己都不会推销出去,又如何把公司的产品推销出去呢?

(摘自《职业人生》 文/谢炳成 2006-08-10)

4.各种测试

测试是采用统一的标准,对应聘者的各种素质作出公正、客观的评价。测试是选聘过程中重要的辅助手段,特别是对那些有关个人素质、兴趣、性格等方面的情况,通常通过测试的手段来了解。测试主要包括素质和特长测试两类。素质测试包括对应聘者的智力、性格和职业适应性进行测试,特长测试包括对应聘者的技能和职业兴趣进行测试。

无论采用哪种方式或哪种方式组合,负责招聘的人员都要充分征求招聘岗位的直接上司的意见,或者干脆由用人部门决定,人力资源管理部门只是起到沟通和桥梁的作用,特别是专业技术岗位和高级职务。

5.决定录用和签订合同

在经过了各种程序决定录用之后,旅行社要正式书面通知应聘者。在经被聘者认可接受后,双方要依法签订录用合同。没有签订劳动合同的,根据最新的《劳动法》,将被视为双方签订了无限期劳动合同。

二、旅行社员工的培训

即使旅行社在选拔招聘阶段录用到了非常合格的人,也不能保证所有的工作都将被分配给完全胜任的人。实际上,几乎所有的人员,都需要一些额外的培训以使他们令人满意地工作。

培训需要投入。企业投入的是财力,而员工投入的是时间。一个员工跳槽的可能性越小,企业为该员工培训所作的投入回报率就越高。企业对员工培训的主要目的,是克服员工的低效率。很多旅行社担心,自己千辛万苦培养的员工流失,为竞争对手效力。这是人力资源开发的误区。完善的培训体系,可以帮助员工迅速提高操作技巧、丰富旅游知识。员工的高效率可以提高企业的经济效益。企业效益的提升可以为员工带来更好的福利,员工对企业的忠诚度也就相应提高。

☞ 补充资料7—4

迎战春游旺季　旅行社高价培训员工

一天6小时的课程,一个小时600元。眼看春游旺季即将来临,"汉之旅"旅游联合体花高价对员工进行培训。

据了解,此次的培训总共一天半时间,由专门的咨询公司人员给旅行社的导游、中层管理人员讲解企业营销知识。此前,"汉之旅"也曾多次请名师给员工上课。

该旅行社称,员工不光要懂得发、送团等旅游实务,企业团队意识、客户服务、营销策略等对他们同样重要,而且春游旺季马上就要到了,当务之急是要提高员工服务水平,增强旅行社的竞争力。

但也有人认为,仅仅一两天的培训,由于时间太短,恐怕难有大的效果。

☞ 小贴士7—1

旅行社新员工培训要戒除的七个坏习惯——

旅行社新员工培训要戒除的七个坏习惯之一:上班踩点,下班按点。
旅行社新员工培训要戒除的七个坏习惯之二:上班总是有事,下班总是没事。
旅行社新员工培训要戒除的七个坏习惯之三:QQ、MSN、ICQ,一个都不能少。
旅行社新员工培训要戒除的七个坏习惯之四:上网多,"上班"少。

旅行社新员工培训要戒除的七个坏习惯之五：桌子、本子、脑子一样乱。

旅行社新员工培训要戒除的七个坏习惯之六：事前计划少，事后补救多。

旅行社新员工培训要戒除的七个坏习惯之七：勤于琢磨，耻于下问。

旅行社员工的培训，主要包括态度培训、技能培训、知识培训三个方面，即"ASK"：态度（Attitude）、技巧（Skill）、知识（Knowledge）。

（一）职业态度培训

旅行社的员工经常是分散、独立地开展工作，如果没有过硬的思想素质、较高的职业道德，则很难胜任工作。通过职业态度的培训，可以使员工了解企业的经营目标和经营理念，帮助员工树立主人翁意识、职业的自豪感和荣誉感，进一步强化员工的团队精神和合作意识，自觉做好本职工作，维护企业形象。

旅行社员工职业态度、职业素养就是一种工作状态的标准化、规范化、制度化，即在合适的时间、合适的地点，用合适的方式，说合适的话，做合适的事。旅行社员工职业态度是人才选用的第一标准，更是职场制胜、事业成功的第一法宝。

（二）职业技能培训

职业技能是工作岗位对工作者专业技能的要求，职业技能培训可以迅速提升员工工作能力，主要包括为游客服务的技巧培训、市场开发技巧培训（如与客户谈判签约、客户售后服务等）、处理旅游投诉的技巧培训、应付突发事件的能力培训、情绪控制技巧培训、压力管理技巧培训、执行能力培训，以及中层管理干部的管理技能培训。

（三）职业知识培训

旅行社是知识密集型企业，为游客服务的全过程中，每一刻都需要职业知识做支撑。因此，职业知识培训也是必不可少的。

☞ 小贴士7—2

旅行社新员工培训的蘑菇管理定律

蘑菇管理定律一词来源于20世纪70年代一批年轻的电脑程序员的创意。由于当时许多人不理解他们的工作，持怀疑和轻视的态度，所以年轻的电脑程序员就经常自嘲自己的生活是"像蘑菇一样的生活"。

"蘑菇管理"指的是组织或个人对待新进者的一种管理心态。因为初学者常常被置于阴暗的角落——不受重视的部门，只是做一些打杂跑腿的工作，有时还会被浇上一头"大粪"，受到无端的批评、指责、代人受过，组织或个人任其自生自灭，初学者得不到必要的指导和提携，这种情况与蘑菇的生长情景极为相似。

蘑菇的生长特性是需要养料和水分的，但同时也要注意避免阳光的直接照射，一般需在阴暗角落里培育，过分的曝光会导致过早夭折。古时，蘑菇的养料一般为人、兽的排泄物，虽不洁但为必需品。谭小芳老师表示，从两者的关系来看，地点、养料两方面的条件给予了蘑菇的生存空间，但却是自生自灭，新进学者也是如此。

旅行社新员工培训的建议——

1.初出茅庐不要抱太大希望：当上几天"蘑菇"，能够消除我们很多不切实际的幻想，让我们更加接近现实，看问题也更加实际；

2.耐心等待出头机会：千万别期望环境来适应你，做好单调的工作，才有机会干一番真正的事业；

3.争取养分，茁壮成长：要有效地从做"蘑菇"的日子中吸取经验，令心智成熟。

作为公司的新鲜血液，旅行社新员工将成为推动公司未来成长的关键动力。

三、旅行社薪酬的构成

报酬是激励员工有效工作、达到企业目标的主要手段。同时，又是企业经营的主要成本之一，因此旅行社员工的报酬管理是旅行社人力资源管理的重要内容。

（一）工资

工资是企业支付给员工的较为稳定的金钱，是报酬系统的一个主要组成部分。目前比较广泛实行的是岗位技能工资分配制度。这种分配制度以按劳分配为原则，工资与经济效益挂钩，以岗位工作评估为基础。

（二）奖金

奖金是对员工超额劳动或表现卓越的报酬。与工资不同，奖金的形式是多种多样的。按照奖励内容可分为单项奖、综合奖；按奖励对象可分为个人奖、集体奖；按奖励时间可分为月度奖、季度奖、年终奖等。不管是什么形式的奖金，都必须以员工所付出的超额劳动为基础，以绩效考评为依据，使之具有明显的针对性、差异性和激励性。一定要避免把奖金作为变相的工资收入来发放，一定要破除平均主义、"大锅饭"的思想，贯彻多劳多得的原则，合理拉开奖金分配档次，使之具有明显的针对性、差异性，以充分发挥奖金的激励作用。

（三）福利

福利是报酬的一种补充形式，它往往不是直接以金钱的形式支付的，也称之为非直接报酬。福利的形式是多种多样的，常见的福利项目有各种保险、带薪假期、职工或子女教育补贴、节日赠品、各种后勤服务（免费工作餐、职工班车等）。福利通常不以按劳付酬的原则为依据，而是以平均或需要为原则，在同一企业中，员工所享受的福利差别不明显。福利的作用主要是满足员工的安全需要，让员工体验到企业作为一个大家庭的温暖,培养员工对企业的认同与忠诚。

(四) 非金钱奖励

非金钱奖励是一种精神奖励,它可以满足员工自我实现的高层次的需要,也是激励员工努力工作的重要因素之一。非金钱奖励可以分为职业性奖励和社会性奖励两个部分。职业性奖励包括给职工职业安全感、自我发展机会、晋升机会以及改善工作条件等;社会性奖励包括授予员工的荣誉称号、表扬与肯定等。

☞ 补充资料7—5

留住员工的四个秘诀

对于旅行社来说,人员流动是相当迅速的,但是在人员流失的过程中你无形就损失了,特别是计调,他们带走了你的客户,带走了你的资源,带走了你的管理经验,同时增加培养了熟悉了解你的一个强有力的竞争对手,无形的损失远远大于你的想象!

培养旅行社员工的忠诚度是一项系统工程,但这个系统工程并不意味着一定是要花费专门的时间和大量的人力、物力。事实上,各位旅行社经理们在日常点滴工作中做到以下几点,将会对培养旅行社员工的忠诚度大有益处:

设立高期望值:富有激情和强烈进取心的员工喜欢迎接挑战,如果旅行社能不断提出高标准的工作目标,他们会很乐意留下来为旅行社工作。管理顾问说:"设立高期望值能为那些富于挑战的员工提供更多的机会。留住人才的关键是不断提高要求,为他们提供新的成功机会。"

经常交流:多数旅行社员工讨厌被蒙在鼓里。没有什么比当天听说公司前途无量、第二天却在报上读到旅行社有可能被吞并或卖掉的消息更能摧毁一个公司员工的士气。最开明的办法是公开公司的账簿。某外企公司这样做后员工流失率不超过7%,该公司行政总监说:"我们的每一个员工都能随时查看公司的损益表。这能让他们明了他们的行为对公司利润有何影响。"授权、授权、再授权说明在管理中授权是一个响亮的口号是有一定原因的。毕竟,员工最喜欢这种授权赋能的旅行社。惠普公司负责桌面电脑的美国市场经理博格说:"对我们来说,授权意味着不必由管理人员作每一项决策,而是可以让基层员工作出正确的决定。"

多表彰员工:既然不能给员工提供绝对满意的工作保障,至少应该满足他们希望得到赞赏的心理。培训公司柏灵汀集团的总裁丹尼斯说:你能向员工做的最有力的承诺之一就是在他们工作出色时给予肯定。

辅助员工的个人发展:很多人更愿意在那些关心他们发展的旅行社工作,有人说:"留住人才的上策是尽力在公司扶植他们,协助他们和旅行社共同成长。"

四、旅行社企业文化建设

补充资料7—6

恺撒旅游的企业文化

企业目标——

以高端旅游产品为核心,以时尚旅游为理念,以产品开发、质量管理为主要手段,构建专业高效的现代旅游企业。

企业口号——

欧洲旅游专家;

时尚、旅游、新生活;

新服务、新体验。

企业精神——

热情:对旅游事业、对客户、对同事、对品牌充满热情;

严谨:严于律己,宽以待人,谨慎对待工作中的每一个细节;

诚信:对自己、对家庭、对客户、对企业做到诚实守信,童叟无欺,言出必行;

优质:优质服务是我们不懈的追求。

管理理念——

团结、高效、务实、创新。

(一)旅行社企业文化的构成要素

旅行社企业文化是旅行社在长期的生产经营中形成的管理思想、管理方式,以及能够长期推动本企业发展壮大的群体意识和行为规范,本质特征是"以人为本",核心内容是企业的价值观,即企业员工对自己、对别人、对与企业有关的各种事务的共同判断。

1.企业宗旨

企业宗旨,就是一个企业的主要目的和意图。旅行社的宗旨,就是旅行社为了保证其正常运行的主要意图和要达到的主要目的,比如"游客至上、质量第一、全心全意为游客服务"。

旅行社企业的正常运行,取决于以自己良好的旅游服务来换取各种外部资源。旅游服务是不断提供的,而且要求服务质量必须日益优良,从而不断地吸引更多的游客。

旅行社企业的宗旨,应该在下列几方面得以体现和贯彻:

①在旅行社员工中不断倡导企业的奋斗目标;

②在旅行社员工中牢固树立其工作方向和要达到的目的;
③在游客中逐步树立旅行社企业的形象,创造品牌效应。

总之,旅行社企业宗旨无论在何时何地,国内乃至国外都是必不可少的,而且必须重视、倡导和宣传。

2. 企业精神

企业精神,即为所有员工所认同并努力付诸实践的道德观、价值观和行为准则。它通常以高度概括的几个字或几句话,或以口号、标语等形式表达出来。这种口号有的是总结本企业的优良传统,有的是针对目前存在的缺点而倡导树立新风尚,也有的是适应形势发展需要而提出奋斗方向等。

3. 企业道德

企业道德,是指员工在工作过程中,调整内外关系的特定职业行为规范的总和。它以善良与邪恶、正义与非正义、公正与自私、诚实与虚伪等相互对立的道德范畴为标准来评价旅行社及其员工的各种行为,从而调整企业与员工、员工与员工以及企业与社会等方面的关系。旅行社作为服务性企业,要特别注意在员工中提倡职业道德以维护旅行社的声誉和旅游者的权益。无论是旅行社还是员工,均不得为自身利益而采取违反职业道德的行为。

4. 企业制度

企业制度是旅行社企业文化的基本要素之一。广义地说,它不仅包括硬性的或有形的管理制度,如管理体制、组织机构、社规社纪等,还包括职工在实际工作岗位上所形成的思想准则、行为方式、道德规范等软性的或无形的、固定化的行为模式。

5. 企业环境

企业环境包括宏观环境和微观环境。旅行社应当努力创造条件,改善员工的工作环境和生活环境,激发职工对企业的忠诚和工作热情。

6. 企业形象

企业形象是指旅行社及其行为在人们心目中留下的印象和获得的评价。旅行社的形象表现在四个方面:一是服务形象,如经营能力、服务质量、工作效率等方面的印象。二是环境形象,如企业的办公楼、营业厅和社区环境等,它反映了企业的管理水平、经济实力和精神风貌。三是从业人员形象,如接待人员的职业道德、价值观念、文化修养、精神风貌、言谈举止、仪容仪表、服务态度等,是企业形象人格化的表现。四是社会形象,是指企业对公众负责和对社会贡献的表现。

(二)旅行社企业文化的构建

旅行社企业与工业企业不同,它没有物质产品的生产过程;旅行社也不同于商业企业,它不销售物质产品。旅行社的产品是非物质形态的服务产品,因此,旅行社的企业文化是服务经营型文化。由于旅行社的经营活动以服务为中心,其服务能否适应旅游者的文化需求与其提供的服务质量有着密切的关系。因此,旅行社企业文化的构建应着重于以下几方面:

1. 服务意识

旅行社的产品是旅游服务,旅游者评价其产品优劣的基本标准是满意程度。而影响旅游者满意程度的因素是多方面的,如旅游者的期望值、旅游者文化背景与旅游目的地文化背景的差异、接待设施和社会环境等。其中最主要的是旅行社员工的服务意识、服务态度等。"客人永远是对的"之类流行于旅游业的口号,反映出大家一个共同的价值观——向旅游者提供满意的服务是旅游业的生命线。因此,培养员工的服务意识是旅行社企业文化建设的一项中心任务。

2. 文化意识

旅游既是一种物质享受,也是一种文化享受。旅游者到异国他乡旅游,其动机常包含着强烈的文化色彩。为满足旅游者的文化需求,旅行社员工应对不同国家的文化有深入的了解。由于旅游者来自不同的国家和地区,对中国文化的理解和欣赏角度不同,为了向旅游者提供有针对性的服务,满足他们的旅游目的,旅行社员工还应了解不同国家、民族的文化背景和价值观。因此,旅行社员工应具有强烈的文化意识,努力提高文化素养。这是旅行社企业文化建设的一项重要内容。

3. 协作意识

旅行社的产品具有高度的综合性,涉及旅游者旅游过程中食、住、行、游、购、娱诸方面。其中许多服务是旅行社自身所不能提供的,需要通过旅游服务的采购来满足其产品组合的需要。其中任何一个环节的服务质量,都会影响旅行社最终产品的质量和旅行社的形象。这就要求旅行社的各级管理人员和全体员工应具有强烈的协作意识,以确保各个环节的服务质量和整个服务过程的顺利完成。

4. 经营意识

经营意识是每个企业都需要培养和树立的基本意识,对旅行社这样的企业尤为重要。旅行社业务的特点决定了旅行社经常面临市场供求关系不断波动和激烈市场竞争的强大压力,经营难度很大。为了保证生存与发展,旅行社需要在全体员工中树立明确的市场导向观念、市场竞争观念和经济核算意识,即要求全体员工具有强烈的经营意识。

总之,旅行社企业文化要素的有机组合及其与旅行社行业特点的紧密结合,构成了旅行社企业文化的全部内容。

第二节　旅行社质量管理

质量问题的实质是管理问题,质量管理是旅行社管理的重要环节。如何有效地搞好旅行社的质量管理,根本在于确立一套科学的管理体系和方法。

一、旅行社质量管理的概念

(一)旅行社质量内涵

旅行社产品的质量,表现为旅游服务在使用价值方面适合并满足游客的物质和心理需求的程度。

旅行社产品的质量包含它的产品设计质量,以及门市和导游的实际接待服务质量等。此外,还包括后勤各部门和景点各协作单位的工作质量,如旅行社的业务、计调、接待和财务等部门,以及景点、饭店、餐厅和车队等协作单位的工作质量。旅行社的质量管理所要求的就是这种广义的质量,要通过各部门、岗位的工作质量,来保证直接为游客提供的服务质量。

旅行社的服务质量,概括地说就是满足游客需求程度的总和,包括物质的和心理的两个方面。满足游客的物质需求,就旅行社来说,最主要的是设计出能满足不同层次游客需求的旅游线路和节目,食、住、行、游、购、娱等项目供应标准要质价相符。旅行社还要通过热情周到、舒适方便和迅速及时的服务,使游客同时又得到心理满足。

(二)旅行社质量管理的概念

旅行社质量管理,是指旅行社为了保证产品质量,综合运用一整套质量管理体系、思想和手段所进行的管理过程。

旅行社质量管理是"三全管理",即全面质量管理、全过程管理与全员参与管理。

1.全面质量管理

全面质量管理,是指旅行社的一切经营活动都要立足于设法满足游客的需要。有的旅行社认为服务态度好就是服务质量好,单纯地要求接待服务人员做到主动、热情、耐心、周到,忽视了质量管理和优质服务的基本精神和主要内容。有的旅行社放弃质量教育,习惯于用突击和搞运动的方式代替正常的管理,或者把评比竞赛作为质量管理的诀窍,为了应付检查,做些表面文章,使质量管理工作流于形式。所有这些,对质量管理工作弊多利少,甚至有损无益。而全面质量管理则要求旅行社从产品质量、服务质量与环境质量三方面进行全面的考察,实施全方位、全因素的管理。也可以称这种管理为横向管理。

2.全过程管理

全过程管理,是指旅行社就其产品质量形成的全过程实施系统管理。就旅行社质量而言,它是伴随着旅游产品经营销售及接待服务活动的全过程而形成的。为了叙述方便,我们把这个全过程划分为游前、游中和游后三个阶段。但在实际工作中,我们应该将这三个阶段有机地结合起来。

(1) 游前阶段

游前阶段重点是管理好旅游产品的设计、宣传、销售和接待质量。对收集信息、经营决策、设计包装、操作实施和接待服务等环节实施质量控制,保证旅游产品的质量,防止无吸引力和名不副实的产品设计和销售。同时,旅行社通过积极地宣传和招徕,服务人员主动热情地接待和耐心地介绍,才能使游客报名参团。

(2) 游中阶段

游中阶段重点是管理好服务质量和环境质量。就服务质量而言,必须对导游的服务态度、服务方式、服务项目、服务语言、服务仪表、服务时间和职业道德等方面实施标准化、程序化和规范化管理,使游客通过导游的服务而对旅行社产生信任和好感。环境质量管理是对各协作单位,如饭店、餐厅和车队等的服务质量实施管理监督。只有这样,在各个接待环节上才能形成有效的质量保证体系,才能使游客得到物质和心理上的满足。

(3) 游后阶段

游后阶段是对前两个阶段服务的延续和补充,重点是做好旅游产品质量的检查和评定,如游客意见反馈、旅行社回访、旅游行政主管部门和行业协会等的简报等。当旅游产品转化为游客的使用价值或效用时,很可能会发生一些意想不到的质量问题,这就要通过质量管理人员的回访,认真虚心地听取游客的反映、感受和意见,总结经验,以便进一步提高服务质量。这也是一种尊重和信任游客,并通过严格的质量检查获得正确的质量信息的有效方法。

☞ 补充资料 7—7

旅行社需注重售后服务

美国《旅游代理人》杂志曾对一些常客不再光顾原旅行社的原因作过系统调查。调查结果显示有 68% 的顾客不再光顾原旅行社是由于旅行社缺乏售后服务和不积极争取回头客造成的。一些常客之所以不再光顾原旅行社,首先是因为这些旅行社对他们今后旅游抱着"爱来不来"的冷淡态度。其实旅游者为了减少购买旅游服务的风险,十分钟情于熟悉的旅行社。正因如此,西方国家的旅行社都极为重视售后服务,并采取了多种多样的售后服务形式以争取每一位顾客再次光顾。例如在客人返回后的第二天就向客人打问候电话,或在网上对客人致以问候、给客人寄送意见征询单和明信片、举行游客招待会等。外国旅行社的做法十分值得国内旅行社借鉴。这次旅行的结束意味着下次旅行的开始,做好熟客的服务工作就可以使他们下次旅行时再与本旅行社联系。因此,做好售后服务工作是保持顾客和市场并不断扩大的好措施,有方向、有基础、成本低、效果好。我国旅行社行业竞争日益激烈,保持和争取客源迫在眉睫,旅行社只有搞好售后服务,才能巩固与扩大客源。旅行社可利用计算机管理来建立客户档案,还可利用网络加强与客户的联系,进行售后跟踪服务,了解他们的新需求,以便于推出更符合潮流的旅游产品。

对全过程的管理,就是对游前、游中和游后三个阶段中影响旅游产品质量的整个工作过程进行系统分析,通过各部门、各单位和各岗位的质量管理职能组织系统的改进,达到全面提高服务质量的目的。也可以称这种管理为纵向管理。

3.全员参与管理

全员参与管理,是指旅行社要求全体员工对服务质量做出保证与承诺,大家一起参与对游客的服务。旅行社员工之间要有一种团队协作精神,共同为保证顾客的满意而努力。事实证明,旅行社只有少数人员参与质量监督和管理,不能从根本上解决质量的问题,只有当旅行社的全体员工都从所在岗位出发参与质量管理,这样提高服务质量才有保证。质量管理提出全员参与管理是因为质量形成的全过程涉及每个部门、每个单位,乃至每个环节、每个岗位的工作。因此,在每个岗位上工作的员工都来参与管理,是必然的要求。也可以称这种管理为群体管理。

总之,旅行社质量管理的概念,是从广义的质量出发,全面看待质量问题,系统地改善质量工作,运用群体的智慧,对服务质量进行综合管理。

二、旅行社质量管理的实施

旅行社服务质量管理程序包括:制定标准和规范、对协作单位的合同约束、避免不确定性、补救措施、检查监督等几项内容。

(一)制定标准与规范

旅行社对于自己直接控制的环节(如导游服务、线路设计等),应制定质量标准、操作规程与岗位责任,并通过与奖惩制度相结合而使之得以贯彻。旅行社要明确规范服务人员的服务态度、语言、服务项目、服务技能、仪表、时间、时机等,同时要求服务人员在服务过程中,力求做到规范化服务与个性化服务相结合。另一方面,旅行社应采取全面质量管理的方法,不断发现服务中的缺陷与质量隐患问题,并及时研究解决措施,不断提高服务质量。

(二)对协作单位的合同约束

旅行社对于需要对外采购的食、住、行、游、购、娱等方面,要依靠完善合同的办法保证服务质量。旅行社应严格选择并定期筛选、更换旅游服务供应商,并通过合同要求供应商保证服务质量。旅行社在采购合同中应明确有关服务的质量标准,以及达不到标准的惩罚办法。

补充资料7—8

两家旅行社闹纠纷　湖南众游客受牵连

"两家旅行社因旅游尾款问题产生纠纷,地接社的导游扣住我们的机票,致使我们在返程时滞留机场数小时。事情已经过去了一个多月,我们的维权主张依然被两家旅行社像踢皮球一样踢来踢去……"日前,湖南省株洲市曾××等17位消费者向本报湖南记者站投诉,讲述了他们那次不愉快的旅行经历。

1.导游扣机票　游客遭滞留。曾××一行17人是经湖南省株洲市A旅行社组团,参加10月1日—10月6日的九寨沟、黄龙、峨眉、乐山四飞六日游。曾××向记者介绍说,他们对这次旅游活动不满意,因为负责地接的成都B旅行社在车辆、用餐、购物等方面安排上并未按合同办事,整个旅行途中,他们对B旅行社的意见达8条。

10月6日下午,曾××一行17人结束了全部游程,因为他们买的是往返机票,回程机票是由游客各自保管的。在前往成都双流机场的途中,B旅行社的导游以统一办理登机牌为由,将17名游客的机票和身份证收走。到达机场后,曾××一行人发现,导游并未去为他们办理登机牌。大家发现异常后,要求导游返还机票和身份证,遭到拒绝,导游要求游客代交组团旅行社欠下的8 000多元尾款,否则就别想走人。为此双方发生了争执,被带到机场派出所。

下午1点,离此次航班起飞只有10分钟左右,导游才说要返还机票,但此时已来不及办理登机手续,17名游客只能看着此次航班的飞机起飞。

因为导游扣留机票,滞留机场的游客当即向成都市旅游局投诉,该局旅游稽查执法大队队长一行赶到现场。最后,在多方协调下,17名游客自己凑钱购买了12张机票,剩下的5张机票暂时由成都B旅行社承担,并于当晚分3批返回湖南。这时,17名游客中滞留成都双流机场时间最长的达7小时。

2.A旅行社:暂扣尾款是因为游客有投诉。成都B旅行社的导游为何在游客上飞机前扣留机票?记者采访了株洲A旅行社外联部负责人和成都B旅行社负责人。"B旅行社是因为旅游尾款没有到账才扣下游客机票的。"株洲A旅行社的负责人向记者介绍说。按照他们和成都B旅行社的合同约定,如果在旅游途中接到游客投诉,就要暂扣1万多元的尾款。A旅行社曾接到多起关于B旅行社的投诉,如游客要求换导游和车子,她与对方交涉,对方未改正,所以A旅行社暂扣了8 000多元尾款。

"扣尾款是按合同办事,就算尾款未到,B旅行社事后也可找我们协商解决,他们由此将游客扣在机场,这一做法肯定是不对的。"A旅行社负责人进一步向记者解释说。另外,有游客投诉暂扣地接社尾款是旅行社行业的通常做法。因为在此之前,游客通常不交清全部旅游款,而是欠交一部分款项,待游程结束,如果旅游途中出现没有按合同办的情况,游客要扣下一些钱。组团社与地接社也是这样做的。

记者随后又电话采访了成都B旅行社负责人。该负责人说,导游统一收走机票,是为了避免机票遗失,办理登机牌也方便一些。至于游客后来滞留机场,是因为长沙那边的旅行社单方面取消了17名游客机票造成的。对此说法,成都旅游局稽查执法大队队长在接受记者电话采访时予以否定,队长告诉记者,他们在当时调查中了解到,确实是旅行社之间因旅游尾款未结清而引起纠纷,直接导致游客滞留机场的,但具体情况目前他们还在进一步调查之中。

3.消委会:这是一起严重侵权行为。旅行社之间发生经济纠纷,竟株连到无辜的游客,对此,湖南省消费者委员会秘书长表示,这是一起典型的侵犯消费者权益的事件。这17名游客应该勇敢地拿起法律武器为自己讨个说法。

湖南海天律师事务所律师邓文胜认为,这一事件存在两个法律关系,即两个旅行社之间的法律关系和旅行社与游客之间的关系。不能将两个旅行社之间的纠纷转嫁给游客,扣留游客机票是一种侵权行为。

记者电话采访了国家旅游局假日办,工作人员明确指出,这是一种恶劣的弃团行为,将责成两地旅游管理部门妥善处理此事。

曾××告诉记者,一个多月来,他们一直在为自己的权益奔走,目前,他们已联合聘请了律师,准备通过法律途径维护自身权益。

(资料来源:中国消费者报.2005-10-18.)

(三)避免不确定性

旅行社对无法控制,但又经常出问题的环节应尽力设法避免,如运力不足、客房供应紧张、严重传染病、恶劣气候等。

(四)补救措施

对已经发生的事故,旅行社要努力做好善后补救工作,尽可能减少其影响。如尽快恢复打乱了的行程、救护伤病员旅游者、为旅游者理赔等。旅行社工作人员要详细记录相关情况,总结经验教训。

(五)信息反馈与监督检查

旅行社应加强服务质量的信息反馈,及时发现问题并予以解决,还要广泛听取游客的意见,不断改善、提高服务水平。游客的意见一般分为三部分:一是对旅游线路、日程安排和节目内容的意见,这要通过改进线路设计来解决;二是对住宿、餐饮、交通等方面的意见,旅行社要通过向相关单位反映与交涉,或另择供应商,或改进采购来解决;三是对旅行社接待工作和接待人员的意见,这需要旅行社通过加强自身的质量管理予以解决。旅行社对游客投诉,一定要查明情节,及时处理并作出答复。旅行社要经常地对服务过程与企业员工进行监督检查以保证服务质量，坚决杜绝服务过程中的违纪现象，如私带亲友、索要回扣与小费、私自增加旅游项目并自行收取费用等。

三、旅行社质量管理趋势

（一）关注游客，以游客为中心

旅行社要以代价最小且和谐一致的方式领导和组织员工，去适应和持续关注游客的需求，以更快捷的方式满足游客的期望。在任何情况下，旅行社的经营目标必须为全体员工所了解和掌握，在日常工作中，力求消除各种偏差。随着旅游业竞争的日益激烈，只有富于创新、善于学习、灵活应变的旅行社企业才能迅速、及时适应不断变化中的环境。这一原则在制造业中已清晰地打上了丰田、松下和海尔等成功企业的烙印，同样也会被旅游业所借鉴、遵循。旅行社要为游客提供优质的服务，满足或超过游客的预期目标，就要在线路策划、产品定价、销售和售后服务整个过程中，为游客提供超值服务。

（二）采取科学有效的检测手段

即使运作程序具有能够满足游客百分之百期望值的能力，但由于游客的期望值也随着社会经济的发展不断变化和提高，那么旅行社就必须具有持续的、科学的有效检测手段，不断进行测量和监控，以保障食、住、行、游、购、娱等量化指标的兑现，确保实现游客的期望值，创造旅行社企业的品牌效应。

（三）技能培训和继续教育

旅行社企业应对员工开展培训和继续教育，把企业造就成一个学习型组织。在企业文化中，一个最基本的内容是企业应该具有为了不断提高服务质量而组织员工学习新知识、新技能的动力。旅行社所提供的产品主要是文化精神产品，并不断加大产品文化含量，满足游客求新、求异的欲望。通过组织员工持续不断地学习新知识、新技能，就像体育运动员那样，为了取得更新的成绩，要不断超越自我，不断打破新纪录，并把此目标变成企业的使命。

（四）采用科学的质量管理体系

我国"入世"后，针对旅行社企业集团跨地区、跨国界经营的特点，应强化对质量工作的领导，如实行总经理领导下的质量总监负责制等。此外，众所周知的ISO 9000质量体系主要是通过制度标准来保证服务质量的方法，在我国制造业中已被广泛地运用，而旅行社业运用该质量体系还在起步阶段。我国"入世"后，旅行社企业要进入国际市场，迅速接纳ISO 9000系列标准，运用ISO 9000系列标准对企业进行系统化、程序化和标准化的管理已刻不容缓。

📖 补充资料 7—9

质量管理要高度重视

某旅行社的质量检查和评定工作值得我们借鉴。该旅行社十多年来始终把质量管理工作放在第一重要的位置，第一把手亲自抓、长期抓。领导的指导思想是："游客把辛勤劳动积攒起来的钱、挤出来的宝贵时间交给我们安排，是对我们的信赖，我们要珍惜这种信赖，全心全意为游客服务好。"这一指导思想已成为该社全体员工的共识。他们深切地体会到，不断提高服务质量，健全有效的质量监督和检查是必不可少的。他们先后探索了六七种形式，但都各有利弊。例如，由导游随团发给每个游客征询意见表，虽能及时获得反馈，但是当着导游人员的面，往往表扬导游的内容多；制作意见箱随团请游客评论，游客同样无法畅所欲言并或多或少地受到服务人员意愿的支配。这两种做法的最大不足，是服务人员可能作假，掩盖了服务质量上的问题和不足。派质量检查员随团暗访，则能掌握服务质量的第一手资料，但是根据旅行社现有的人员配备，难度很大，似乎还是应该以有选择性、有针对性地进行抽查为主。定期召集游客座谈会和对游客进行信访等办法的最大缺陷是出席人数不全，回信率不高。据统计，进行信访的反馈率不到 40%，有的内容则过于简单，这样给全面、具体地评判服务质量的工作造成困难。经过长期的摸索和比较，以后主要采取在国际游客出境前和国内游客旅游结束返回本地后，派出质检人员上门直接听取意见的方法，避免了以上各种检查形式的不足，使游客在相对宽松的环境下，通过自己的亲身感受客观、公正地对旅行社的服务质量做出评价和提出建议，获得了良好的管理效果。

第三节 旅行社经营风险管理

旅行社在经营的过程中，由于激烈的市场竞争和经营环境的不断变化，存在着大量的风险。各种经营风险的存在，不但会给旅行社带来收益上的损失，严重的甚至还会造成企业的破产。因此，经营风险的管理便成为旅行社经营活动中的一项重要内容。

一、旅行社经营中面临的主要风险

旅行社业务涉及面广、综合性强，在经营过程中除了会遇到一般企业存在的风险外，也会出现旅行社业特有的风险。这些风险有着多种分类，按照企业管理的内容归纳起来大约有以下几种类型：

（一）财务风险

旅行社的财务风险主要是指旅行社的应收账款无法按时收回可能造成的坏账损失。旅游活动的综合性(食、住、行、游、购、娱)，导致了旅行社与酒店、景点等旅游供应商之间，旅行社与旅游者之间，组团社与接团社之间存在较为复杂的债权债务关系，经常会出现大量的应收账款，这些应收账款有的可能是无法收回的坏账，形成旅行社的财务风险。另外，自2009年5月1日起，国家旅游局颁布的新《旅行社管理条例》放宽了对旅行社经营国际旅游业务的限制，这样一来，会有大量的旅行社经营国际旅游业务，导致旅行社国际业务海外拖欠款的高速增长，使得旅行社的财务风险不仅局限于国内，也延伸至国外。

（二）市场风险

旅行社推出的产品是否能够实现企业利润目标，要由市场检验决定。市场具有很大的不确定性，这些不确定性首先表现在旅游产品的最终消费者——旅游者的自身因素，如旅游者的动机、旅游者的经济状况、旅游者的偏好、旅游者的兴趣、旅游者的闲暇时间等因素变化会影响旅行社产品的销售。其次，旅游客源地和旅游目的地的政治法律环境变化、经济周期变化、自然环境变化、社会阶层和家庭生命周期的变化以及不同地区的宗教信仰和民俗风情等，都会导致市场状况发生很大变化，造成旅行社在产品开发和促销方面的投入损失。另外，一般企业的产品可通过商标注册得到法律的保护，而旅行社产品，尤其是旅游线路组合并没有明确的保护措施，竞争对手极易模仿，导致了旅行社线路开发风险加大，从而进一步加剧了旅行社的市场风险。

（三）人身及财产风险

人身及财产风险主要包括旅游者和旅行社企业的人身及财产风险两大类。由于旅游活动具有较大的时间和空间跨度，而且主要集中于野外活动场所，旅游者在旅游活动中不可避免地会遇到自然环境威胁(如各种自然灾害)和社会环境威胁(如社会治安状况)等各种问题，导致旅游者人身及财产安全可能受到损失。另外，旅行社工作人员与社会有着密切联系，也存在着人身及财产安全问题；旅行社所拥有的交通工具、房产、其他经营设施等财产可能因某种原因而受到损失。

（四）责任风险

旅游者一旦购买了旅游产品，就与旅行社之间形成契约合同关系，旅行社必须按照合同为旅游者提供相关的服务。但是，由于旅游活动的综合性和复杂性，旅行社面临的责任风险要远远高于一般企业的责任风险。一方面是旅游产品供应方(地接社、酒店、交通、餐饮、景区等)可能出现不完全履行合同情况；另一方面是旅游者在旅游活动中可能会出现意外情况，从而导致旅行社不能完全或无法实现对旅游者的承诺，没有很好地履行合同。上述情况，旅行社具有一定的责任，需要对旅游者进行赔偿,产生旅行社责任风险。

(五) 金融风险

金融风险是指金融交易过程中因各种不确定性因素而导致损失的可能性。旅行社主要面临着以下几种金融风险:首先是外汇风险。外汇风险是指在不同种类的货币相互兑换或折算时,由于汇率的变动而造成损失或收益的可能性。其次是筹资风险和融资风险,筹资风险和融资风险是指由于负债筹资和融资引起,且仅由主权资本承担的附加风险。其三是利率风险。长期以来,我国金融市场政策性的利率调整时有发生,这对旅行社的融资和还贷都会产生很大影响。

(六) 其他风险

其他风险是指以上五种风险以外的其他各种因素变化可能给旅行社经营带来的风险,如旅行社的战略风险、国家有关政策风险、法律风险和人事风险等。

二、旅行社风险管理的目标

在旅行社实施风险管理的过程中,根据一般管理目标和风险管理本身的特点,可将风险管理划分为损失发生前和损失发生后两个不同的风险管理阶段。因此,便形成两个不同的风险管理目标。旅行社损失发生前的风险管理目标着眼于风险的防范;损失发生后的风险管理目标着眼于恢复生产与经营。两者相结合,便形成了旅行社风险管理的目标。

(一) 损失前风险管理的目标

在旅行社风险管理过程中,损失发生前的管理目标主要有以下几个:

1. 节约成本费用

节约成本费用不仅是旅行社经营目标的要求,同时也是旅行社风险管理目标的要求。风险管理的一项重要工作是避免产生不必要的成本费用,控制由于处理损失暴露而形成的额外成本费用。如果不对成本与费用进行合理的控制,就会降低旅行社经营利润,从而增加经营风险。

2. 满足外部要求

在旅行社经营过程中,许多经营风险是来自企业外部环境的,如政府的各项规定、旅游者的特殊要求、环境保护、与相关企业的合作关系等。如果处理不当,都会使旅行社产生经营风险。因此,在风险管理过程中,旅行社必须满足外界的基本要求,否则就会影响旅行社的社会形象,造成旅行社声誉与经济上的损失。

3. 合法经营

旅行社在其经营过程中,要有效地实施风险管理、控制损失,就必须使旅行社的经营活动在法律与制度许可的范围内进行。旅行社风险管理的一个重要内容就是透彻理解各种法律规定,使经营活动具有法律依据,具有合法性。因为,违法和违反制度的经营,就会受到罚款以及控告,就会产生损失暴露,形成经营风险。

(二)损失后风险管理的目标

在旅行社风险管理的过程中,损失发生后的管理目标主要有以下几个:

1. 继续经营

旅行社在产生经营损失后,如果这种损失还不足以造成企业破产,继续经营便是最基本的目标。旅行社在损失发生后继续经营,可以巩固旅行社与旅游者之间的关系,防止旅游者转向竞争对手,否则旅行社客源市场占有率将会降低,对企业所造成的经营损失将会进一步扩大。一般情况下,在经营损失发生后继续经营,会增加一定数量的额外成本费用,这时,旅行社要识别不允许中断的经营活动及可能中止的意外事故或经营风险,以防止经营损失的进一步发展。

2. 稳定营业收入

旅行社在产生经营损失后,要冷静地分析损失对经营收入目标实现的影响程度,如果这种损失还可使企业继续经营,稳定收入便是最重要的目标。在一般情况下,旅行社在确定经营目标时,往往将收入目标控制在一定的范围内。因此,只要经营收入的波动没有超出这个范围,那么就属于正常现象。当损失发生后,旅行社可以通过合理运用保险及其他风险转移技术,将经营收入的波动控制在计划范围之内。

3. 社会责任

旅行社在产生经营损失后,如果这种损失尚不足以影响企业收入的稳定,承担一定的社会责任便是一个可选用的目标。意外经营损失的发生,不仅会对旅行社产生影响,而且还会使企业员工、旅游者以及其他相关企业,也因此而产生利益上的损失。旅行社的管理者或经营者应自觉地承担一定的社会责任,努力将各种社会利益损失减少到最低限度内,从而保证旅行社良好的市场形象和社会形象。

三、旅行社风险管理的程序

(一)风险识别

风险识别可以根据旅行社企业的性质、经营方式、经营过程以及经营环境的分析,找出其面临的风险并加以判断、归类和鉴定风险性质,识别风险。

1. 财务风险识别

可以通过分析旅行社的财务状况,加强对应收账款的账龄、数额、分布等的分析,预测财务风险。

2. 市场风险识别

可以建立一套有效的预警指标体系,根据历史资料及市场状况、竞争对手情况进行预警指标计算,并对未来的发展趋势进行科学的预测来分析旅行社的市场风险。

3.人身及财产风险识别

可以通过对旅行社人员、旅游者的财产状况进行分析,及时把握旅游目的地的自然环境状况和社会治安状况,明确可能出现的人身、财产风险。

4.责任风险识别

可以通过对各个业务活动环节进行分析与考察,分析各环节所存在的责任风险。

5.金融风险识别

可以通过预测各国的经济发展趋势,分析外汇汇率可能的变化趋势以及可能产生的利率调整政策来识别金融风险。

(二)风险预测和评价

风险预测和评价是在对风险进行识别的基础上,对识别出的风险采用定性分析和定量分析相结合的方法,估计风险发生的概率、范围、严重程度(大小)、变化幅度、分布情况、持续时间和频度,从而找到影响安全的主要风险源和关键风险因素,确定风险区域、风险排序和可接受的风险基准。

风险预测是通过对旅游行业与旅行社以往的损失、投诉以及赔偿情况的资料进行详细分析,运用概率论与数理统计的方法来估计和预测风险发生的可能性和损失幅度;风险评价是对旅行社风险的预期损失程度进行评估和控制、处理风险可能发生的成本费用的大小进行衡量,确定处理以及处理的程度等。在风险评价中,还需要根据风险发展趋势,旅行社内、外部因素对历史资料进行修正,以得到比较切合实际的数据。

(三)风险控制与处理

风险控制是通过对风险识别、估计、评价、处理全过程的控制,从而保证风险管理能达到预期的目标。但不同类型的风险,其风险控制与处理的手段也不同,以下是各种类型风险控制与处理的主要措施。

1.财务风险控制与处理

经常分析财务与统计报表,及时发现问题;制定有效的信用制度,减少可能产生的坏账损失;坚持"先付款,后接待",尽可能减少应收账款数额;提取合理的坏账准备金,以备及时处理坏账风险;准备适量的流动资金,防止财务危机;制定合理的定价及催款制度,有效规避外汇风险。

2.市场及竞争风险控制与处理

市场及竞争风险存在于旅行社的外部,虽然很难控制,但可以采取以下方法来分散和降低风险:市场开发与产品开发要事先进行科学的论证和可行性分析;采用产品多样化和市场多样化的方法来分散风险;加强新产品投入市场前的试产试销,做到心中有数;增加产品特色,使产品可模仿性降低。

3. 财产风险控制与处理

财产风险可以通过投保和财产监察加以转移或控制;对雇员人身风险采取参加社会保险的方法。

4. 责任风险控制与处理

责任风险控制与处理可以采取以下措施:加强对员工的教育,强化其遵照合同提供服务的意识,提高其处理突发事件的能力与技巧;慎重选择合作伙伴,建立信誉登记制度;健全与供应商之间的合同化管理;与旅游者签订合同时,尽量争取比较大的缓冲余地,对于不确定性强的事项适当降低承诺;针对旅游过程中可能出现的人身、财产损失以及旅行社责任风险,可通过保险分散风险。

5. 金融风险控制与处理

金融风险控制与处理可以采取以下措施:加强旅行社内部管理;要建立科学的财务决策机制,强化旅行社决策部门对外部金融风险的敏感性;建立严格的风险管理机制;真实地报告财务信息状况;建立监督机制;灵活应用金融衍生工具,如期货、期权等,以更好地规避金融风险。

四、旅行社风险管理的组织与控制

(一)旅行社风险管理的组织

旅行社风险管理具有特殊性、技术性和重要性的特点,因此旅行社可以考虑设立一个专业部门来行使组织职能,对经营风险进行有效的管理。在我国现阶段,旅行社对经营风险的管理还仅仅停留在旅游者安全的保障上,与现代化风险管理的组织要求相比较,还存在较大的差距。因此,建立适合旅行社经营需要的风险管理专业部门是十分必要的。

1. 建立风险经理岗位责任制

风险经理是旅行社风险管理专业部门的负责人,对旅行社风险管理过程承担着主要责任。在较大规模的旅行社,风险经理可以由分管财务的副总经理兼任或领导,中、小型旅行社可以由总经理或副总经理直接兼任。

风险管理的主要任务,包括控制旅行社风险管理全过程和合理运用风险管理技术。

(1) 控制旅行社风险管理全过程

这主要包括确立风险管理计划的全部结构,对旅行社高层管理者制定风险管理政策提供有效的建议;合理分配旅行社各部门的风险管理成本,合理反映风险差异,促使部门实现风险管理目标。

(2) 合理运用风险管理技术

旅行社在风险管理过程中,可以运用一种或几种风险管理技术(如回避、预防、结合、转移等),对企业风险损失加以控制。风险管理者要运用有效的控制方法和风险管理政策,帮助各部门经理解决问题;计算并控制各种备选风险控制技术的成本和收益,发展较优的成本—效益控制技术;同时,评价控制不同风险财务技术的成本与收益,发展低成本、有成效的风险财务方法,一旦风险发生,便可适当地运用自保或风险转移机制。

2. 风险管理的内部组织系统

现代旅行社风险管理的内部组织系统,是在企业最高管理层的控制与指挥下,以专业风险管理部门为中心,组织各经营和管理部门,共同实现风险管理目标的完整体系。风险管理涉及旅行社各个层次,主要有以下几个部门:

(1) 财务部门

旅行社的风险管理与财务活动有直接关系,财务活动的各种记录和数据,可以向旅行社提供各种经营损失的信息。如死账及账面评估可以提供资产、经营收入的潜在损失;各种票据可以提供资金使用与支出情况;资产负债表可以提供潜在经营风险情况等。同时,财务部门的管理制度不健全,也会造成资金和有价资产的损失。因此,风险管理部门加强与财务部门的合作,可以有效地控制企业的经营风险。

(2) 销售部门

旅行社的外联部和计调部承担着旅行社产品的销售任务,旅行社产品销售过程中,会发生许多经营风险,如产品质量不良、服务质量不高、过度的广告宣传,会发生公共责任风险;客源市场的变动、旅游者消费习惯的变化,会产生经营风险;市场竞争状态的变化、旅游价格的变动,会产生收入与利润的损失等。因此,在旅行社风险管理过程中,风险管理部门要与外联和计调部门加强合作,以更好地实现风险管理目标。

(3) 接待部门

旅行社在接待旅游者的活动中,会产生许多风险损失,如旅游者受到人身伤害、财产损失,以及由于旅游活动中断、服务质量失控所引起的投诉及经济赔偿等。因此,旅行社风险管理部门应与接待部门配合,了解在接待活动过程中可能引起损失的各种自然与非自然的因素,杜绝或降低这些因素的发生幅度与频率,从而控制风险损失。

(4) 人事部门

旅行社是以提供旅游服务为主要职能的企业,人员的使用及人才的管理是风险管理的重要内容。从这个意义上讲,人事部门通过人事记录,处理好人才的损失是非常重要的工作。如在岗前培训、在岗培训、人才管理、福利计划和职务提升等工作中,人事部门需要与风险管理部门合作,来控制风险损失。

(二)旅行社风险管理的控制

1. 设置控制标准

旅行社对经营风险的管理,需要按照一定的标准进行。一般来说,风险管理目标是实施控制的基本目标。如何将风险管理目标具体化,形成一定的管理标准,是旅行社风险管理控制的一项重要工作。根据旅行社经营活动的特点,有两类具体标准可以选择:一类是活动标准,它是通过管理对象为取得预期目标所付出的努力程度来表现的;另一类是效果标准,它是通过风险管理的实际效果来表现的。

2. 对比标准

旅行社在风险管理过程中,可以根据风险管理控制标准与实际执行情况结果的对比,来控制风险管理。在对比过程中,实际执行情况会出现低于标准、高于标准和与标准一致三种结果。如果低于标准,就需要改进执行行为或调整不合理的标准值来加以纠正;如果高于标准,就要对标准进行修改,使其能科学地反映风险管理控制的基本要求。

3. 纠正行为

通过对实际执行情况与风险管理控制的标准的对比,得出分析结论后,旅行社应采取一定的措施来纠正执行行为,其目的不是指责过去的执行情况,而是着眼于未来更好的发展。

五、旅行社规避风险的主要措施

规避风险是应对风险的一种方法,是指通过计划的变更来消除风险或风险发生的条件,保护目标免受风险的影响。规避风险并不意味着完全消除风险,规避的是风险可能给企业造成的损失,尽可能地降低损失发生的概率或风险造成的损失程度。

(一)强化风险意识

由于我国旅行社业发展历史较短,行业发展不健全,企业之间往往以人情交易替代具有法律效力的合同关系;同时,由于保险业等社会保障行业发展滞后、旅游者保护自己权益的意识较差、旅行社行业法律法规不够健全、旅游行政部门管理力度不够等原因,使许多风险事故不能得到及时处理,引发各类旅行社经营风险。因此,应该通过培训或其他方式树立旅行社全员的风险管理意识,有效地控制风险。

(二)建立风险柔性管理组织

为了有效地防范风险,旅行社应设立风险柔性管理组织,聘请风险经理或顾问,并组成由财务、销售、计调、接待等部门负责人构成的柔性化风险管理组织,定期与不定期地进行风险预测、预防、控制和风险事故的处理。

(三) 分散经营风险

1. 契约化经营

旅行社可以在综合评价、分析供应商的信誉、能力等因素的基础上,选择几个合作伙伴,并签订一个较长时期的供应合同,或成立一个战略联盟,以减少或消除责任风险。

2. 多元化经营

一方面,旅行社应尽可能实现旅游产品的多样化,采取"东方不亮西方亮"的策略,以避免由于某些旅游市场变化造成损失、导致旅行社整体经营陷入困境。另一方面,在做好旅行社主业的同时,有实力的旅行社还可以投资于其他行业,如投资旅游饭店、旅游纪念品生产、旅游商店等,分散经营风险,提高抗风险能力。

3. 集团化经营

集团化经营是增加企业稳定性、降低风险的有效途径。通过横向一体化、纵向一体化或跨行业联营等策略,可以将经营风险化整为零,提高旅行社抗风险能力;同时,集团化使一部分外部风险内部化,有利于将部分财务风险、市场风险和责任风险转化为内部控制与管理。

(四) 积极参加保险

保险是国外旅行社业规避风险的重要手段。目前,我国部分旅行社已经认识到保险的重要性,在国家政策的强制和引导下,旅行社已经开始实施旅行社责任保险,并为旅游者购买旅游意外伤害、行李损失、第三者责任等保险。

(五) 培育旅行社的品牌产品

品牌意味着信誉,意味着顾客忠诚。针对市场风险,旅行社应重视实施品牌战略。品牌能在旅游者心中树立起良好的信誉,将旅游者购买产品转化为购买信任;知名旅游品牌还能够有效地杜绝其他旅行社模仿,从而保证旅行社的高额利润;品牌还有利于强化旅行社与客户的联系,避免旅行社企业行为的个人化,降低由于骨干人才的流失带来的人事风险。

案例分析 7—1

组团旅游遇车祸赔偿应谁担

2012年8月23日,甘肃某旅行社天水分公司(以下简称天水公司)与游客崔某签订了《团队旅游合同》,约定为崔某等5人提供四川九寨沟旅游服务。后因人数不足,经协商同意后,天水公司与崔某约定由天水某旅行社作为履行辅助人,组织拼团出游。天水公司就此与天水某旅行社签订出团协议。

2012年8月27日，崔某等人乘坐天水某旅行社租用的车辆返回天水时，在甘肃成县与一辆货车发生相撞，造成崔某重伤、旅游车驾驶员及崔某的4名家属死亡。陇南市成县交警大队认定，旅游车在本次事故中负次要责任。

事故发生后，崔某家属与天水公司协商赔偿事宜未果。2013年5月16日，崔某向天水市秦州区人民法院提起旅游合同纠纷诉讼。经法院审理，判决天水公司给付崔某各项赔偿款629 971.03元，扣除天水公司先期垫付的104 449.16元，应支付525 521.87元。

随着崔某的胜诉，另一桩官司接踵而来。

天水公司拿出一份保险合同，证明在2012年4月20日，其与某保险公司甘肃省分公司（以下简称甘肃分公司）签订保险合同，约定旅行社购买旅行社责任保险，保险期限为2012年4月20日至2012年12月31日。同时约定，投保责任限额为每次事故限额400万元，每次每人人身伤亡责任限额为40万元，法律费用责任限额为每次事故责任限额的30%等。另外，保险合同还约定，仲裁裁决或者人民法院判决或经旅行社责任保险调解中心和事故鉴定委员会认定被保险人应当承担责任的，保险人应当承担责任。合同签订后，天水公司依约定缴纳了保险费。

天水公司认为，自己购买了保险，现在发生了意外，那么甘肃分公司就应当承担赔偿责任。而甘肃分公司回复："天水公司在保险事故发生后未及时报案，且并未征得崔某的同意，将受害者崔某交由没有任何资质的天水某旅行社，属于对保险标的危险程度增加的情形。天水公司未履行通知甘肃分公司的义务，保险公司不承担责任。"

天水公司将甘肃省分公司、甘肃省分公司营业部告上法庭，请求法院判令被告在保险责任限额内赔偿损失40万元、法律服务费4万元。

兰州铁路运输法院审理后判决：被告某保险公司甘肃省分公司营业部，向原告天水公司支付保险金40万元；驳回旅行社要求对方承担法律服务费4万元的诉讼请求。

分析与提示

抱着愉快出行的目的，崔某等人参团旅游，可谁知一场车祸，让崔某受重伤外，其余4人全部死亡。崔某将旅行社告上法庭索要赔偿，甘肃分公司无证据证明向旅行社明确说明"未履行告知义务，不予赔付"条款，故判决：被告某保险公司甘肃省分公司营业部，向原告天水公司支付保险金40万元；驳回旅行社要求对方承担法律服务费4万元的诉讼请求。

旅行社面对微薄经营利润和巨大的经营风险，在旅行社经营管理、业务操作上更应具备安全意识和法律意识，绝对不能掉以轻心，应规范地签订和履行每一份合同，认真地编写每一份行程，叮嘱好每一句安全提示，上好游客的每一份保险；留存每一份文件资料。旅行社的经营管理者,应当掌握一定的法律知识,学会合法地规避经营风险,在损失无法避免时,通过合法渠道转嫁风险获得补偿。

(信息来源:新华网)

案例分析与思考

涉嫌低价竞争的旅游广告如何管理

在旅游市场经营行为中,低价竞争是严重扰乱旅游市场秩序,侵害消费者权益的违规行为,常出现在"港澳游""泰国游"等热门线路中,是各级旅游管理部门的重点打击对象。由于低价竞争以低于成本的价格倾销,靠加店、进店等方式赚取利润,因而游客十分反感,是旅游投诉的焦点。

但是目前旅游市场上大量涉嫌低价竞争的旅游广告,并没有具体实施处罚,这种行为谁来规范?按《旅行社条例》第53条规定,只有价格管理部门才能处理,旅游部门无权干涉。而旅游价格是市场定价,价格管理部门又往往不多过问。诸如此类问题,旅游管理部门显得比较尴尬,处罚起来没有手段,感觉心有余而力不足。

分析与提示

一、通过旅游立法,赋予旅游行政机关必要的管理手段

日前,十一届全国人大常委会第二十八次会议对《旅游法》草案进行了首次审议,这是中国旅游业的利好消息。我们呼吁,通过旅游立法,更多地赋予旅游行政机关管理、规范旅游市场的权力。譬如低价竞争的问题、自驾游的问题、经济型酒店的问题、乡村旅游的问题等,都应该在《旅游法》中加以规范。同时,对于旅游执法的主体资格要在《旅游法》中给予明确。目前,全国各地旅游执法队伍,编制、经费来源、装备等五花八门,应通过此次立法进行明确,形成国家、省、市、区(县)四级建制。只有这样,旅游执法工作才有"尚方宝剑",才能做到全国一盘棋,才能有效地维护旅游市场秩序,维护游客的合法权益。

二、通过旅游立法,强化部门联动合作机制

旅游业关联度强,涉及面广,囊括了食、住、行、游、购、娱六大要素,是现代服务业中发展潜力最大、老百姓关注和参与度最高的产业,质量优劣和服务好坏直接关系民生。但由于旅游业的特殊属性,仅靠一个部门来管理和规范是远远不够的,要举全社会的力量来支持,这样旅游业才能健康、可持续地发展。因此,我们呼吁在《旅游法》中加入部门间联动合作的机制,特别是在旅游执法方面,要借助相关部门的力量,为旅游业发展保驾护航。

(唐勇 资料来源:中国旅游报·第一旅游网)

第七章 旅行社综合管理

> 本章闯关测试

新疆布尔津发生特大旅游交通事故

天山网讯(记者龚奕丹、方云静、凌夏亭,通讯员徐光华) 今天从新疆安全生产监督管理局获悉:9月16日11时30分,在距喀纳斯景区门票站约3公里处,发生一起特大旅游交通事故,一辆承载着33人(含导游、司机)的客车翻入30余米深的深沟下,死亡6人,重伤5人,轻伤18人。

新疆维吾尔自治区副主席张舟今天乘机赶赴布尔津县,慰问伤员,指挥救治工作。自治区人民政府派出的医疗救治、安全监察和旅游事故调查三个工作组已先期到达布尔津县。

经初步查明,肇事车辆属昌吉州快客运输公司,车号为新B—21362。该车承载着由乌鲁木齐山河探险旅行社负责接待的散客拼团,含导游、司机共33人,于9月16日早晨8时从布尔津出发,11时30分许,行至距喀纳斯景区门票站约3公里处,因后面车辆超车,司机处置不当,致使汽车撞在路边山体上后反弹坠落翻于30余米深的深沟下,当场死亡4人,抢救过程中又死亡2人,重伤5人,轻伤18人。

经查,6名死者分别来自兰州(3人)、上海(2人)、山东(1人)。

参与联合拼团的旅行社有山河探险、金戈、雪莲、远山、天昆、神州行、快乐之旅、联谊、华侨、西琪10家。

事故发生后,布尔津县委县政府在第一时间内派出救援车辆和人员到现场进行抢救及善后工作,至当日下午18时,所有伤员和死者尸体都被运送到布尔津县医院。

新疆党委副书记、常务副主席王金祥作出批示,并责成有关部门组成医疗救治、安全监察和旅游事故调查组立即赶赴出事现场。自治区旅游局当日成立事故处理领导小组,将事故情况立即通报全疆,要求全区各旅游主管部门及旅游企业引以为戒,加强安全工作。特别要求这10家旅行社不得推卸责任,要各负其责,做好善后工作;要及时与保险公司联系,妥善解决保险赔付问题。

目前,阿勒泰地区行署正在自治区派出的工作组的协助下有序开展善后工作,6具死者尸体已运抵乌鲁木齐市殡仪馆。

请分析旅行社及导游应如何处理。

实训题

假设你是某旅行社一名负责人力资源管理的中层干部(一般的中小旅行社不会单独设立人力资源部),请制作你公司的"组织机构图",并写出关键岗位的工作说明和工作规范。

第八章 旅行社电子商务

引言

旅行社在旅游行业中占据着单方主导的地位,主要表现在它是连接旅游产品供应商和旅游产品消费者的桥梁和纽带。旅行社的业务活动过程就是分别将交通部门、旅游饭店、旅游景点、购物场所、文化娱乐等旅游企业提供的单项旅游产品统一采购进来,进行优化组合,形成具有吸引力、符合市场需求的旅游线路产品销售给旅游者,并组织旅游活动。为完成这一过程,旅行社一方面向旅游者提供旅游信息咨询,另一方面向旅游产品供应商提供需求信息反馈。处于这样一个信息交流的中枢位置,各种信息都可能汇聚于此再由此传播出去,基于这一点,旅行社也可称得上是一个信息行业。因此,作为旅游业重要组成部分的旅行社业,开展电子商务既是现代旅游业发展的要求,也是旅行社行业自身向纵深发展的必然选择。

学习目标

1. 了解电子商务和旅行社电子商务的概念、特点。
2. 熟悉旅行社电子商务对旅游业发展产生的作用。
3. 掌握中国旅行社电子商务发展的原则及模式选择。

案例导读

"携程"在线旅游市场营收份额占据过半

2015年三季在线旅游市场营收份额统计:携程57%,艺龙5.40%。

以下为2014年一季度至2015年三季度在线旅游市场营收份额统计表:

在线旅游市场营收份额(%)

日期	携程	艺龙	同城
2015 年三季度	57.00	5.40	—
2015 年二季度	54.50	4.70	—
2015 年一季度	56.60	5.60	5.20
2014 年四季度	54.30	8.40	5.30
2014 年三季度	55.90	9.70	6.30
2014 年二季度	54.20	8.70	6.10
2014 年一季度	51.90	9.30	6.20

携程是一个在线票务服务公司,创立于 1999 年,总部设在中国上海。携程旅行网拥有国内外 60 万余家会员酒店可供预订,是中国领先的酒店预订服务中心。携程旅行网已在北京、广州、深圳、成都、杭州、厦门、青岛、沈阳、南京、武汉、南通、三亚等 17 个城市设立分公司,员工超过 25 000 人。2003 年 12 月,携程旅行网在美国纳斯达克成功上市。

2015 年 10 月 26 日携程网和去哪儿网宣布合并,百度将通过此交易完成前拥有的 178 702 519 股去哪儿网 A 类普通股 1 和 11 450 000 股去哪儿 B 类普通股置换成 11 488 381 股携程增发的普通股。2016 年 4 月 21 日,携程网和东航集团在上海签订战略合作框架协议,宣布双方及其下属各级控股投资公司将在业务、股权、资本市场等领域开展合作。

分析与提示

互联网是一个信息整合和营销的平台,发展在线旅游符合新消费时代的市场需求,互联网方便了游客,网络成了旅游产品销售的主力军。

近年来旅游产品的消费已经逐步走向移动端,而移动端的崛起,则会对经营者的技术力量有较高要求。无疑,旅游企业们已经意识到了这一点,中青旅遨游网将绝大多数技术力量都投向移动端;众信旅游也围绕用户和数据,加码大数据的应用。

(信息来源:前瞻网)

第一节 电子商务与旅游业的发展

随着我国旅游业的飞速发展,大众出游需求日益增加,对旅游信息的需求量不断增大,对旅游交易的便捷性也提出了更高的要求,电子商务的兴起为满足这些需求提供了基础和条件,旅游业自身的特点又促使其与电子商务的结合成为可能。旅游业与电子商务的结合具有必要性和可行性,已经成为旅游业的主要发展方向之一。

一、电子商务的内涵

(一)电子商务的概念

电子商务是利用先进的电子技术实现整个商品交易或贸易过程中各阶段活动的电子化和自动化行为。它是通过网络通信和信息处理的新方式和手段,将买卖双方的商务信息、产品供应和销售信息、物流与配送信息、服务信息以及电子支付等各种带有经济价值的活动信息和行为,以相互认同的交易标准来实现交易。

☞ 拓展知识 8—1

对电子商务的几种科学理解

电子商务(EC:Electronic Commerce)一词起源于20世纪70年代,是伴随着电子数据交换这一新技术而产生的商务运作新方式,旨在利用电子文件传输技术传输商务文件而使得商务快捷而准确。从最初的互联网(Internet)网上购物,到推动现实经济模式和经济结构的转变和演进,电子商务的概念在随其自身的发展而经历着一个不断扩充的动态发展过程,并且它将随着信息技术特别是互联网技术的发展而不断被赋予新的内涵。各国政府、学者、企业界人士都根据自己所处的地位和对电子商务的参与程度,对电子商务给出了许多不同的表述,我们将这些电子商务概念的科学理解概括为以下几个基本方面:

1.电子商务是整个商务活动的自动化和电子化,其构建于可选的商务信息安全保障技术和高度专门化的信息基础平台之上;

2.电子商务是利用电子技术和各种电子工具从事各种商务活动的过程,其中电子技术是指处理、传递、交换和获得数据的多种技术集合,电子工具是指计算机硬件、软件和网络基础设施等形成的产品;

3.电子商务渗透到商务交易活动的各个阶段,而且内容广泛,包括询盘、报价、磋商、签约、履约、支付、赔偿,还包括更广泛的信息交换、销售、售前售后服务、物流、运输、仓储、组建虚拟企业、协作与共享信息资源等;

4.电子商务的参与者包括消费者、销售商、供货商、企业雇员、银行或金融机构、认证机构以及政府等各种机构还有家庭和个人;

5.电子商务的目的就是要实现企业乃至全社会的高效率、低成本和高附加值的交易以及整个贸易活动。

(资料来源:赵燕平.电子商务概论.北京:高等教育出版社,2010.)

(二)电子商务的特征

1. 普遍性

电子商务作为一种交易方式,普遍被各个交易主体所使用,它将生产企业、流通企业以及消费者和政府带入了高信息化和高数字化的交易模式当中。

2. 便捷性

在电子商务环境中,人们不再受地域的限制,客户能以非常简捷的方式完成过去较为繁杂的商务活动。如通过网络银行能够全天候地存取资金、查询信息等,同时使得企业对客户的服务质量可以大大提高。

3. 整体性

电子商务能够规范事务处理的工作流程,将人工操作和电子信息处理集成为一个不可分割的整体,这样不仅能提高人力和物力的时效性,也可以提高系统运行的严密性。

4. 安全性

在电子商务中,安全性是必须考虑的核心问题。欺骗、窃听、病毒和非法入侵都在威胁着电子商务,国际上多家公司联合开展了安全电子交易的技术标准和方案研究,并发表了 SET(安全电子交易)和 SSL(安全套接层)等协议标准,使企业能建立一种安全的电子商务环境。随着技术的发展,电子商务的安全性也会相应得到增强,并推动电子商务进一步发展。

5. 协调性

商务活动本身是一种协调过程,它需要客户与公司内部、生产商、批发商、零售商间进行协调运作。

二、电子商务与旅游业发展的适应性

旅游业和其他行业一样都有一个分销的环节,旅游线路产品的分销链条需要六大要素,包括信息、订单处理、市场、分包、打包、售后服务。因为旅游产品的特性——无形性(即没有产品仓储的要求),所以旅游产品在所有的行业中是最适合电子商务发展的。电子商务与旅游业发展的适应性具体可分为如下三方面:

(一)使旅游企业经营成本降低

首先,减少了旅游企业的信息传播成本。企业之间的信息沟通与交流是企业间形成各种关系的基础,开通电子商务的旅游企业,借助于互联网(Internet)可以很方便地与其他企业建立网络型商务联系,而这种企业间网络型商务关系形成的直接效果是减少企业的交换信息成本。其次,电子商务的运营无须付出店面租金成本,因其"媒体空间"取代了"物质空间"。最后,减少了旅游市场的交易成本。

(二)为旅游企业提供快捷的销售渠道

旅游企业在互联网上可以提供行业路线、街道地图、旅游指南、天气预报、景区地图、租车信息等,还可以做一些与游客的联系、实时票价、起飞及抵达时刻传播等。以旅游网站传播旅游信息,具有广泛性、即时性和互动性三个显著的优点,且在网站上可以24小时不间断地发布信息,招徕旅游者。旅游企业也可随时随地更新自己的旅游信息。旅游者还可以在网站上直接留言或参与讨论,即使传递自身的信息,也比以往任何的传播方式都更加有效。如当前"微博热"已经席卷旅游行业,上至国家旅游局,下至旅游景区(景点)、旅行社、酒店、航空公司等都纷纷加入微博行列。很多旅游企业部门利用微博,一方面实时发布相关旅游咨询信息,另一方面进行微博产品介绍和销售。

(三)旅游电子商务不受物流的制约

旅游业本身并不是以实物交换为主的行业,从旅游业的需求方来说,旅游者购买的是一种经历;从供给方来说,旅游企业提供各种服务,以此来赢得收入,并不涉及任何实物交换。这与做实物经营的企业比起来就省去了许多后顾之忧。从旅游业的行业特点来看,旅游业更适合开展电子商务,电子商务涉及信息流、资金流与物流的协调整合问题,而旅游业却并不涉及复杂的物流问题,资金也可以通过网上结算的方式直接付款,免去了消费者携款到旅行社办理各种手续的麻烦,一切都只在网上就可迅速实现。旅游产品比实物形态的产品拥有明显的优势,其生产和销售的过程是在服务过程中完成的,同时旅游产品就是将食、住、行、游、购、娱等产品信息组合在一起,传达给有旅游需求的人群,旅游产品的销售过程实际上是产品信息的传递过程。

特别提示 8—1

旅游电子商务发展现状与前景分析

电子商务和旅游业相结合还不到10年的时间,但是其发展势头强劲。旅游电子商务已经改变了传统的经营模式,具有更方便、更安全、更快捷的特点。根据旅游电子商务公司的产品类型,其商业模式可以分为3种类型,即综合型、搜索型、专业型。综合型的旅游电子商务公司能为旅游者提供较为全面的旅行服务,包括机票、酒店、餐饮的预订等,一般以收取一定的佣金为主要盈利模式,以携程旅行网、同程旅游网和途牛旅游网为代表。搜索型的旅游电子商务公司主要为旅游者提供价格机票、酒店、旅游度假等产品的价格对比等信息,主要优势是为旅游者提供了大量的旅游咨询,减少了旅游者的搜索成本,吸引的群体也更加广泛,其盈利模式为广告收费、付费查询等,主要代表企业有去哪儿网、酷讯网。专业型的旅游电子商务公司在电子商务与旅游业相结合的框架结构中占主体地位,是旅游电子商务开发商、旅游者和商业银行及电子支付系统三者进行信息交换的平台。

去哪儿网公布的 2015 年全年财务报告显示,2015 年全年去哪儿网总营收为 41.712 亿元人民币,同比增长 137.4%;2015 年全年毛利润为 27.380 亿元人民币,同比增长 110.3%。携程旅行网的财报显示,携程 2015 年全年的总营收为 115 亿元人民币,同比增长了 48%。艾瑞监测数据显示,2015 年我国旅游电子商务市场交易规模达 4 326.3 亿元,同比增长 39.9%。预计 2016 年我国旅游电子交易规模将会达到 5 000 亿以上。

（资料来源:马诗凯.去哪儿网旅游电子商务现状调查报告[D].哈尔滨:黑龙江大学,2016.）

三、旅游业常用的电子商务利用模式

（一）企业对消费者模式（B to C）

交易时,旅游者先通过网络获取旅游目的地信息,然后在网上自主设计旅游活动日程表,预订景区门票、饭店客房、车船机票、汽车租赁等,或报名参加旅行团。对旅游业这样一个旅游者地域高度分散的行业来说,旅游 B to C 电子商务方便旅游者远程搜寻、预订旅游产品,克服距离带来的信息不对称。通过旅游电子商务网站订房、订票,是当今世界应用最为广泛的电子商务形式之一。另外,旅游 B to C 电子商务还包括旅游企业对旅游者拍卖旅游产品、由旅游电子商务网站提供中介服务等。

（二）企业对企业模式（B to B）

旅游电子商务 B to B 模式主要包括以下几种情况:一是旅游企业之间的产品代理,如旅行社代订机票与饭店客房,旅游代理商代售旅游批发商组织的旅游线路产品。二是组团社之间相互拼团,也即当两家或多家组团旅行社经营同一条旅游线路,并且出团时间相近,而每家旅行社只有为数不多的旅游者参团,这时旅行社征得旅游者同意后可将客源合并,交给其中一家旅行社操作,以实现规模运作的成本降低。三是旅游地接社批量订购当地饭店客房、景区门票。四是客源地组团社与目的地地接社之间的委托、支付关系,等等。旅游业是一个由众多子行业构成、需要各子行业协调配合的综合性产业,食、宿、行、游、购、娱各类旅游企业之间存在复杂的代理、交易、合作关系,旅游 B to B 电子商务有很大的发展空间,将大大提高旅游企业间的信息共享和对接运作效率,从而提高整个旅游业的运作效率。

第二节　旅行社电子商务概述

长期以来,旅行社传统的宣传手段主要是印发小册子和做电视、报纸广告,这种促销方式地域性强、受众面窄、更新不方便。由于是单向的灌输式信息交流,当

接收者不需要旅游时对广告不在意,需要旅游时又感到信息量不足,因此效果很不理想。随着金融海啸的日益增强,为降低成本,寻找另一条更加快捷简便的渠道推广产品、吸引散客资源,已迫在眉睫。

一、旅行社电子商务的内涵

(一) 旅行社电子商务的概念

旅行社电子商务是指一整套基于互联网技术,有着规范业务流程的在线旅游中介服务,即专业从事旅游中介服务的企业组织建立并实施一整套基于规范业务流程的,以先进的计算机技术、互联网技术及通信技术为基础的在线旅游服务模式体系。旅行社电子商务的含义主要包括以下几个方面:

①旅行社内部电子商务;

②旅行社对旅游企业电子商务,或旅行社间电子商务,即企业对企业(B to B)模式的电子商务;

③以旅行社为主,面向旅游消费者的电子商务,即企业对消费者(B to C)模式的电子商务;

④在特定条件下,也包括网络服务商、提供电子商务技术支持的IT厂商、提供支付支持的金融机构、电子商务顾问咨询机构以及相关政府部门为旅行社提供的电子商务服务。

(二) 旅行社电子商务的作用

1. 创新经营模式,降低经营成本

网上交易改变了传统的交易模式,使得顾客与生产企业直接交涉,省去了中间商的层层加价,从而达到降低成本、让利于旅游消费者的目的。如2011年10月成立的出游客旅游网,目前提供旅行社商家在线交易服务,其主要面向中层消费者。与以往其他的在线旅游网站不同,出游客旅游网将"移动互联网电子商务"概念引入了在线旅游行业,试图定义他们所主导的这种新型市场模式。目前,上班族一般都怀揣着自己的旅行梦,却日日穿梭在高楼丛林中而不能实现。毕竟在大多数情况下,"真想抛下一切,拎包去旅行"只是微博上的一句牢骚。现今,出游客旅游网正立志于此,它将打造强大的移动互联网客户端向用户定向推送低廉及高品质的旅游服务,使用户最大程度降低资金及时间成本,从而实现自己的旅行愿望。在"旅游电子商务平台"的框架下,出游客旅游网承担旅行社旅行线路分销商的角色。在双方约定后,旅行社将那些即将出发的旅行团在出游客进行销售,即在线销售,用户将会通过出游客旅游网以远低于市场水平的价格进行订购。通过出游客旅游网的分销平台,旅行社可以快速成团,从整条线路产品来看也能达到效用最大化。而对于消费者来说,就是一次成本很低的旅行。针对于此,网站向消费者提供

了强大的移动客户端,以帮助用户随时能买到自己价格预期下的旅行线路产品。

2. 适应现代旅游者散客化和个性化浪潮

当今社会,旅游者逐步走向消费成熟化,他们不仅需要传统的包价旅游团队,而且越来越多的旅游者希望根据自己的特殊兴趣和爱好,选择有针对性、有主题、有重点的旅游方式。据 2016 年全国旅游工作会议发布的数据,2015 年全国团队旅游与散客旅游的比例平均是 3∶7[①];在 40 亿人次国内游的人群中,自由行人群高达 32 亿人次,人均消费 937.5 元;在 1.2 亿人次出境游客中,有 2/3 的游客选择自由行,达到了 8 000 万人次[②]。旅游消费已从传统团队旅游为主的方式向定制旅游、散客自由行等多元化方式转变,"赶鸭子""走马观花"和"行军式"安排的旅游活动,已经不能满足现今旅游者对个性化旅游的追求。旅行社可以利用 Internet 向旅游者分类提供超大量的旅游信息,旅游者在网上查询自己感兴趣的有关旅游产品各类要素的信息,旅行社提供必要的组装指导服务,就可以形成因团而异、因人而异的时尚旅游产品。互联网技术的广泛运用,使这一涉及面广泛、需求复杂的个性化旅游产品得以实现。

携程网 CEO 梁建章先生介绍说,跟团旅游虽然简单省事,但旅游者会受到很多既定限制;而网络服务既可以帮助旅游者自主制订个性化旅行方案,又可帮助旅游者处理好诸如订票之类的琐事。旅游者可以在网上选择自己喜欢的个性化旅游线路,再自己制定出发时间、参加人数、游玩日程、线路安排、酒店价位等等,然后只要提交订单,一切琐事全部解决。有业内人士分析,旅行社网站对"个性化旅游"的重视,反映的是旅行社业经营理念发展的必然趋势。国内旅游市场已经从卖方市场过渡到买方市场,了解和满足旅游者的需求,才能实现全行业和各个企业的持续发展,这就需要企业与旅游者之间有效地沟通、互动,旅行社电子商务就在此时发挥了平台的作用。又如新之旅国际有限公司开发推出的"量体裁衣"服务,根据客户要求,结合行程特色,利用新之旅全球 175 个城市的服务网络,为客户"量身定做",提供有关签证、机票、酒店、接送、导游等一系列配套服务。虽然人们可以通过网络预订客房、预订交通,但个性化的、整套的一条龙服务却只有旅行社才可以提供。

3. 改变传统促销方式,建立良好客户关系

网上促销的宣传面广泛、网页设计图文并茂、表现手法灵活、内容容易更新、成本低廉,并且可以与上网者进行双向信息交流,以满足不断变化的市场需求。可以

---

① 新华网.导游自由执业吹响旅游管理体制改革号角[EB/OL].2016-2-15.http://news.xinhuanet.com/legal/2016-02/15/c_128720045.htm.

② 环球网.解读 2015 中国旅游:出游超过 41 亿人次 贡献超 10%[EB/OL].2015-1-5.http://china.huanqiu.com/hot/2016-01/8318557.html.

随时给用户提供最新、最实用的旅游信息,以便吸引更多的旅游客源,真正起到促销的作用。同时,利用电子商务充分了解顾客,加强与顾客的沟通,与顾客建立良好的合作关系,不仅有利于树立良好的企业形象,而且有利于顾客忠诚度的提高,为旅游企业赢得社会形象和企业利益的双赢。

(三)旅行社电子商务的服务功能

中国旅行社电子商务的服务功能已从简单的资讯服务、网上预订发展到旅游产品的在线销售及个性化定制服务,其体系从单纯的网站运营到完整的旅游信息服务网络的建立,未来成功的旅行社电子商务发展模式正崭露头角。按服务功能,旅行社电子商务可以分为信息查询服务、在线预订服务、个性化定制服务等(见表8-1)。

表8-1 旅行社电子商务的服务功能

功能类型	服务内容	特点
信息查询服务	介绍景点、饭店、交通旅游线路、旅游常识、货币兑换、天气、环境、人文等信息及旅游观感等	以旅游信息的汇集、传播、检索和导航功能为主
在线预订服务	提供旅游及其相关产品(服务)的各种优惠、折扣及航空、饭店、租赁服务的检索和预订等	以旅游产品的在线销售为主
个性化定制服务	通过网站可以订车票、订酒店、查阅电子地图,指导旅游者在陌生的环境中观光、购物等	根据旅游者个性化需求提供定制服务

1. 信息查询服务

这些信息内容一般涉及景点、饭店、交通、旅游线路等方面,包括旅游常识、旅游注意事项、旅游新闻、货币兑换和旅游目的地天气、环境、人文等信息以及旅游观感等。主要优势是为旅游者提供了大量的旅游咨询,减少了旅游者的搜索成本,吸引的群体非常广泛。

2. 在线预订服务

提供旅游及其相关产品(服务)的各种优惠、折扣,航空、饭店、游船、汽车租赁服务的检索和预订等,以旅游产品的在线销售为主。

3. 个性化定制服务

旅游者可根据查阅的相关信息——旅行常识、旅游景区线路、酒店、票务代理中心等,轻点鼠标就可以根据自己的需要和旅行预算选择进入该旅行社及选择相关服务并进行定制。这种以自定行程、自助价格为主要特征的网络旅游正成为国内消费者旅游的主导方式。

☞ **特别提示 8—2**

旅行社电子商务最终的服务对象

信息手段在旅行社电子商务中的运用为旅游者提供了更充分的信息服务并让旅游者享受查询、预订、咨询及服务等多方面便利,节省时间和费用。它也使旅游者从过去信息比较封闭和稀缺的状态进入信息完备而丰富的状态,可以了解更多的旅游景区景点和旅游产品,增加了选择性,激发了消费愿望。

二、当前中国旅行社电子商务发展中的不足

(一)在互联网利用方面的差距

虽然现今绝大多数旅行社已经认识到开展电子商务的作用,但由于受到电子商务宏观环境不成熟的限制,大多数旅行社电子商务的功能大多停留在初级阶段,即利用国际互联网传输产品信息、宣传企业品牌等,而无法达到真正意义上的网上交易。目前旅行社行业网站的点击率并不高,有许多旅行社将自己的域名挂在某网站域名的后面,效果则更不明显。而已上网的旅行社虽然知道通过网页进行旅游线路发布和宣传,但是却不知道线路如何发布能让更多的目标游客看到,如何展示能吸引游客继续看下去并且喜欢进而定制,这说明国内许多旅行社网络营销方式单一、缺少新意,造成网站点击率不高、利用率低。

从易淘游旅游网了解到,虽然有近 3 万家的旅行社注册了网店,但是还有一部分旅行社仅把自己企业的简介、线路信息、联系方式等资料放到网上,对网络的维护、资料的修改、信息的更新等工作则置之不理,更不要说主动去推广了。因此,有些过时的信息仍然在网上,给消费者造成误解。易淘游工作人员也只能在旅行社加入初期提醒该旅行社去回馈游客的咨询和留言。而有一部分旅行社则是直接复制其他旅行社的线路,内容大同小异,这种产品的参考价值就很小,对游客也就没有了独特的吸引力。同样的产品不断地被模仿,会造成产品本身的同质化,突出不了产品本身的特点,也不能迎合游客的需求。旅行社要想在以后的电子商务里分到一杯羹,一定要做到环节上、细节上步步到位,突出亮点才能吸引游客。

(二)仍以交易为中心

世界旅游理事会在其报告《未来旅游业发展:营造客户中心体系》中指出,"未来的旅游应向增强与客户的双向交流、改善信息服务、通过个性化服务增加附加值的方向发展,旅游电子商务技术将在这个过程中发挥作用"。目前我国网上旅游服务项目少,能够进行网上交易的旅游网站也多是以面向散客提供订票、订房等服务为主。预计未来几年旅游电子商务将在服务上更加完善,更加人性化,旅行社电子商务将由

"以交易为中心"向"以服务为中心"发展。二者之间的比较如表8-2所示。

表8-2 "以交易为中心"与"以服务为中心"的区别

序号	以交易为中心	以服务为中心
1	以达成交易为关注中心	以提供个性化服务为关注中心,服务作为销售的前提
2	以交易效率为中心,将通过预订流程自动化提高效率视为开展电子商务的重要目标	利用信息技术,企业与旅游者展开一系列交流,设计符合个性的产品,提高利润
3	提供的信息限于旅游产品基本数据,对旅游产品的描述过于简单。一些信息密集型的、复杂的旅游产品,如包价旅游、游船旅游、度假旅游产品无法得到有效描述,影响了游客对它们的预先感知	对旅游产品、服务的特征描述详尽周全;多媒体技术得到应用,以更好的方式宣传旅游信息;企业与客户的双向沟通更加方便
4	组合性旅游产品是预先设计好的,一般不能变动	在低成本的前提下,旅游者可以通过网络自行组合旅游产品,能实现旅游线路个性化定制
5	针对大众的一般需求设计,粗略地划分细分市场	在市场细分上做得更细致、更精确

(三) 网上交易面临信用危机

旅游活动有供应链条长、转换次数多、参与人数多的特点,仅仅依靠网上交流不免会造成企业与顾客之间的陌生,在陌生的主体之间很难建立相互信任的关系。为什么我们许多旅行社电子商务网站的浏览量很大而成交量却很小,主要是因为人们到旅游网站的目的仅仅是为了了解咨询旅游信息,而到了真正交易的时候,旅游者还是习惯于实体交易。旅游消费者的个人信誉和旅行社的信誉在网络上都没有建立起来。再者,当前的在线交易手段较单一,并且面临欺骗、保密性等交易风险,造成了旅游者对使用在线交易没有信心。可见,诚信体系的建立不论是对于实体交易还是网络交易都同等重要。旅行社在网上应积极发布自身规模、声誉、从业经验、专业水平等详细信息,促进消费者对网站的了解;提供网下联系方式或店面地址,缓解消费者对旅游企业的疑虑;创建消费者教育平台,使消费者自助学习网上购物流程;与合作方或同盟方建立超级链接,使消费者从信任链接方转而信任网站。

☞ 拓展知识8—2

利用电子商务推出更能满足个性化需求的旅游产品

旅游者逐步走向消费成熟化,他们不仅需要传统的包价团队旅游,而且越来越多的旅游者希望根据自己的特殊兴趣和爱好,选择有针对性、有主题、有重点的旅游方式。旅行社如果还是采用"景点+交通+饭店=旅游线路"的简单做法,将给旅游者造成低档次"大路货"的不良印象。因此,旅行社可利用电子商务向旅游者分类提供超大量的旅游信息,旅游者可以在网上查询自己感兴趣的有关旅游产品各类要素的信息,旅行社提供必要的组装指导服务,就可以形成因团而异、因人而异的时尚旅游产品。电子商务的广泛运用,使这一涉及面广泛、随机因素众多、组装操作复杂的个性化旅游产品得以实现,并逐步形成个性化旅游线路、个性化旅游服务、个性化旅游商品等一条龙体系。为此,旅行社相应推出网上信息提供、问题咨询、组装产品、预订酒店、代购票务、导游导购、服务追踪、信息反馈等一系列服务。目前自助旅游逐渐形成风尚,这是在旅游消费逐渐成熟、大众化旅游逐步展开后出现的潮流。旅行社在此潮流中大有生意可做,因为旅游者仅仅根据网上获得的分散信息,难以组装成理想的旅游线路,单独购票和订房也拿不到优惠价格且十分麻烦,这必然影响旅游者对旅游的整体感受。而旅行社可以发挥自己的批量采购优势和信息优势,根据自助旅游者的愿望,通过电子商务网站设计和预订"自助游",将游程紧凑地安排好,房间预订好,车辆准备好,为自助旅游者节省金钱和时间,自然会受到他们的欢迎。因此做好自助旅游生意所赚的钱并不比带团队差,而且经营的灵活性提高了。旅行社为了做好个性化旅游服务,除了完善网络系统之外,还要提升顾客意识和服务意识,才能满足各类不同旅游者的个性化需求。

[资料来源:王真慧.旅行社实施电子商务经营管理模式创新探讨.生产力研究,2009(5).]

三、中国发展旅行社电子商务应遵循的原则

中国旅行社电子商务与发达国家的差距不在技术形态上,而在使用者和社会形态上(如在体制、法律、支付、信息化基础等方面),也在指导旅行社电子商务的理念上,它们成为中国旅游网站发展的最大瓶颈,这已经被近年来中国旅行社电子商务应用与发展的实践所证实。中国的旅行业所面对的是一个与美国等发达国家相当不同的应用与发展环境,为此有必要提出旅行社电子商务的正确定位和营销理念的创新,即鉴于目前中国国情与商情,提出指导中国旅行社电子商务应用与发展的原则。

(一)确立"商务为本"思想

中国旅行社电子商务界要确立"商务为本"的思想,以商务为主,以技术为辅,将电子商务技术作为实现业务目标的手段。我国目前的电子商务平台更多的是重电子轻商务,信息发布偏重于在线交易、支付、营销等功能,在这样的情况下,看似

丰富实则博而杂、实用性低的内容充斥着网站,大大降低了网站的商务功能。因此网站的建设、信息的填充、友情链接的选择都应该遵循商务原则,例如网站采用电子地图必须是旅游地图而不是普通的交通图;视频资料的选择必须具有营销性而不是说明文;旅游产品的介绍要从旅游者的心理需求出发,即要能刺激旅游者的消费欲望而不是单纯的文字信息;友情链接选择时要根据"易用性、有用性、专业性"的原则选择,而不是无视行业与企业的性质进行链接等。

(二) 加速企业信息化建设

首先,旅行社电子商务建设和功能的充分实现,离不开旅行社内部的信息化建设。信息化在成就一些行业巨无霸的同时,对于更多散落于区域的中小旅行社而言同样具有正面意义。目前中国旅行社业普遍存在信息化建设落后的现状,与网络和电子商务技术的现代化形成了巨大反差,已经不适应甚至阻碍了中国旅行社电子商务的应用与发展。应当从人员(特别是中高层管理人员)培训、技术建设、管理配套等多个方面加速旅行社信息化基础建设进程。

其次,加强旅行社客户管理。客户管理可以强化旅行社品牌形象,淡化员工个人对客户的垄断控制,避免由于业务骨干跳槽而导致旅行社客户流失、经济收入下降等不良后果。并且通过建立专门的客户网并对老顾客进行定期和不定期回访,组建会员俱乐部鼓励老顾客参与本社的相关活动,既可以巩固顾客对旅行社品牌的忠诚度,又可以提高旅行社营销服务质量,从而产生倍增效应,大大提高企业的办公效率。

案例分析 8—1

山东省开展评选智慧旅行社

为全面推动山东省旅行社信息化建设,引导旅行社行业转变经营思路,利用网络技术开拓新的销售渠道,积极推进线上线下融合发展,山东省旅游发展委员会对第二批申报的全省智慧旅行社进行了严格的评定审核。经审定,山东省观光国际旅行社有限公司、青岛超逸国际旅行社有限公司等20家旅行社达到山东省智慧旅行社标准,成为第二批山东省智慧旅行社。

智慧旅行社是以旅行社信息化建设为基础,基于互联网和移动互联网渠道,充分利用信息技术,将旅游要素配置、游客招徕、旅游产品开发营销和旅游管理服务等旅行社业务标准化、数字化和智能化,实现高效管理运行和服务的新型旅行社。

分析与提示

2014年12月,山东省旅游局在全国范围内率先研究、制定了《山东省智慧旅行社评定标准》,启动全省首批智慧旅行社评定工作。实践证明,智慧旅行社评定工作的开展是提升旅行社服务质量和服务水平、推动和逐步完善旅行社经营方式转型及旅游服务智能化建设的重要举措,对于全面推动山东省旅行社信息化建设、促进旅行社线上线下融合发展具有极大的推动作用。

(资料来源:烟台旅游资讯网)

(三)适应与创新相结合

首先是"适应",即电子商务技术方案要充分适应我国旅行社目前水平下的商务需求。为此,必须结合旅行社商务需求和技术手段两个方面,做好旅行社电子商务总体规划,确定切实可行的商务模式,设计和开发实用、有效的技术解决方案,在现有条件下最大限度地改善旅行社管理水平,以实现经营效益的显著提高。

其次是"创新",即在旅行社经营管理和信息化水平显著提高的情况下,着眼未来发展的需求,着眼于进一步提高旅行社的市场竞争力,充分发挥电子商务的特点和优势,推出创新的旅行社电子商务体系。例如中青旅控股公司改革传统旅游经营模式,设立电子商务公司,创办并开通了综合性旅游网站"青旅在线"。用互联网(Internet)平台进行网络营销,旅行社则作为"后台",主要从事具体的市场调研、产品研发、接待等环节工作,由此形成利用旅游网站与旅行社业务互补的旅游经营新格局,并带动传统旅游产业的升级。将传统和现代巧妙地契合在一起,各取所长,互为依托,"青旅在线"所走的路不仅代表着旅游电子商务的发展方向,而且也代表了整个旅行社业电子商务发展的方向,用传统销售网络的后台支持,建立实物与虚拟、创新与传统相结合的商务网站,是旅行社发展的大趋势。

(四)建立以大型旅行社为核心的电子商务体系

大型旅行社具有对上下游供应商和经销商等中小旅行社的巨大吸引力。国内不少著名大型旅行社拥有上百家旅游供应商和旅游经销商,彼此之间以该大型旅行社为核心构成了庞大的供应链体系。因此,以大型旅行社为核心,按照供应链关系建立旅行社电子商务体系,并带动中小旅行社电子商务的应用与发展,是中国旅行社电子商务应用与发展的重要途径。

因此,无论在旅行社电子商务界扮演什么角色,不论身处何种领域,都应眼界广阔、发展与合作共生,以开放性的网络精神进入网络和旅行社电子商务时代。

第三节　旅行社电子商务发展模式

2014版《旅游绿皮书》指出,截止到2013年6月底,我国网民规模达5.91亿,其中手机网民规模达4.64亿。在网上预订过机票、酒店、火车票和旅行行程的网民规模达到1.33亿,占网民的22.4%。旅游电子商务的消费者基础日益深厚,在线旅游市场发展空间巨大。艾瑞监测数据显示,2015年我国旅游电子商务市场交易规模达4 326.3亿元,同比增长39.9%;2016年我国旅游电子交易规模将会达到5 000亿以上。在线旅游行业整体呈稳步上升趋势,未来随着"互联网+"信息技术的进一步发展,2015年,在线旅游渗透率为13.1%,预计2017年在线旅游渗透率将超过15%。在线旅游的蓬勃发展,吸引了众多互联网巨头和传统旅行社纷纷进入。因此,中国传统旅行社对在线旅游发展模式的梳理就显得尤为重要。

一、基于第三代旅游交易平台的合作模式

(一)基于第一代旅游交易平台的合作模式

中国旅盟网、中华知行网、出行在线、趣途旅游超市、乐途旅游超市等网站代表了第一代旅游交易平台的网站。此类旅游交易网站一般都是旅游产品与服务的资源营销商,网站依托庞大的旅游资源库和旅行社、酒店、景区、交通票务等相关企业的旅游信息,为旅游者提供包括食、住、行、游、购、娱等在内的多方面旅游产品,并拥有网上支付、在线地图、社区交流等综合功能。其网页设计多以旅游者关心的周边游、国内游、出境游和自助游等旅游线路为宣传重点,同时,配有各类旅游区、观光景点和各种旅游活动项目的信息。这样,网站可以全面向旅游者展示各地旅游企业提供的旅游服务产品,涵盖旅游线路的所有产品及企业信息。每项产品的介绍都会按地区范围、旅行社的意愿及其他合作伙伴的有关信息相互联系,以全行业整体形象为游客提供全方位的旅游产品信息和网上服务。同时,也提高了各个旅行社及产品在游客面前出现的次数。

这种模式最大的力行者就是总部位于苏州的同程网。这家成立于2003年的旅游电子商务公司近年来逐渐从单纯的旅行社B to B模式过渡到涵盖旅行社、酒店预订、机票预订、景区营销、旅游用品和旅游管理软件等多个业务领域的多元化旅游电子商务公司。2015年服务人次突破1亿,同比增长200%。同程网CEO吴志祥一直对外宣称,同程网要成为旅游电子商务行业的"沃尔玛"。同程旅游的高速成长和创新的商业模式赢得了资本市场的青睐和业界的大力支持,先后获得了元禾控股、腾讯科技、博裕资本、万达等机构的数亿元投资,这也是投资者对其业务模式的充分肯定。

(二)基于第二代旅游交易平台的合作模式

以旅业在线网、全游、中国假日、雅途旅游交易网、钟鼎旅游同业平台等为代表的则属于第二代旅游交易平台的网站。此类旅游交易网站所起的作用是为旅行社之间的业务交流提供一个在线交易平台,是旅行社营销的助推力。第二代旅游交易网站所提供的服务项目主要包括加盟旅行社的简介、旅游经理人的个人资料及名片展示,为旅行社会员免费开通该社主页网站,发布旅行社会员的线路产品、报

价和各种分类信息,开通地接专版,查询组团询价信息,提供地接报价信息等。同时,旅游交易网站可将会员旅行社按地域、线路种类、价格高低等进行分类,提供各种不同线路的相关信息,为加盟旅行社寻找业务伙伴提供参考。

对于旅行社而言,第二代旅游交易网站都是定位于诚信的旅游经营平台,非常重视加盟旅行社的诚信。此类网站旨在建立旅行社之间特别是组团社和地接社之间的互动信息交流平台,使旅行社在业务活动中能够充分掌握各种信息,节省时间,降低成本,同时最大限度地增加旅行社营销的机会,为旅行社相互之间跨区域建立联系提供更多的商业机会。网站的业务收入主要是旅行社的广告宣传收入、向旅行社及相关企业收取的加盟费用、其他服务收入等。所以,旅行社只需向网站支付一定的加盟费用,便可发布旅行社的信息和查询业务对接旅行社的详细信息。另外,第二代旅游交易网站不仅仅局限于旅行社与旅行社之间的业务交易,而且也涉及与酒店、景区等相关旅游产业链上旅游企业的业务合作。第二代旅游交易网站都是定位于诚信的旅游经营平台,非常重视加盟旅行社的诚信。2000 年,以"携程"、e 龙旅行网为主的第二代企业对消费者(B to C)旅游网站开始崭露头角。携程网首次将旅游网站定位为旅游行业的中介服务机构,市场定位主要为自助旅游和商务游。"携程""e 龙"这样的全国性旅游预订服务网站成功地运用 IT 技术,利用集中式呼叫中心(CALL CENTER)搭建起来的虚拟服务网络支撑着遍及全国的预订服务体系,高效且有规模效应,大大降低了服务成本。

(三)基于第三代旅游交易平台的合作模式

目前,如此多的旅游网站,其提供的信息和服务质量参差不齐,而消费者又往往都有"货比三家"的消费心理,因此他们需要耗费大量的时间和精力来搜寻信息,并对获取的信息进行阅读和甄别筛选,无形中增加了自己的选择成本。

与前两代旅游交易平台相比,第三代旅游交易平台最大的不同在于其"信息高速公路"式的经营理念。第三代旅游网站的创新之处,就在于它的信息组织机制。国内现有旅游网站均为单向资讯收集发布机制,由于人力及资源有限,不可能提供海量的及时更新的目的地旅游娱乐资讯,因此多为非稀缺性信息,缺乏核心优势,尚未形成真正的影响力和客户黏性。而第三代社会型互动旅游网络平台则以人为本,它的最大优点就是利用全新的网站形式,将原本分散在网络上的旅游者(旅游信息源)调动起来,充分激发个体用户的创造性,发挥他们作为资讯来源的作用,通过科学完善的分类梳理进而整合利用,实现海量价值信息在用户与用户之间、用户与网站之间的高效反馈与传播。

于是,满足这类需求的第三代旅游资讯网站开始萌芽出现,这类网站的核心服务之一,就是提供专业的旅游信息比较搜索。它本身并不提供相关的旅游预订服务,只是通过定向采集经过人工筛选的目标旅游网站的产品数据,经过程序设定的规则对采集的信息进行归类整理,再按照用户指定的搜索条件和排列方式将相关信息呈现给搜索用户,并提供直达这些具体信息页面的链接。国外的 farechase.com 就是该类网站的典型代表。它可以同时搜索 150 家旅游网站的产品数据,向用户提供最优惠的酒店、机票等旅游产品预订信息。这家公司在 2004 年 7 月被雅虎宣布收购,用以提高雅虎在旅游搜索方面的能力,据称收购价是 2 000 万美金。国内目前也已经有类似的旅游比较搜索网站 www.uoko.com。该网站可以同时搜索"携程"、"e 龙"、"金色世纪"、"商之行"、"中青旅"、"上海春秋"、中国旅行热线、"国航"、"南航"、"游易"等数十家国内主要预订商提供的酒店和机票信息。举个简单的例子,如用户通过优客(UOKO)搜索某一天北京至上海的航班后,搜索结果中就会出现当天北京飞往上海的所有航班信息,以及各预订服务商提供的该航班的不同优惠预订价格。如果用户需要查询预订某个城市的酒店,也只需要输入城市名称和入住日期,优客(UOKO)搜索引擎就可以将不同预订商的酒店预订信息按搜索条件集中呈现给用户,并且自动筛选出价格最优惠的预订商。用户如果需要,还可以通过搜索结果中的链接直接前往预订商的相应页面进行预订操作。

☞ 特别提示 8—3

基于第三代旅游交易平台模式电子商务的评价

第三代旅游交易平台的合作模式对于旅行社而言,不仅可以降低广告宣传促销成本,而且可以充分地整合旅游资源,加强与其他旅行社及旅游企业的业务联系。旅行社只需缴纳一定的加盟费用,无须投入大量的人力和财力,便可实现旅行社的电子商务建设。这特别是对于实力有限的中小旅行社来说,其作用更为明显。但是,旅行社在实际操作特别是在线支付和交易过程中,尤其注意双方的诚信和安全问题。

二、基于加盟旅行社电子商务平台的联合体模式

(一)基于加盟旅游协作网的联合体模式

目前,全国共有各种不同的旅游协作网近 30 家,其中具有代表性并且发展相对成功的,主要有旅游名店城、"龙之旅"旅游协作网、中国八方旅游联合体等。旅游协作网是在自愿基础上建立起来的松散型契约式的旅游联合体。旅游协作网本着网络化、品牌化、规模化的发展原则,通过推行名牌战略,走联合之路,加强旅游新产品开发,建立统一经营网络与互联网络,扩大市场占有率,形成规模化经营。旅游业的网络营销应更注重开放与合作,采取一种低成本、高效率的联合营销模

式。据介绍,之所以能实现如此方便、人性化的网上旅游服务功能,是因为网站的后台数据库能够实现与旅行社的内部管理系统实时对接,旅行社的团队计划、行程安排、报名人数等信息都能通过采用这种数据接口技术实时地反馈到网站前台页面。

"旅游名店城"就属于这样一种模式的协作网,它如同一座高档商厦,陈列了琳琅满目的产品供游客选择并购买。名店城内既有中国驰名商标"广之旅"这样的品牌名店,又有一些特色店、精品店、专营店,供游客轻松浏览,方便购买。此外,网站独辟的"景区博客""魅力PK"等"咖啡吧",也是游客和"驴友"们购物之余的休闲乐园,先进的互联网技术,把以往网下购买的过程转化在网上实现,充分体现了互联网"即时、互动、个性化"的优势。值得一提的是,名店城通过多种技术的应用、各类资源的整合,还能为加盟的商户提供实用方便的营销服务。例如在后台系统可以统计出游客对哪些旅游产品的点击率最高,为旅游企业的产品策划设计提供第一手数据。网站会根据旅游季节的特点、消费潮流的趋势推出各类制作精美的宣传专辑,如夏季的漂流专辑、海滩专辑,冬季的温泉专辑、赏雪专辑等。旅游企业可以充分利用这种统一宣传的机会,把相关的产品信息放上去让网友浏览、预订,从而取得很好的宣传和销售效果。

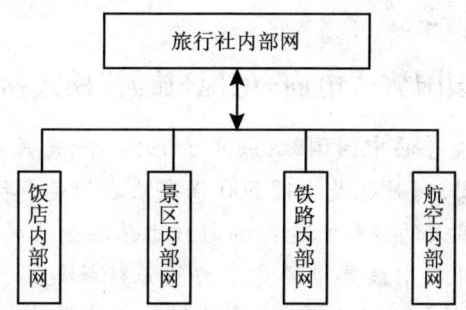

图8-1 加盟旅游协作网电子商务平台概念图

(资料来源:邱洁威.旅游电子商务[M].福州:福建人民出版社,2010.)

(二)基于加盟大型旅行社电子商务平台的联合体模式

大型旅行社由于人力、资金、技术等方面的优势,旅游信息化发展程度比较高、电子商务发展比较成熟和完善。作为实力强大的旅行社组建的旅游网站,可以提供丰富的旅游线路和旅游产品,通过专线与成员旅行社的业务数据库保持实时连接,实现旅游产品网上实时查询预订。

单体旅行社特别是中小旅行社由于自身实力的差距,不能随时满足旅游者的出行需要。而此类网站拥有大量具有特色的旅游线路,并通过网络汇总加盟旅行社的旅游者出行需求,可以满足旅游者随时出行的需要。因此,对于网络成员旅行社而言,其竞争力明显得到提高。

以郑州春秋旅行社为例,春秋旅行社和申请加入春秋网络的旅行社签订合作合同,规定春秋旅行社与加盟方的旅游业务合作属于协议性合作,加盟方通过电脑网络系统与春秋旅行社共享信息,为春秋旅行社组织客源,同时接待由春秋旅行社组织的散客。对春秋旅行社而言,其发展区域网络合作伙伴的原则是强强联合;而对各个网络成员旅行社而言,它们借助春秋旅行社的电子商务系统开展网络化经营,有利于节省成本,扩大经营空间。

三、基于大型旅行社自建电子商务平台的发展模式

目前有一些旅行社通过开办自己的电子商务平台,借助平台带来的巨大流量为自己带来更多的营销机会。这种模式的旅行社电子商务发展目标是建立高度信息化的在线旅行社。网站信息系统的建设成本及中后期的维护成本都比较高,需要大量的人力、财力和物力等资源的支撑。所以,这种发展模式的旅行社一般是实力雄厚的大型旅行社。典型的电子商务网站有携程旅行网、青旅在线、国旅在线、芒果网、春秋航空旅游网等。

☞ 案例分析 8—2

中国国旅:"电商+免税+旅游"模式初现

拥有"民间大使"美誉的中国国旅,成立于1954年,是目前国内规模最大、实力最强的旅行社企业集团,同时也是中国500强企业。但是,新形势下这样一家历史悠久、荣誉满身、规模庞大的旅行社也面临着线上旅游企业的严峻挑战。为迎接挑战,实现成为"中央企业群中最具市场竞争力的旅行社集团、中国最强的跨国旅游运营商、全球最为著名的旅游业品牌之一"这样的宏伟愿景,顺应时代发展、创新企业经营模式及进军电子商务是必由之路。

2004年,中国国旅制定了发展电子商务的战略决策。2014年,中国国旅在互联网领域加大投入、重新布局,借助"国旅"品牌、60年深耕旅游的专业经验和优势的内外部行业资源,用"品牌"+"专业"+"资源",倾力打造"国旅在线"品牌电商。目前,"国旅在线"旗下共有"国旅在线"网站、APP客户端、呼叫中心、蒲公英分销平台四大线上平台,同时辅以第三方平台旗舰店、官方微博、微信公众服务号等,满足消费者随时、随地、随心的旅游消费需求。"国旅在线"新版网站在强化"跟团游""自由行""邮轮""周边/当地游""签证"等旅游产品展示效果的同时,推出了国旅会员的互动社区"爱旅行",还在业内首次推出"动态行程图"功能,为用户"预演"旅行路线及交通工具,让用户在出行前对行程一目了然。新版网站更加稳定、

快捷地支持在线查询、快速预订、在线支付,并对接全国千家实体门店的线下服务网络,为客人提供全流程、一体化的旅游预订服务体验。2014年旅游服务实现营收120亿,同比增长11.5%,毛利率9.26%。中国国旅要在日新月异的旅游市场中保持强大的竞争力,必须实现线上和线下资源的整合和联动,并以此支撑起强大的交易能力,这是中国国旅利用传统旅游资源、在线旅游企业竞争时无法复制的优势。

分析与提示

做旅行社电子商务,关键环节就是要有效地整合线下旅游资源到线上,让线上产品和服务信息实时、真实、可控。这个整合一定是从线下旅行社的信息化开始的。做好了旅行社资源的信息化,也就奠定了旅行社电子商务的基础。

(资料来源:新华旅游,2014-11-14.)

四、基于目的地公共旅游信息网的发展模式

目的地公共旅游信息网站主要是指在政府主导下创建的旅游电子商务平台,其主要包括"金旅工程"建设下的公共商务网、中国旅游网和各地方政府自建的旅游官方网站等。此类网站属于非营利性网站,是一个中立的旅游电子商务交易平台。旅行社可以加入这个电子商务平台进行旅游信息发布、网上促销、网上交易,开展企业对企业(B to B)和企业对消费者(B to C)电子商务,建设与公共旅游信息网相连接的旅行社网站。旅行社主要面向拼团散客、自助游散客和商旅客人,以旅游产品预订、交易收入等作为其主要的获利渠道。

☞ **案例分析 8—3**

杭州市发展旅游目的地信息网的现状

浙江省杭州市是发展目的地公共旅游信息网模式的典型。依托其作为国家"九五"电子商务应用试点城市和"十五"国家电子商务应用示范城市的优势,目的地公共旅游信息网的建设也走在全国的前列,先后完成了以城市信息化和旅游电子商务为主要内容的城市流通领域试点工程。杭州市已开通多个旅游信息网,其中包含旅行社业务的电子商务网站众多,如"998E商务旅行网""杭州导游网""杭州旅游商务网"等,杭州旅游电子商务公司已形成"三网一中心"的格局,即中国酒店预订热线网、杭州旅游网、相约江南网和旅游服务呼叫中心(96123),能提供食、住、行、游、购、娱一条龙服务。杭州国家电子商务试点和示范工程的建设,为其旅游目的地信息化建设创造了条件,在取得明显的经济效益与社会效益的同时,具有

良好的应用示范作用。

分析与提示

基于目的地公共旅游信息网的发展模式在建设中,应激发旅游目的地广大中小旅游企业参与信息化建设的热情,尤其是旅行社业的加入;应充分发挥政府主导的作用,实施企业上网工程,才能达到发展目的地公共旅游信息网模式的实际效用。

(资料来源:浙江在线新闻网站.2010-07-20.)

拓展知识 8—3

金旅工程

"金旅工程"是国家信息网络系统重要组成部分,是旅游部门参与国家旅游业信息化建设的重要基石。金旅工程是覆盖全国旅游部门的国家—省—市—企业四级的计算机网络系统,建成后,将为提高旅游行业整体管理水平、运行效率,改进业务流程,重组行业资源等方面提供强有力的技术支持;同时,全面发展旅游电子商务,与国际接轨,为世界旅游电子商务市场提供服务。

"金旅工程"可概括为"三网一库",即内部办公网、业务管理网、公众商务网和公用数据库。内部办公网将国家旅游局与国务院办公网相连,为国家旅游局提供一个与国务院办公网和各部门进行安全保密和内部文件交换的网络,实现内部办公自动化。业务管理网则着力建立一个旅游系统内部信息上传下达的渠道和功能完善的业务管理平台,实现各项业务处理的自动化。公众商务网主要建立一个可供各旅游企业进行供求信息交换、电子商务运作的中国旅游电子商厦,向旅游企业提供整套的电子商务解决方案。旅游企业在其中可从事网上同业交易,为全球互联网用户提供旅游产品在线订购等电子商务活动。

(资料来源:《电力信息化》系列报道.2009-08.)

旅行社电子商务已形成了旅游经济的一种新态势,加速着传统旅行社经营方式和管理方式的革命。随着电子商务技术的越来越成熟,新的旅行社电子商务模式也会不断地出现。旅行社经营者要依据旅行社本身的实力和发展战略对旅行社电子商务模式进行选择或创新,才能实现旅行社的可持续发展。

案例分析与思考

"国旅在线"电子商务应用分析

目前,"国旅在线"旗下共有国旅在线网站、APP 客户端、呼叫中心、蒲公英分销平台四大线上平台，同时辅以第三方平台旗舰店、官方微博、微信公众服务号等，满足消费者随时、随地、随心的旅游消费需求。

"国旅在线"新版网站于2014年8月正式改版上线。在强化"跟团游""自由行""邮轮""周边/当地游""签证"等旅游产品展示效果的同时，推出了国旅会员的互动社区"爱旅行"，还在业内首次推出"动态行程图"功能，为用户"预演"旅行路线及交通工具，让用户在出行前对行程一目了然。新版网站更加稳定、快捷地支持在线查询、快速预订、在线支付，并对接全国千家实体门店的线下服务网络，为客人提供全流程、一体化的旅游预订服务体验。

在移动互联网快速发展的背景下，"国旅在线"在移动旅游服务市场持续发力，于2014年10月发布了最新版的手机APP应用。新版APP除进一步优化用户界面视觉效果外，更加突出服务功能，新增了出团提醒、目的地天气预报等服务信息实时推送功能，借助移动客户端的优势，使服务更贴近用户的旅行生活。用户还可以在新版APP中欣赏爱旅行频道文章，参与点赞和话题评论。同时，新版APP继续完善移动端产品线，新增签证、邮轮频道，满足用户多样化的出行需求。

为了带动更多中小旅游企业以电子商务的方式实现转型升级，针对供应商、分销商等合作伙伴推出了B2B的"蒲公英"平台，旨在打造集销售、服务于一体的开放式B2B同业分销平台，目前已吸引全国4 000多个产品供应商和分销商、16 000多个旅游从业者在平台上实施交易，为"国旅在线"网站、APP应用提供强大的支持。

为适应互联网用户年轻化的趋势，在中国国旅成立60周年之际，"国旅在线"通过网友投票，选出了可爱、亲民的熊猫作为国旅在线吉祥物，采纳网友建议起名"乐宝"。乐宝一经推出就吸引了大量的关注，成为了"国旅在线"萌萌的旅游专家代言人。

思考：请根据案例，试分析"国旅在线"成功的关键所在及其对国内其他旅行社的启示。

分析与提示

通过上面的案例介绍，我们能强烈地体会到，中国国旅是一个善于利用信息技术的旅游企业，也是一个非常注重电子商务技术创新的旅游企业。"国旅在线"从用户需求出发，整合内外部旅游资源，发挥专业和网络优势，不断推出贴近消费者、满足用户个性化需求的品质产品和实用功能，力争成为消费者的"心之选"，让消费者在咨询预订和旅行过程中有"爱相伴"。其成功经验是多方面战略的共同结果，留给我们的启示是多方面的，值得国内的旅行社企业思考和借鉴。

（资料来源：新华网）

本章闯关测试

1. 简述电子商务的概念及其对旅游业发展的优势所在。
2. 简述旅行社电子商务的含义及其作用。
3. 简述中国发展旅行社电子商务应遵循的原则。
4. 根据所学内容,请对旅行社电子商务发展模式进行评价。

参考文献

[1] 李再跃.电子商务概论[M].北京:北京工业大学出版社,2003.
[2] 邱洁威.旅游电子商务[M].福州:福建人民出版社,2010.
[3] 葛晓滨.旅游电子商务教程[M].北京:中国人民大学出版社,2011.
[4] 黄圣霞.电子商务在旅行社中的应用研究[J].广西轻工业,2008(6).
[5] 高文涛,董志文.中国旅行社电子商务发展模式研究[J].企业经济,2009(2).
[6] 胡华.旅游线路规划与设计[M].北京:旅游教育出版社,2011.
[7] 陈启跃.旅游线路设计[M].上海:上海交通大学出版社,2010.
[8] 姚延波.旅行社经营管理[M].北京:北京师范大学出版社,2010.
[9] 米学俭,尚永利,王国瑞.旅游计调师操作标准教程[M].北京:旅游教育出版社,2010.
[10] 孙宗虎,肖书民.旅行社管理流程设计与工作标准[M].北京:人民邮电出版社,2008.
[11] 熊晓敏.旅行社OP计调手册[M].北京:中国旅游出版社,2007.
[12] 戴斌,杜江,乔花芳.旅行社管理[M].北京:高等教育出版社,2010.
[13] 朴松爱,吴鸣岐.旅行社管理[M].北京:旅游教育出版社,2011.
[14] 刘晓杰.旅行社经营与管理[M].北京:化学工业出版社,2007.
[15] 张道顺.现代旅行社管理手册[M].北京:旅游教育出版社,2006.
[16] 梁智.旅行社经营管理[M].北京:机械工业出版社,2010.
[17] 周晓梅.计调部操作实务[M].北京:旅游教育出版社,2008.
[18] 陈乾康,阙敏.旅行社计调与外联实务[M].北京:中国人民大学出版社,2006.
[19] 中国旅游网 www.cnta.com
[20] 中国旅行社协会网站 www.cats.org.cn
[21] 携程旅游网 www.ctrip.com
[22] 同程旅游网 www.17u.net
[23] 指南针网 www.ly321.com
[24] 旅游经理人 www.cntmu.com